# 资源节约型社会评价
## ——指标·方法·应用

左其亭　王　丽　高军省　著

国家社会科学基金资助（06CJY016）

科　学　出　版　社

北　京

# 内 容 简 介

我国政府明确提出了要加快建设资源节约型社会的目标。建设资源节约型社会离不开一套科学的评价指标体系和评价系统。本书在参阅大量文献的基础上，探讨了资源节约型社会的概念及内涵；构建了一套具有 5 种资源类别、4 个资源循环过程、3 个层次的资源节约型社会评价指标体系；将指标体系中的各个指标用 5 个节点划分为 4 个等级，并确定其评价标准；提出了资源节约型社会评价的单指标量化-多指标集成评价方法；开发出具有普遍应用意义的评价系统软件；并将提出的评价指标体系及评价系统应用于全国多个省、市及县级行政区，计算其资源节约度；并对资源节约度相对较低的地区进行敏感性分析，找出对资源节约度较敏感的指标，并对当地的资源节约型社会建设提出相应的对策和建议。

本书积极探索了资源节约型社会评价研究的关键问题，为构建资源节约型社会奠定了理论基础，并提供通用的计算机软件和成功应用范例，具有重要的理论意义和应用价值。本书可供社会、经济、资源、环境等专业的科技工作者、管理者参考。

**图书在版编目(CIP)数据**

资源节约型社会评价——指标·方法·应用 / 左其亭，王丽，高军省著. —北京：科学出版社，2009

ISBN 978-7-03-024886-2

Ⅰ. 资… Ⅱ. ①左…②王…③高… Ⅲ. 自然资源-资源利用-经济评价-研究-中国 Ⅳ. F124.5

中国版本图书馆 CIP 数据核字(2009)第 107147 号

责任编辑：周 炜 王志欣 / 责任校对：包志虹
责任印制：赵 博 / 封面设计：鑫联必升

**科 学 出 版 社** 出版
北京东黄城根北街 16 号
邮政编码：100717
http://www.sciencep.com

**丽 源 印 刷 厂** 印刷
科学出版社发行 各地新华书店经销

\*

2009 年 7 月第 一 版 开本：B5 (720×1000)
2009 年 7 月第一次印刷 印张：11
印数：1—2500 字数：209 000
**定价：40.00 元**

(如有印装质量问题，我社负责调换〈路通〉)

# 前　言

　　水、土地、矿产、能源等资源是人类赖以生存和发展的基础,是经济社会可持续发展的重要物质保障。然而,随着经济社会的发展,资源短缺将会越来越严重地制约经济社会的发展。严重的资源短缺形势急需加快资源节约型社会的建设。我国资源总量较大,但人均占有量却较少,政府高度重视实施可持续发展战略,明确地提出了要加快资源节约型社会建设。建设资源节约型社会离不开一套科学的评价指标体系和评价系统,因此对资源节约型社会评价指标体系和评价系统的研究具有十分重要的意义。

　　国内外专家学者对节约资源进行了很多相关研究,节约资源的思想逐渐被人们接受。但目前对资源节约型社会的概念还没有一个统一的认识,对资源节约型社会的研究多是针对概念和建设方法进行讨论和定性分析,至今还没有提出完整和系统的资源节约型社会评价指标体系和评价系统。构建资源节约型社会口号提得很多,但实际的应用至今鲜有很成功的范例可供借鉴。针对这些问题,本书作者在国家社会科学基金(06CJY016)的资助下,就资源节约型社会评价的相关问题,从资源节约型社会的评价指标体系、评价标准、评价方法等理论和具体应用上进行了深入研究。本书是对该研究成果的总结,具体包含以下内容:第 1 章绪论,提出了资源节约型社会的概念及内涵,介绍了国内外研究现状,阐明了亟待解决的问题,并介绍了本书的主要内容和框架;第 2 章资源节约型社会评价指标体系,建立了资源节约型社会评价的"543 指标体系",包括 5 种资源类别、4 个资源循环过程、3 个层次,共 71 个指标;第 3 章资源节约型社会评价标准,依据国内外各指标的历史和现状及近期或远期规划值,并参考大量统计资料和前人研究成果,将各个指标用 5 个节点划分为 4 个等级,并确定其评价标准;第 4 章资源节约型社会评价方法,提出了单指标量化-多指标集成的评价方法,即 SI-MI 方法;第 5 章资源节约型社会评价系统软件,开发出具有普遍应用意义的资源节约型社会评价系统软件,介绍了该系统的建设目标、基本构成及功能、实现的关键技术和部分核心模块;第 6、7、8 章是将资源节约型社会评价方法和评价系统应用到省、市、县级行政区的实例;第 9 章资源节约度对评价指标的敏感性分析,以资源节约度最低的行政区为例,进行资源节约度对评价指标的敏感性分析,找出对资源节约度比较敏感的指标,进而根据敏感性分析结果,对当地的资源节约型社会建设提出相应的对策和建议(本书缺失香港、澳门、台湾及西藏数据)。

　　本书由左其亭、王丽、高军省共同撰写。其中,前言和第 1、3、4 章由左其亭起草,第 2、5、6、7 章由王丽起草,第 8、9 章由高军省起草。全书由左其亭统稿。

　　本书的研究工作得到了国家社会科学基金(06CJY016)的资助,得到了郑州大学高丹盈副校长、社科办公室杨云香主任及主管领导和老师的支持和帮助,在此特向支持和关心作者研究工作的所有单位和个人表示衷心的感谢。书中有部分内容参考了有关单位或个人的研究成果,均已在参考文献中列出,在此一并致谢。

　　由于本书涉及知识面广,许多问题处于探索阶段,再加上时间仓促,以及作者水平所限,书中难免有疏漏或不足之处,敬请读者批评指正。

作　者<br>2009 年 1 月

# 目　　录

# 第1章 绪 论

## 1.1 资源节约型社会的概念

首先介绍一下"资源"的概念。资源的含义可以从《辞海》中找到,基本有以下两种含义:①财的来源,一般指天然的财源;②一个国家或一个地区内拥有的物力、财力、人力等物质要素的总称,分为自然资源和社会资源两大类,前者如阳光、空气、水、土地、森林、草原、动物、矿藏等,后者包括人力资源、信息资源及劳动创造的物资财富。我们平常所说的资源一般指第二种含义。狭义的资源仅指自然资源,广义的资源则包括自然资源和社会资源。自然资源是存在于自然界的、有用的自然物质和能源,包括土地、水、空气、矿藏等。社会资源是人类活动创造的资源,包括资本、信息、知识、技术、信誉、伦理、政策、制度等。本书仅讨论狭义范围内的资源,也就是自然资源。

由于在我国对资源节约型社会的研究仍处于探索阶段,因此能找到的关于"资源节约型社会"概念的定义或解释为数不多,这里仅列出有代表性的定义[1],以供参考。

于法稳:资源节约型社会是指人们在生活和生产过程中,在资源开发利用的各个环节,贯穿人们对资源的节约和保护意识,借助于先进的科学技术,以提高资源的利用效率为核心,采取法律、行政、经济、技术和工程等措施,结合经济社会结构的调整,建立资源高效利用的激励机制,以及完善的管理体制、运行机制和法律体系等政策保障体系,在全社会成员的参与下,实现资源开发利用的高效合理和永续利用,以及全社会的可持续发展[2]。

叶蔚等:一般地说,资源节约型社会是一个复杂的系统,它包括资源节约观念、资源节约型主体、资源节约型制度、资源节约型体制、资源节约型机制、资源节约型体系等,是指在生产、流通、消费等领域,通过采取法律、经济和行政等综合性措施,提高资源利用率,以最少的资源消耗获得最大的经济效益,实现经济和社会可持续发展[3]。

曾智泽等:资源节约型社会的内涵,应该是指在生产、流通、消费等领域,通过综合采取经济、法律、行政和技术等措施,促使人们改变传统的生产方式、消费方式和对自然界的态度,不断提高资源利用效率,实现以一定的资源消耗取得最大的经济、社会和生态效益,确保经济社会可持续发展。具体而言,资源节约型社会包括以节地、节水为中心的农业生产体系,以节能、节材为中心的工业生产体系,以节约动力、完善结构为中心的综合运输体系,适度消费、勤俭节约的消费体系[4]。

周宏春:所谓节约型社会就是在生产、流通、消费的各个环节,通过深化改革、健全机制、调整结构、技术进步、加强管理、宣传教育等手段,尽可能提高资源利用效率,以较少的资源消耗满足人们日益增长的物质、文化和生态环境需求,实现人与自然和谐发展[5]。

雷小毓:节约型社会是在包括生产、交换、分配、消费在内的社会再生产全过程中,通过采取市场、行政、思想政治工作等综合性措施,提高包括人、财、物在内的全要素资源的综合利用效率,以最少的资源消耗获得最大的经济利益,使人们享受到最优的社会福利,达到人与自然和谐共赢的经济形态。节约型社会也可被简单地称为节约经济的社会[6]。

杨利民:节约型社会是以全面、协调、可持续发展为目标,在生产、流通、消费诸环节,通过深化改革、健全机制、调整结构、技术进步、加强管理、宣传教育等手段,尽可能节约和高效利用资源,以较少的资源消耗满足人们日益增长的物质、文化和生态环境需求[7]。

郑庆杰:资源节约型社会是指在生产、流通、消费等领域,通过采取法律、经济和行政等综合性措施,提高资源利用效率,以最少的资源消耗获得最大的经济和社会收益,保障经济社会可持续发展。建设资源节约型社会,其目的在于追求更少资源消耗、更低环境污染、更大经济和社会效益,实现可持续发展[8]。

杜宜瑾:资源节约型社会是以较低资源消耗支撑全社会较高福利水平的可持续的社会发展模式。它要求在生产、流通、消费诸环节中,通过合理生产、高效利用、提倡节约、杜绝浪费等手段,以尽可能少的资源消耗,满足人民不断提高的物质文化需求,转变不可持续的生产方式和消费方式,建立符合我国国情的现代文明社会[9]。

陈德敏:在一定地域范围内,人类在物质生产和生活活动中保护自然资源,合理开发利用资源,循环再生利用废弃物资源,以最少的资源消耗获得最大效益的、可持续发展的社会形态[10]。

沈满洪:节约型社会是指在一定区域范围内,人类在生产和生活活动中保护自然资源,合理开发利用资源,循环再生废弃物资源,通过资源节约型的生产结构、流通结构和消费结构的构建实现以尽可能少的资源消耗获得尽可能大的经济效益和环境效益目的的一种社会形态[11]。

姜悦楷:在这种社会里,"节约资源,高效利用资源,保护生态环境,倡导人与自然和谐共存,以最少的资源消耗和环境污染获得最大的经济和社会效益,保障经济社会可持续发展",贯穿于整个社会的生产、流通、消费的各个环节和领域,渗透到社会的各基本要素中去,从生产力、生产关系到上层建筑,整个社会都表现出节约资源、保护环境的特征[12]。

李艳芳:资源节约型社会是指国家通过采取经济、技术、法律等措施,促使政府、一切社会组织(企业)和公民个人尽可能提高资源利用效率,避免在生产、建设、流通、消费等领域出现资源能源的浪费,从而形成以最少的资源能源消耗获得最大的经济和社会效益、保持资源供给与需求相对平衡的社会状态[13]。

刘晓洁等:资源节约型社会是指以科学发展观为指导,将节约理念贯穿于生产、流通、消费和社会生活的各个领域,通过采取法律、经济和行政等综合措施,依靠科技进步,动员和激励全社会合理利用资源,最大限度地节约资源,提高资源利用效率,以尽可能少的资源消耗和环境成本,获得最大可能的经济效益和社会效益,最终实现资源、环境、经济、社会的协调发展[14]。

李桂香等:在一定地域范围内,以科学发展观为指导,将节约理念贯穿于生产、流通、消费和社会生活的各个领域,通过采取法律、经济和行政等综合措施,依靠科技进步,动员和激励全社会保护自然资源,合理开发利用资源,循环再生利用废弃物资源,以最少的资源消耗获得最大的经济效益和社会效益,最终实现资源、环境、经济、社会的协调发展的社会形态[15]。

从以上概念可以看出,资源节约型社会的内涵包括以下4个方面的内容:

(1)资源节约型社会涉及很多领域及经济社会发展的各个层面,因此建设资源节约型社会要采取综合措施。

(2)建设资源节约型社会是以节约使用资源和提高资源利用效率为核心,强调资源的利用率,而不是单纯减少资源的利用量。

(3)建设资源节约型社会是以节能、节水、节材、节地、资源综合利用和发展循环经济为重点,以发挥资源的最大利用价值,其中循环经济以物质资源的循环使用为特征,即在物质不断循环利用的基础上发展经济,要求把经济活动组成一个“自然资源开发——物品生产、消费或旧物再用——废物再生资源”的反馈式流程,把经济活动对自然环境的影响降低到尽可能小的程度。

(4)建设资源节约型社会的目的在于追求更少资源消耗、更低环境污染,获得更大经济和社会效益。建设资源节约型社会的最终归宿点是保障经济社会可持续发展。

总结前人所述,本书把资源节约型社会的概念定义为:资源节约型社会是指在资源开发利用的各个环节中借助于先进的科学技术,采取法律、行政、经济和宣传等综合措施,结合经济社会结构的调整,提高资源的利用效率,循环再生废弃物资源,实现资源开发利用的高效合理和永续利用的一种社会系统[1]。

## 1.2　建设资源节约型社会的战略意义

水、土地、矿产、能源等资源是人类赖以生存和发展的基础,是社会可持续发展的重要物质保障。比如我国人均水资源占有量仅为世界人均水平的1/4,并且多年来呈逐年递减的趋势;人均耕地面积约为1.4亩①,仅为世界平均水平的40%左右,并且耕地的总面积每年还以近千万亩的速度递减;人均矿产资源占有量仅为世界水平的1/2,其中主要矿产资源还不足1/2[2]。然而,我国的资源利用效率却很低。统计显示,2004年,全世界能源消费强度(单位GDP产出消耗的能源量)为2.5t油当量/万美元GDP,而我国为8.4t油当量/万美元GDP,是世界平均水平的3.36倍,美国的4倍多,日本、英国、德国、法国等国的近8倍。世界人均GDP为6444美元,我国人均为1272美元,尚不足世界人均GDP的20%;而世界人均能源消费量为1.61t油当量,我国为1.07t油当量,是世界人均水平的66.46%,约为美国人均水平的1/8,日本、英国、德国、法国等国人均水平的1/4[16]。严峻的资源紧缺形势要求我国加快资源节约型社会建设。

2004年3月5日,在十届全国人大二次会议上,温家宝总理指出"必须切实转变经济增长方式,各行各业都要杜绝浪费,降低消耗,提高资源利用效率,形成有利于节约资源的生产模式和消费方式,建设资源节约型社会"[17]。3月10日,国家主席胡锦涛在中央人口资源环境工作座谈会上讲话时指出,我国要积极建设节水型社会。4月1日,国务院办公厅发出了《关于开展资源节约活动的通知》,并且召开全国电话会议,确定2004～2006年三年间在全国范围内开展资源节约活动[18]。2005年10月10日,国家发展高层论坛——建设节约型社会国际研讨会在北京钓鱼台国宾馆正式开幕。中共中央政治局委员、国务院副总理曾培炎在演讲中指出:节约资源、保护环境是世界各国共同关心的重大课题,中国政府高度重视实施可持续的发展战略,明确地提出了要加快建设资源节约型社会。建设资源节约型社会离不开一套科学系统的评价指标体系,因此,资源节约型社会评价指标体系及评价系统的研究具有十分重要的意义。

分析和评价一个地区是否是资源节约型社会,不仅需要定性的描述和分析,更需要定量的分析和评价。定量分析就是要求寻找或建立一个度量标尺,通过这一度量标尺去测量某个地区资源的节约程度。评价资源节约型社会就是要准确地估量国家不同层次在建设资源节约型社会方面的状况。资源节约型社会评价就是运用经济学、社会学及统计学的思想与方法建立指标体系及评价标准,评价资源节约度。它具有以下两方面的作用:①描述和反映任一时期各种资源的综合利用情况或资源节约水平;②评价和调控一定时期各种资源的综合利用情况或资源节约水平。所以,研究

---

① 1亩=666.67m²,下同。

资源节约型社会评价,对资源节约型社会建设具有重要的指导意义。

# 1.3　国内外研究现状

## 1.3.1　国内研究现状

在中国学术期刊全文数据库中,以"资源节约型社会"为关键词全文搜索,共搜索到科技论文 89 篇,学位论文 3 篇,总计 92 篇(有部分内容重复,也有部分为简讯),其中,2004 年 2 篇,2005 年 12 篇,2006 年 42 篇,2007 年 36 篇。而以"资源节约型社会"为题名全文搜索,共搜到科技论文 228 篇,学位论文 6 篇,共计 234 篇(有部分内容重复,也有部分为简讯),其中,1993 年 1 篇,2001 年 1 篇,2004 年 22 篇,2005 年 55 篇,2006 年 98 篇,2007 年 57 篇。由此看出,我国在资源节约型社会研究方面刚刚起步,研究成果还不多,很多理论和实践都处于探索阶段。

我国在建设资源节约型社会方面的研究,始于 20 世纪 70 年代。1979 年,周立三提出"变粗放经营为集约型经营,变恶性循环为良性循环"的经营理念,为以后我国转变农业经营方式提供了重要理念,同时也为建立资源节约利用模式提供了重要参考。1989 年他又率先提出了实行低度消耗资源的生产体系和适度消费生活体系[19]。在 1992 年发表的《开源与节约》第二号国情研究报告中,周立三更明确提出要根据我国国情国力,"建立资源节约型国民经济体系"的观点,包括建立以节地、节水为中心的集约化农业生产体系;以重效益、节能、节材为中心的工业生产体系;以节省动力为中心的综合运输体系;以适度消费、勤俭节约为特征的生活服务体系;以及分配合理、注重效益的社会保障体系等[20]。但正式提出资源节约型社会的概念是在 20 世纪 90 年代,该时期主要集中在对资源节约型社会的建设途径及资源节约型社会经济理论基础的研究上。如陆大道[21]根据我国人口、资源、环境的现状提出了资源节约型社会经济体系的构想,着重论述了这种社会经济体系的总体框架、基本构想途径及实现资源节约型社会经济体系所必需的观念转变和对策措施。于法稳[2]从建立资源节约型社会的必然性出发,在简要阐述资源节约型社会概念、特征的基础上,具体分析了建立资源节约型社会的途径,并提出建立资源节约型社会的政策性建议。周洁[22]从我国生态环境的严峻性出发,阐述了发展循环经济的重要意义,提出了发展循环经济是建设资源节约型社会的关键。叶蔚等[3]提出了初步的资源节约型社会综合评价指标体系。

因此,目前国内对资源节约型社会评价指标体系及评价系统的研究还刚刚起步。可操作的研究成果还较少,仍缺乏切实可行的适合于我国实情的资源节约型社会评价指标体系和评价系统。

## 1.3.2　国外研究现状

建设资源节约型社会是我国首先提出来的,但马克思最早提出了可持续发展和资源节约型社会的设想。在《资本论》第三卷中,马克思在预见未来社会时,希望并坚信"社会化的人,联合起来的生产者,将合理地调节他们和自然之间的物质变换,把它置于他们的共同控制之下,而不让它作为盲目的力量来统治自己;靠消耗最小的力量,在最无愧于和最适合于他们的人类本性的条件下来进行这种物质变换"[23]。并且国外关于节约资源的研究由来已久,主要集中在资源节约途径、工程工艺、节约模式、节约制度、法制等方面,其先进的技术和经验,特别是先进的资源节约工程工艺和管理模式,对我国具有很大的借鉴价值。

Agustín[24]介绍了西班牙人在将海水脱盐淡化的过程中节约能源的新技术。Scheel[25]介绍了能源的储存、运输和节约,讨论了目前传统的能源和未来可能的新能源。Quirion等[26]指出了节约能源最有效的方法就是减少能源的消耗量。他还总结了一些国家在节能方面的措施。如美国成立了能源管理机构来帮助联邦政府提高能源利用效率,使用可再生能源及节约用水。许多欧洲国家的气候计划机构限制了二氧化碳的排放量。另外,也通过一些高科技来节约能源,如保温技术、高效采暖、高效器具、电动机、照明系统、建筑物能源管理系统。Agustín[27]认为只有采用节能技术才能使经济增长和能源节约共存。

美国是世界上最大的能源生产国,但同时也是世界上最大的能源消费国,年消费达5000亿美元。因此它面临着能源需求和供给不平衡的矛盾及环保的压力。为了应对挑战,美国制定了一系列能源保护和提高能效的政策和战略,并颁布了一系列的法律,1975年的《能源政策和保护法》和《能源法》是其中最重要的法律。在进入21世纪后,政府立法的速度加快,从2002~2006年五年的时间里,美国参众两院就通过了5项能源政策的相关法律[28]。同时美国利用高新科技的优势,大幅提高生产力,并广泛开展国际合作,在能源生产、供应和使用的各个环节,采用新技术、新设备,降低成本和能耗[29]。

日本是一个资源匮乏的国家,近90%的资源依赖进口。在20世纪70年代的两次石油危机之后,日本调整了能源战略,对外积极寻求稳定的能源供给,国内则双管齐下,节能与开发新能源并举。日本在1992年引进了"3R系统",所谓"3R"就是减量化(reduce)、再使用(reuse)和再循环(recycle)。"3R系统"就是通过立法和制度设计,使国民经济按照"3R"原则运行[29]。日本最早颁布的有关能源法律的是1974年的《阳光计划》,来发展新能源和再生能源。1978年颁布的《月光计划》,提倡能源节约和高效利用。1979年颁布的《能源节约法》,是日本针对节约能源颁布的首个法律,到2005年《能源节约法》经过了多次的修订。另外,日本还针对工业、商业和生活、住宅房屋、交通分别实施节能措施。针对工业部门的措施有以下几点:制定能源节约计划,能源管理部门的监督,定期记录各部门的能源消耗量和利用效率,定点调查、合理的政策引导及公众的举报揭发。针对商业和住宅部门的措施有以下几点:制定一个节能计划,对达不到目标的进行警告,对达到目标的进行奖励。针对运输方面的节能措施有:引进先进的交通管理系统对交通进行管理,引进一些先进的节能装置[30]。

德国也是一个能源匮乏的国家,除了水资源充足以外,其他许多重要能源基本依赖进口。20世纪70年代以来,节约能源便成为德国发展经济的一项基本国策。在发展"循环经济"方面,德国始终走在世界的前列。降低资源消耗必须依托新技术的开发研究,历届德国政府都把积极研发和推广节能技术,寻找再生能源作为优先考虑的目标。如今德国在废水、废料、废气的处理等方面均处于世界领先地位[29]。

### 1.3.3 亟待解决的问题

从上述国内外研究现状可以看出,节约资源已经越来越被人们所重视。然而对于建设资源节约型社会的研究还有很多问题需要解决:

(1) 资源节约型社会的概念及内涵。目前对资源节约型社会的概念及内涵探讨较少,还没有统一的定义,需要给资源节约型社会赋予更充实的内涵。

(2) 评价指标体系。目前还没有一套明确、清晰的评价指标体系。资源节约型社会评价指标体系,应该能够度量资源开发、利用、排放、回用等资源的各个循环环节,能够用来定量评估资源节约的程度和水平。

(3) 评价标准。目前,我国对"资源节约型社会"的界定标准还没有统一,需要制定一套定量评价资源节约型社会的标准,这是评价的基础。

(4) 评价系统。建设资源节约型社会是一项十分复杂的多因素、多部门、多地区、多层次行为,涉及很广的内容。特别是要建设一个评价系统,需要收集、处理很多信息,并需要经过繁杂的计算。为了满足这一要求,并便于实际应用,需要开发一套评价系统软件。

## 1.4 主要内容及框架

### 1.4.1 主要内容

在国家大力提倡建设资源节约型社会的形势下,在目前缺乏一套资源节约型社会的评价指标体系、评价标准和评价系统的背景下,在国家社会科学基金(06CJY016)的资助下,作者开展了资源节约型社会评价指标体系及评价系统的研究。本书是对该研究成果的总结,主要内容有以下几个方面:

(1) 在大量剖析已有成果的基础上,探讨了资源节约型社会的概念及内涵。

(2) 构建了一套资源节约型社会评价指标体系(即"543指标体系"),该指标体系包括 5 种资源类别、4 个资源循环过程、3 个层次,共 71 个指标。

(3) 根据各个指标的具体含义,参照国内外实际情况,将指标体系中的各个指标用 5 个节点划分为 4 个等级,并确定其评价标准(即"5 节点标准")。

(4) 通过模糊隶属度分析方法研究单指标定量描述,通过多指标集成方法研究多指标综合描述,提出资源节约度计算方法(即"SI-MI 方法")。

(5) 开发出具有普遍应用意义的资源节约型社会评价系统软件,直接用于评估资源节约型社会的状况。

(6) 将评价指标体系、评价标准及评价系统应用于 3 个不同尺度的区域,分别计算资源节约度。这 3 个不同尺度区域分别是全国 30 个省级行政区(除香港、澳门、台湾及西藏外)、河南省 17 个地市级行政区和郑州市 7 个县级行政区。

## 1.4.2　研究思路与框架

本书的总体研究思路如下:以典型研究区为出发点,以前期研究成果及已有的社会、经济、水资源、生态环境等资料为基础,采用多学科交叉、多方法并用,研究资源节约型社会评价指标体系及评价系统,并在实例区进行应用和检验。

根据主体研究内容,本书共分 9 章,各章节之间的关系如图 1.1 所示,也构成了本书的框架。第 1 章绪论,阐述资源节约型社会的概念及内涵,构建资源节约型社会评价的研究框架;第 2、3、4 章分别介绍资源节约型社会评价的指标体系、评价

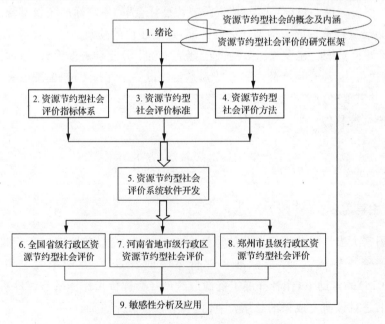

图 1.1　本书框架及各章节关系图

标准、评价方法,构成资源节约型社会评价理论体系;第 5 章介绍开发的资源节约型社会评价系统,为资源节约型社会评价提供软件工具;第 6、7、8 章分别是针对全国省级行政区、河南省地市级行政区、郑州市县级行政区所做的应用实例;第 9 章就评价指标的敏感性进行分析。

# 第2章 资源节约型社会评价指标体系

## 2.1 建立资源节约型社会评价指标体系的意义

尽管建设资源节约型社会的重要性在一定程度上已经被国内外接受和重视，但资源节约到什么程度才算是资源节约型社会，用哪些指标来衡量，国内外还没有统一的标准。资源节约型社会的评价就是要量化某个地区资源的利用效率和资源的节约程度。在量化研究过程中，由于具体区域的实情千差万别，如果没有一套明确、清晰的评价指标体系作为尺度来衡量，则很难将资源节约型社会从理念的层次上发展成为一种实际工作中可操作的管理模式，进而用于指导实际工作[31]。因此，建立资源节约型社会评价指标体系具有重要意义，主要体现在以下几个方面：

（1）建立资源节约型社会评价指标体系，是建设资源节约型社会的重要组成部分，也是度量和评价一个国家、地区、城市资源节约水平的重要手段。通过对资源综合利用的状态、水平、程度进行定量的监测、诊断、评价、预警和调控，为资源节约型社会建设的全面实施提供科学的依据。

（2）通过建立资源节约型社会的评价指标体系，改变资源的利用方式。目前我国资源的紧缺状况还没有引起全社会的关注，建立一个资源节约型社会的评价指标体系可以对政府和全社会起一个预警作用，改变透支资源的发展方式，提高资源的利用效率及优化产业结构。由此，也可以避免因主导型资源严重短缺和进口价格不断攀升而严重危害我国的经济安全，进而影响国家安全。

（3）通过建立资源节约型社会的评价指标体系，为决策部门的决策提供科学依据，使决策更加科学化。建设资源节约型社会虽然是全社会的行为，但需要政府制定规划、计划，并组织实施，需要制定相关的政策和法规加以引导，需要科学的管理和决策。所以，建立具有可操作的评价指标体系，对建设资源节约型社会科学决策具有重要的意义。

（4）通过建立资源节约型社会的评价指标体系，构造"绿色经济"考核指标体系[3]。避免一味追求经济增长速度而忽视资源的透支和环境的破坏。

（5）通过建立资源节约型社会评价指标体系，优化我国产业结构，带动新工艺、新材料的创新[3]，淘汰高能耗、高物耗、高污染的落后生产工艺，推动产业结构优化升级。

## 2.2 建立资源节约型社会评价指标体系的目标

通过构建一套资源节约型社会评价指标体系,使之不仅能反映各种资源的利用效率或者资源节约程度,还能反映经济社会的发展对资源节约型社会建立的推动作用,科技对资源节约的支持程度及人类对资源的保护程度。把指标体系当作一把"尺子",用来度量现实社会的资源节约程度,看资源节约情况到底处在一个什么样的水平,是"节约"、"不节约"、"较不节约"还是"严重不节约"。如果要提高节约水平,应该在哪些方面进行改进。还可以用来对不同区域的资源利用效率或者资源节约程度进行对比,了解这些区域的资源节约水平相对处于什么样的位置,是哪些方面的优势或者不足促成了这样的评价结果。这样,人们就可以根据评价结果进行各方面的改进,使本地的资源节约程度得以提高。

建立的评价指标体系至少应有以下几个方面的基本功能[32]:

(1)简捷性。简捷的指标体系能使复杂现象可度量,让人们有一个可以对比的"尺子",使评价资源节约型社会不仅易于理解,而且易于操作。

(2)定量化。选择指标的原则之一就是"易于定量表示"。给人一个"定量"的概念,不能仅仅局限于"定性"的表达上,要有一套定量化指标来综合反映资源节约的现状和节约目标。

(3)综合性。建立一套完整的指标体系,囊括有关资源节约的主要方面,能将不同方面综合在一起,综合反映资源节约的程度。

## 2.3 构建评价指标体系的原则

构建一套科学系统的资源节约型社会的评价指标体系,是客观评价和反映一个国家或区域资源节约程度的重要依据。由于资源节约型社会评价问题比较复杂,不仅涉及各种资源的利用情况,还涉及社会、经济、科技和环境等多方面,采用一个或者几个指标组成的指标体系难以对资源节约型社会的资源节约程度做出客观全面的评价,因此有必要建立一套比较科学、完备的评价指标体系[33]。构建资源节约型社会评价指标体系应遵循以下几个原则:

(1)科学性和简明性原则。指标的概念必须明确,且具有一定的科学内涵,符合建立资源节约型社会的内涵和目标,能够度量和反映被评价区域的资源节约程度[34]。构建评价指标体系的目的在于对资源节约型社会建设进行实际指导,因此应构建大多数人所能理解和接受的评价指标体系,并能够用于政府决策、新闻、教育、研究等[3]。因此,指标的含义应该简单明了,易于理解。

(2)完备性和代表性相结合。评价指标体系作为一个整体,它的覆盖面应该广,应能尽量全面地反映被评价区域的资源节约程度。同时,不能为了盲目追求评价指标体系的完备性而设置过多的指标,应在考虑完备性的基础上选择一些具有代表性的指标[35]。

(3)可获取性和可操作性原则。所选取的指标必须能够通过可靠的统计方法或者较为可靠的途径获取到可量化的原始数据。同时,指标应较易获得,实践中易于操作和应用。定量指标应均可通过国家统计部门发布的数据直接或间接进行计算。在设计评价指标体系时,应尽可能减少难于量化或者定性指标的数量。只有满足此要求,建立的指标体系才具有实际的应用价值[35]。

(4)定性和定量相结合。评价指标体系应尽量选择可量化的指标以便能够比较客观地反映该区域的资源利用效率或者资源节约程度。而一些在评价中必须选择但又难以量化的重要指标可以采用定性指标来描述。本书对定性指标制定等级,采用打分调查法进行定量转化。

(5)综合性与具体性相结合。评价指标体系既要能反映资源节约型社会的总体发展水平,又要对资源节约型社会各个方面的发展水平做具体的分析;既要全面、详细,又要简明、明确[31]。

(6)整体性与层次性相结合。评价指标体系是一个不可分割的整体,用整个评价指标体系来反映某个区域的资源节约程度。若想使评价指标体系清楚明了,需要建立一个层次清晰的评价指标体系。本书首先按资源的类别将资源分为水资源、土地资源、矿产资源、能源和其他等五种资源,再将资源按循环过程分为开发、利用、排放和回用 4 个循环过程,再按这 4 个循环过程设置具体的指标,从而建立起一个 3 层次的评价指标体系。

(7)静态性和动态性相结合。资源节约型社会是一个历史的、动态的发展过程,其中有些指标变化缓慢,有些指标变化较快。资源节约型社会的评价不只局限于过去、现状,还应该能够考虑未来的发展潜力和趋势。既然资源节约型社会评价指标体系包含了一个变化的社会系统和自然系统,建立的评价指标体系就应该定期更新,能够显示随时间变化的趋势。

鉴于此,本书在建立评价指标体系时,所列指标采用"层次法"。例如,"水资源"为大类,用 X1,其中的"开发"用 X11,反映水资源"开发"的第一个指标用 X1101,其他指标的代码以此类推。共"3"层次列表[32,36]。

## 2.4　指标的筛选方法

需要对初步建立的预选指标体系进行进一步的筛选,使其兼具完备性和独立性,指标的筛选应遵循以下原则。

1）独立性。

初步建立的预选指标体系可能在某些方面存在一定程度的相关关系,从而使指标所反映的信息有所重叠或者重复。如果评价指标体系中存在高度相关的指标,就会影响评价结果的客观性。为此,必须对指标进行相关分析,删除那些具有明显相关性的次要指标。其基本方法如下:首先计算各指标的相关系数,然后根据实际问题确定一个相关系数的临界值,删除相关系数大于临界值的指标;如果指标的相关系数小于临界值,则两个指标均保留[35]。

2）灵敏性。

由于资源节约型社会的系统极其复杂,层次众多,子系统之间既有相互作用,又有相互间的输入与输出。因此,要在众多的指标中选择那些灵敏的指标作为评价因子,删除对评价对象集的相对位序不产生影响的指标。

在资源节约型社会评价指标体系构建过程中,本书采用以下几个步骤:

（1）首先将资源分为 5 类,再按资源的循环过程将其分为开发、利用、排放和回用等 4 个资源循环过程,分 3 层次建立资源节约型社会评价指标体系框架。

（2）对每个层次全方位考虑,尽可能多的列举可以或者可能选择的指标,防止漏选指标。该项工作是后续对指标体系进行筛选和对各指标进行分析的前提。

（3）对各指标进行理论和主观分析,排除明显不合适的或明显重复的指标,对量化指标体系进行初步的筛选。

（4）通过独立性分析和主成分分析,排除密切相关的指标,选取一些可承载足够多信息的指标。在此基础上,通过进一步征求专家意见和一线实践者的意见,对指标进行调整,最终确立量化某区域资源节约程度的指标体系。

## 2.5　资源节约型社会评价指标体系框架

本书按资源种类将资源分为水资源、土地资源、矿产资源、能源和其他 5 种资源,按资源的循环过程分为开发、利用、排放和回用 4 个循环过程,在每个循环过程中选取指标,从而建立一个包含 5 类资源、4 个循环过程、3 个层次的指标体系,简称为"543 指标体系"[1]。

其中,3 层次分别是:①资源层,将资源分为水资源、土地资源、矿产资源、能源和其他共 5 种资源;②过程层,在第一层资源层的基础上,将各种资源按资源的循环过程分为开发、利用、排放和回用共 4 个循环过程;③指标层,在第二层过程层的基础上,针对 5 类资源 4 个不同循环过程,选择具体的指标,构成指标层。具体的评价指标体系框架如图 2.1 所示。

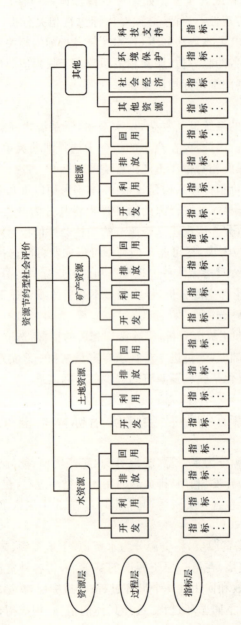

图 2.1　资源节约型社会评价指标体系框架

# 2.6 资源节约型社会评价指标体系简介

资源节约型社会评价"543 指标体系",是从资源节约型社会的概念及内涵出发,将资源分为水资源、土地资源、矿产资源、能源和其他 5 类资源,按资源开发、利用、排放和回用等 4 个循环过程来列举指标,建立了一个包含 5 类资源、4 个循环过程、3 个层次的"543 指标体系"[1],具体指标见表 2.1,对各个指标简介如下。

## 2.6.1 水资源指标

在水资源的开发、利用、排放和回用等各个过程,选择能够反映资源节约程度的指标。

### 1. 开发过程

开发过程是指从开发水资源伊始到水资源输送到各自来水厂之间的过程,可以选择如下代表性指标。

1) 城镇实际供水量与总引水量的比值(X1101)

城镇实际供水量与总引水量的比值反映城镇水资源在开发过程中的资源高效利用程度,无量纲,计算公式:城镇实际供水量与总引水量的比值=城镇实际供水量/总引水量。

2) 农村实际供水量与总引水量的比值(X1102)

农村实际供水量与总引水量的比值反映农村水资源在开发过程中的资源高效利用程度,无量纲,计算公式:农村实际供水量与总引水量的比值=农村实际供水量/总引水量。

### 2. 利用过程

利用过程是指水资源从自来水厂输送到各用水户及各用水户对水资源利用的过程,可以选择如下代表性指标。

1) 万元 GDP 用水量(X1201)

万元 GDP 用水量指平均每实现一万元 GDP 所需要使用的水资源量,单位:$m^3$/万元,计算公式:万元 GDP 用水量=一年用水总量/一年 GDP[37],表示一个国家或地区平均每万元 GDP 所需要的水资源量,可表示经济发展对水资源的总体利用效率,是反映水资源综合利用效率的指标。

2) 耗水率(X1202)

耗水率指耗水量与用水量的比值。耗水量(用水消耗量)是指在输水、用水过程中,通过蒸发、土壤吸收、产品带走、人和牲畜饮用等多种途径消耗掉,而不能回归至地表水体和地下含水层的水量[38]。用水量是指配置给各类用水户包括输水损失在内的毛用水量。用水量通常是由供水单位提供,也可以由用水户直接从江河、湖泊、水库(塘)或地下取水获得。该指标是反映水资源综合利用状况的指标,也是反映一个国家或地区用水水平的重要特征指标[38]。

3) 城市供水管网漏损率(X1203)

城市供水管网漏损率是指城市供水总量和有效供水总量之差与供水总量的比值[39]。城市供水总量是指城市供水企业以公共供水管道及其附属设施向单位和居民生活、生产和其他各项建筑提供的用水。有效供水量是指水厂将水供出厂外后,各类用户实际使用到的水量,包括售水量和免费供水量。售水量是指收费供应的水量;免费供水量是指实际供用并服务于社会而又不收取水费的水量。

4) 城市人均日生活用水量(X1204)

城市人均日生活用水量是指城市居民每人每日平均生活用水量,单位:L/(人·d)。城市居民是指在城市中居住的所有人,不分国籍和出生地,也不分职业和户籍情况。城市居民生活用水指使用公共供水设施或自建供水设施供水的,城市居民家庭日常生活的用水。该指标可以反映出在生活用水方面对水资源的节约程度。

5) 万元工业增加值用水量(X1205)

万元工业增加值用水量是指工业取水量与工业增加值的比值[39],单位:m³/万元,计算公式:万元工业增加值用水量=工业用水量/工业增加值,其中工业用水量是指工矿企业在生产过程中用于制造、加工、冷却(包括火电直流冷却)、空调、净化、洗涤等方面的用水,按新鲜水取用量计,不包括企业内部的重复利用水量[40]。它可表示工业经济发展对水资源的利用效率,是反映水资源在工业上综合利用效率的重要指标。

6) 工业用水重复利用率(X1206)

工业用水重复利用率是指在一定的计量时间内,生产过程中使用的重复利用水量与总用水量的比值[39],计算公式:工业用水重复利用率=[工业重复用水量/(工业用新鲜水量+工业重复用水量)]×100%。该指标是考核工业生产中工业用水循环利用程度的专项指标,反映了工业上对水资源的重复利用情况,是衡量一个企业、一个城市工业上是否节水的重要指标。

7) 万元农业 GDP 用水量(X1207)

万元农业 GDP 用水量是指平均每实现一万元农业增加值所需要利用的水量[41],单位:m³/万元,计算公式:万元农业 GDP 用水量=一定时期内农业用水量(m³)/农业增加值(万元)[41],它可表示农业经济发展对水资源的利用效率,反映了农业综合用水方面水资源的利用效率。

8) 渠系水利用系数(X1208)

渠系水利用系数是指灌区在一定时期内从末级固定渠道(一般为农渠)的渠

尾,进入毛渠的水量总和与渠首同期进水总量的比值,无量纲。通常用 $\eta_{渠系}$ 表示。渠系水利用系数也可用下式间接推算: $\eta_{渠系} = \eta_{干渠} \times \eta_{支渠} \times \eta_{斗渠} \times \eta_{农渠}$ 。式中 $\eta_{干渠}$、$\eta_{支渠}$、$\eta_{斗渠}$、$\eta_{农渠}$ 分别表示干渠、支渠、斗渠、农渠的渠道水利用系数。该指标反映各级固定渠道的输水损失情况,是衡量渠道系统的输水效能、工程质量和管理水平的指标。采用防止渠道渗漏和加强管理等措施,可有效地提高渠系水利用系数[38]。

9) 节灌率(X1209)

节灌率是指节水灌溉面积与有效灌溉面积的比率[42],计算公式:节灌率=(节水灌溉面积/有效灌溉面积)×100%。它是反映一个国家或地区农业节水意识及农业节水程度和水平的重要指标。

### 3. 排放过程

排放过程是指各用水户用水结束后对污水的排放过程,可以选择如下代表性指标。

1) 人均城市污水排放量(X1301)

人均城市污水排放量是指一个国家或地区城市平均每人每年所排放的污水量,单位:t/(人·a),计算公式:人均城市污水排放量=一年内城市污水排放总量/城市年末总人口。

2) 万元工业增加值废水排放量(X1302)

万元工业增加值废水排放量是指计算期内工业废水排放总量与计算期内工业增加值的比值[43],单位:t/万元,计算公式:万元工业增加值废水排放量=计算期内工业废水排放总量/计算期内工业增加值。该指标反映了工业经济发展对废水排放的依赖程度。

### 4. 回用过程

回用过程是指对排放的污水进行资源化并对其再利用的过程,可以选择城市再生水利用率(X1401)表示。

城市再生水利用率是指城市污水再生利用量与污水排放量的比率[39],计算公式:城市再生水利用率=(城市污水再生利用量/污水排放量)×100%。其中城市污水再生利用量包括达到相应水质标准的污水处理厂再生水和建筑中水,包括用于农业灌溉、绿地浇灌、工业冷却、景观环境和城市杂用(洗涤、冲渣和生活冲厕、洗车等)等方面的水量,不包括工业企业内部的回用水[39]。该指标反映对废水资源的循环再利用程度,是评价资源节约型社会的重要指标之一。

### 2.6.2 土地资源指标

选择那些在土地资源开发、利用、排放和回用的各个过程中能够反映资源节约程度的指标。

1. 开发过程

开发过程是指对未利用土地进行开垦的过程,可以选择当年土地开发面积与未利用地面积的比值(X2101)作为代表性指标。

当年土地开发面积与未利用地面积的比值是指一个国家或地区当年土地开发的面积与未利用地面积的比值。计算公式:当年土地开发面积与未利用地面积的比值=(当年土地开发面积/未利用地面积)×100%。该指标反映了一个国家或地区对荒废土地的开发利用程度,也反映了充分利用资源的程度。该指标值越大,表示该地区对荒废土地的开发利用程度越高,资源利用越充分。

2. 利用过程

利用过程是指利用土地资源发展经济和创造社会财富的过程,可以选择如下代表性指标。

1) 土地资源利用效率(X2201)

土地资源利用效率是指单位土地面积创造的 GDP,单位:万元/hm²,计算公式:土地资源利用效率=GDP/土地总面积[44]。可表示经济发展对土地资源的使用效率,是反映土地资源使用带来经济效益的一个重要指标。

2) 单位建设用地非农业产值(X2202)

单位建设用地非农业产值是指一个国家或地区第二、三产业产值之和与建设用地面积的比值[45],即每单位建设用地面积所获得的第二、三产业产值之和,单位:万元/hm²,计算公式:单位建设用地非农业产值=第二、三产业产值之和/建设用地面积。该指标可表示第二、三产业经济发展对建设用地资源的利用效率,是反映建设用地资源使用带来经济效益的一个重要指标。

3) 单位耕地面积农业产值(X2203)

单位耕地面积农业产值是指农业产值与耕地面积的比值[45],单位:万元/khm²,计算公式:单位耕地面积农业产值=农业产值/耕地面积。该指标可表示农业经济发展对耕地资源的使用效率,是反映耕地资源使用带来经济效益的一个重要指标。

4) 每公顷播种面积谷物产量(X2204)

每公顷播种面积谷物产量是指谷物产量与播种面积的比值,单位:kg/hm²,计算公式:每公顷播种面积谷物产量=谷物产量/播种面积。该指标是反映土地谷物产出率的重要指标。

5) 未利用地面积占土地总面积比重(X2205)

未利用地面积占土地总面积比重是指一个国家或地区未利用地面积与土地总

面积的比率,计算公式:未利用地面积占土地总面积比重=(未利用地面积/土地总面积)×100%[46]。该指标反映了土地的荒废程度,是反映土地集约利用程度的一个重要指标。

**3. 排放过程**

排放过程这个说法可能不太准确,更准确的说,这个过程实际上是土地利用后遭到破坏的过程,可以选择如下代表性指标。

1) 土地沙化面积占土地总面积的比重(X2301)

土地沙化面积占土地总面积的比重是指某个地区土地沙化的面积与土地总面积的比率,计算公式:土地沙化面积占土地总面积的比重=(土地沙化面积/土地总面积)×100%,该指标反映了一个国家或地区的土地被破坏的程度,是反映土地沙化程度的重要指标。

2) 土地荒漠化面积占土地总面积的比重(X2302)

土地荒漠化面积占土地总面积的比重是指某个地区土地荒漠化的面积与土地总面积的比率,计算公式:土地荒漠化面积占土地总面积的比重=(土地荒漠化面积/土地总面积)×100%,该指标反映了一个国家或地区的土地被破坏的程度,是反映土地荒漠化程度的重要指标。

**4. 回用过程**

回用过程是指对遭到破坏的土地进行治理并对其再利用的过程,可以选择如下代表性指标。

1) 土地复垦面积占耕地面积的比率(X2401)

土地复垦面积占耕地面积的比率是指某个地区土地复垦的面积与耕地面积的比率,计算公式:土地复垦面积占耕地面积的比率=(土地复垦面积/耕地面积)×100%,该指标反映了一个国家或地区对耕地资源的恢复程度,是反映耕地资源循环利用程度的重要指标。

2) 土地综合治理改良率(X2402)

土地综合治理改良率是指综合治理改良的土地面积与需综合治理改良的土地总面积的比值,计算公式:土地综合治理改良率=(综合治理改良的土地面积/需要综合治理改良的土地面积)×100%[46],该指标反映了一个国家或地区对土地资源的综合治理改良程度,是反映土地资源循环利用程度的一个重要指标。

### 2.6.3　矿产资源指标

选择那些在矿产资源开发、利用、排放和回用的各个过程中能够反映资源节约程度的指标。

## 1. 开发过程

开发过程是指矿产资源从矿山开采出来到生成可利用成品之间的过程,可以选择如下代表性指标。

### 1) 资源有效开采率(X3101)

资源有效开采率是指资源开采生成产品数额占资源开采生成产品数额与资源开采损失数额之和的百分比[47],计算公式:资源有效开采率=[资源开采生成产品数额/(资源开采生成产品数额+资源开采损失数额)]×100%[47],该指标能够直接反映在矿产资源的开发过程中资源的损失程度。资源有效开采率越大,资源的损失率就会越小,矿产资源开发过程越节约。

### 2) 煤炭回采率(X3102)

煤炭回采率是指矿石采出量在该矿山或采矿场(矿井、采掘工作面)地质储量中所占的比例[48],计算公式:煤炭回采率=(矿石采出量/该矿山或采矿场地质储量)×100%,它是考核资源利用效率和开采技术及管理水平等的主要经济技术指标。

### 3) 铁矿石生产率(X3103)

铁矿石生产率是指平均每生产一吨铁矿石所需要的成本,单位:元/t,计算公式:铁矿石生产率=铁矿石的生产成本/铁矿石的产量,它是考核开发矿产资源成本的主要经济指标。

### 4) 有色金属矿石生产率(X3104)

有色金属矿石生产率是指平均每生产一吨有色金属所需要的成本,单位:元/t,计算公式:有色金属矿石生产率=有色金属矿石的生产成本/有色金属矿石的产量,它是考核开发矿产资源成本的主要经济指标。

## 2. 利用过程

利用过程是指矿产资源生成成品之后对其利用的过程,可以选择如下代表性指标。

### 1) 单位 GDP 矿产消耗量(X3201)

单位 GDP 矿产消耗量是指平均每单位 GDP 所消耗的矿产资源量,单位:t/万元,计算公式:单位 GDP 矿产消耗量=矿产消耗总量/GDP,它是表示一个国家或地区每万元 GDP 所需要投入的矿产资源量指标,可表示经济发展对矿产资源的使用效率。

### 2) 有色金属矿石综合利用率(X3202)

有色金属矿石综合利用率是指采选利用的有色金属矿石量(矿物量)与开采动用的有色金属矿石储量(矿物量)的百分比,计算公式:有色金属矿石综合利用率=

[采选利用的有色金属矿石量(矿物量)/开采动用的有色金属矿石的储量(矿物量)]×100%,它是考核矿产资源利用率的重要指标。

3) 共伴生矿产资源综合利用率(X3203)

共伴生矿产资源综合利用率是指采选利用的共伴生矿产量(矿物量)与开采动用的共伴生矿产资源的储量(矿物量)的百分比[49],计算公式:共伴生矿产资源综合利用率=[采选利用的共伴生矿产量(矿物量)/开采动用的共伴生矿产资源的储量(矿物量)]×100%,它是考核矿产资源利用率的重要指标。

3. 排放过程

排放过程是指矿产资源利用过后对固体废弃物的排放过程,可以选择如下代表性指标。

1) 万元工业增加值固体废弃物排放量(X3301)

万元工业增加值固体废弃物排放量是指计算期内工业固体废弃物排放量与计算期内工业增加值的比值,单位:kg/万元,计算公式:万元工业增加值固体废弃物排放量=计算期工业固体废弃物排放量/计算期工业增加值[43],该指标反映了工业经济发展与固体废弃物排放的关系。

2) 工业固体废弃物排放率(X3302)

工业固体废弃物排放率是指工业固体废弃物排放量与工业固体废弃物产生量的比率[50],计算公式:工业固体废弃物排放率=(工业固体废弃物排放量/工业固体废弃物产生量)×100%,该指标反映了工业固体废弃物的排放比例。

4. 回用过程

回用过程是指对矿产资源废弃物的循环再利用过程,可以选择如下代表性指标。

1) 矿产资源总回收率(X3401)

矿产资源总回收率是指采矿、选矿和冶炼三个阶段中,矿产资源得到有效回收利用的程度,计算公式:矿产资源总回收率=采矿回采率×选矿回收率×冶炼回收率[49]。其中,采矿回采率是指采出资源储量占可采资源储量的百分比;选矿回收率是指精矿中的有用组分(或金属)的数量与原矿中有用组分(或金属)的数量的百分比;冶炼回收率指冶炼产品中所含被回收有用成分的重量占入炉精矿中该有用成分重量的百分比[49]。它是反映矿产资源综合开发利用水平的综合性评价指标。

2) 洗精煤回收率(X3402)

洗精煤回收率是指洗选后的精煤占入洗原煤总量的百分比,计算公式:洗精煤回收率=(洗精煤产量/入洗原煤总量)×100%[51]。它是反映洗精煤综合开发利用水平的综合性评价指标。

### 2.6.4　能源指标

选择那些在能源循环的各个过程(开发、利用、排放和回用)中能够反映能源节约程度的指标。

#### 1. 开发过程

开发过程是指能源从开发伊始到开发成可以利用的成品能源之间的过程,可以选择能源有效开发率(X4101)作为代表性指标。

能源有效开发率是指能源开发生成可利用能源量占能源开发生成可利用能源量与能源开发损失量之和的百分比,计算公式:能源有效开发率＝[能源开发生成可利用能源量/(能源开发生成可利用能源量＋能源开发损失量)]×100%,该指标能够直接反映在能源的开发过程中能源的损失程度。能源有效开发率越大,能源的损失率就会越小,能源开发过程越节约。

#### 2. 利用过程

利用过程是指能源开发成成品之后到能源利用结束之间的过程,可以选择如下代表性指标。

1) 万元 GDP 能耗(X4201)

万元 GDP 能耗是指每实现单位 GDP 所消耗的能源量。由于各种能源原始计量单位不同,热值也不一样,因此必须折算成统一标准计量单位,这里能源采用的标准计量单位是"标准煤"。该指标的单位:t 标准煤/万元,计算公式:万元 GDP 能耗＝耗能总量/GDP[37,52]。它是表示一个国家或地区每万元 GDP 所需投入的能源指标,可表示经济发展对能源的使用效率,是反映能源综合利用效率的重要指标。

2) 万元 GDP 电耗(X4202)

万元 GDP 电耗是指全社会用电量与 GDP 的比值,单位:$10^4$ kW·h/万元,计算公式:万元 GDP 电耗＝耗电总量/GDP[52]。它是表示一个国家或地区每万元 GDP 所需投入的电力指标,可表示经济发展对电力的使用效率,是反映电力综合利用效率的重要指标。

3) 能源利用率(X4203)

能源利用率是指有效利用的能量占消耗的能源所含能量的比例[53],计算公式:能源利用率＝(有效利用的能量/消耗的能源所含能量)×100%。该指标反映了能源的综合有效利用程度,是反映能源高效利用的重要指标。

4) 输配电损失率(X4204)

输配电损失率是指输配电损失量与电力消费量的比值,计算公式:输配电损失率＝(输配电损失量/电力消费量)×100%,该指标反映了在输送电力过程中电量的损失程度,是考核电力输送损失程度的重要指标。

5) 市辖区居民人均生活用电量(X4205)

市辖区居民人均生活用电量是指市辖区平均每人每年生活所用的电量,单位:kW·h/(人·a),计算公式:市辖区居民人均生活用电量＝市辖区居民生活用电量/市辖区年末总人口,是反映生活用电效率的重要指标。

6) 城市平均每人消耗液化石油气量(X4206)

城市平均每人消耗液化石油气量是指城市平均每人每年生活所消耗的液化石油气量,单位:m³/(人·a),计算公式:城市平均每人消耗液化石油气量＝年城市供气总量/用气人口,是反映能源在城市生活方面利用效率的重要指标。

7) 万元工业增加值终端耗电量(X4207)

万元工业增加值终端耗电量是指工业终端耗电量与工业增加值的比值,单位:kW·h/万元,计算公式:万元工业增加值终端耗电量＝工业终端耗电量/工业增加值[52],它表示一个国家或地区每实现一万元工业增加值所需要的电量,是反映工业经济发展对电力的使用效率,是反映工业综合用电效率的重要指标。

**3. 排放过程**

排放过程是指能源利用后对废弃物的排放过程,可以选择万元工业增加值废气排放量(X4301)作为代表性指标。

万元工业增加值废气排放量是指计算期内工业废气排放量与计算期内工业增加值的比值,单位:$10^4 m^3 (V_n)$/万元,计算公式:万元工业增加值废气排放量＝计算期内工业废气排放量/计算期内工业增加值[43],是反映工业经济发展与工业废气排放量之间关系的重要指标。

**4. 回用过程**

回用过程是指对能源利用过后排放的废弃物循环再利用的过程,可以选择工业固体废物综合利用率(X4401)作为代表性指标。

工业固体废物综合利用率是指工业固体废物综合利用量占工业固体废物产生量(包括综合利用往年储存量)的百分率,计算公式:工业固体废物综合利用率＝[工业固体废物综合利用量/(工业固体废物产生量＋综合利用往年储存量)]×100%[40],它是反映废弃物资源化程度的指标,该指标值越大,说明工业固体废弃物资源化程度越高,资源循环利用程度越高。

## 2.6.5　其他指标

资源节约型社会是一个复杂的社会系统,它的构建与社会经济、环境保护及科技支持都有密切关系,因此在其他指标中不仅选用了反映其他资源节约程度的指标,也选用了反映社会经济、环境保护和科技支持的相关指标。

### 1. 其他资源指标

其他资源指标是指除了水资源、土地资源、矿产资源和能源之外的资源,选择如下代表性资源和指标。

1) 林木资源利用效率(X5101)

林木资源利用效率是指木材产量与林木蓄积消耗量的比值,计算公式:林木资源利用效率=(木材产量/林木蓄积消耗量)×100%[44],它是反映林木资源开发的技术水准和生产效率的重要指标。

2) 万元 GDP 原材料用量(X5102)

万元 GDP 原材料用量是指原材料的消耗量与 GDP 的比值,单位:t/万元,计算公式:万元 GDP 原材料用量=原材料总用量/GDP。它是表示一个国家或地区每万元 GDP 所需投入的原材料用量指标,可表示经济发展对原材料的使用效率,是反映原材料综合利用效率的重要指标。

3) 每公顷耕地化肥施用量(X5103)

每公顷耕地化肥施用量是指化肥施用量与耕地面积的比值,单位:$t/hm^2$,计算公式:每公顷耕地化肥施用量=耕地化肥施用总量/耕地总面积。该指标反映了耕地对化肥的依赖程度。

4) 木材综合利用率(X5104)

木材综合利用率是指从原木-锯材-成品生产过程中对木材利用的比例,没有包括枝丫材的利用[49]。它是考核木材综合利用效率的重要指标。

5) 散装水泥使用率(X5105)

散装水泥使用率是指散装水泥消耗量占水泥消耗总量的百分比,是衡量一个地区水泥散装化水平的尺度。使用散装水泥,可以有效节省水泥的包装,保护环境。因此,提高散装水泥使用率对建设资源节约型社会具有重要意义。

6) 单位化肥农药农业产值(X5106)

单位化肥农药农业产值是指农业总产值与化肥农药消耗总量的比值,单位:万元/t,计算公式:单位化肥农药农业产值=农业总产值/化肥农药消耗总量,它是表示一个国家或地区投入的单位化肥农药量指标所能实现的农业产值,可表示化肥农药的使用对农业经济发展的贡献。

### 2. 环境保护指标

环境保护指标是指与环境保护有关的指标。如果环境遭到污染就可能会对某些资源造成污染,甚至会破坏这些资源,这样势必会增加环境污染治理投资成本,与资源节约型社会初衷不符。根据环境保护与资源利用的关系分析和指标筛选，选择如下代表性指标。

1) 城市人均生活垃圾清运量(X5201)

城市人均生活垃圾清运量是指城市生活垃圾清运量与城市年末总人口的比值，单位：t/(人·a)，计算公式：城市人均生活垃圾清运量＝城市生活垃圾清运量/城市年末总人口，表示城市平均每人每年的生活垃圾清运量。该指标间接地说明了生活资源的循环使用程度和生活垃圾排放量有效的控制程度，其值越小，说明生活垃圾排放量得到有效的控制，也说明了资源循环的程度越高。

2) 生活垃圾无害化处理率(X5202)

生活垃圾无害化处理率是指计算期内生活垃圾无害化处理量与生活垃圾产生量的比率[40]。生活垃圾指日常生活或为日常生活提供服务的活动中产生的固体废物，以及法律、行政法规视为生活垃圾的固体废物。生活垃圾无害化处理指卫生填埋、堆肥、焚烧等工艺方法对生活垃圾进行的处理[54]。

3) 农村累计粪便无害化处理率(X5203)

农村累计粪便无害化处理率是指农村使用无害化处理设施(卫生户厕、卫生公厕、高温堆肥)的农户数占农村总户数的百分比。粪便无害化处理是指粪便经三格、双瓮、沼气、粪尿分集、完整水冲及其他类型卫生厕所的密闭发酵和高温堆肥等有效方法，使粪便内的寄生虫卵和致病菌被杀灭，达到基本无害，防止污染水源和土壤[54]。它是反映农村累计粪便无害化处理程度的重要指标。

4) 城市污水处理率(X5204)

城市污水处理率是指达到规定排放标准的城市污水处理量与城市污水排放总量的比率。污水处理量包括城市污水集中处理厂和污水处理设施处理的污水量之和。污水排放总量指生活污水、工业废水的排放总量，包括从排水管道和排水沟(渠)排出的污水总量[39]。它是反映城市污水处理程度的重要指标。

5) 工业废水排放达标率(X5205)

工业废水排放达标率是指工业废水处理达到排放标准的水量与工业废水排放总量的比率，计算公式：工业废水排放达标率＝(工业废水排放达标量/工业废水排放总量)×100%[40]。该指标是反映工业废水对环境污染程度的重要指标。

6) 工业固体废弃物处置率(X5206)

工业固体废弃物处置率是指工业固体废弃物处置量与工业固体废弃物产生量的比率，计算公式：工业固体废弃物处置率＝(工业固体废弃物处置量/工业固体废弃物产生量)×100%[55]。

7) 三废综合利用产品产值占 GDP 比重(X5207)

三废综合利用产品产值占 GDP 比重是指三废(废气、废水、废渣)综合利用产品产值占 GDP 的百分率，计算公式：三废综合利用产品产值占 GDP 比重＝(三废综合利用产品产值/GDP)×100%。它反映了一个国家或地区的三废综合利用程度,同时也反映了该地区的资源循环利用程度,是资源节约型社会评价的一个重要指标。

8) 污染直接经济损失占 GDP 比重(X5208)

污染直接经济损失占 GDP 比重是指污染直接经济损失占 GDP 的比率,计算公式:污染直接经济损失占 GDP 比重=(污染直接经济损失/GDP)×100%。该指标反映了污染所造成的直接经济损失状况及污染对社会的破坏程度。

### 3. 社会经济指标

社会经济指标是表示社会经济发展状况的指标。社会发展程度越高,法律法规体系越健全,经济社会结构越合理,管理理念越先进,公民的节约意识就会越强烈,就越可能高效利用资源。根据筛选,选择如下代表性指标。

1) 人均 GDP(X5301)

人均国内生产总值(人均 GDP)是指一个国家或地区平均每个人在一定时期内生产活动的最终成果,计算公式:人均 GDP=GDP/户籍人口。它是国际公认的最能综合反映经济现代化、经济实力和富裕程度的指标,是目前国际通行的经济发展的核心衡量指标[56]。

2) 第三产业比重(X5302)

第三产业比重是指第三产业增加值占地区生产总值的比重,它反映一个国家或地区所处的经济发展阶段,反映人民生活水平质量状况,是衡量一个地区经济发达程度的指标。

3) 城市化率(X5303)

城市化率就是城市化水平,主要是指一个国家或地区的城镇人口占总人口的比重,计算公式:城市化率=(城镇人口数/地区总人口数)×100%[57,58]。它是衡量一个国家或地区城市化程度的指标,是反映工业化水平和经济社会结构的重要指标。

4) 城市用水普及率(X5304)

城市用水普及率是指计算期末城市(自来水厂供给)用水人口数与城市人口总数的比率[40],计算公式:城市用水普及率=(城市用水人口数/城市人口总数)×100%。该指标是反映社会发展水平的一个重要指标。

5) 城市用气普及率(X5305)

城市用气普及率是指计算期末使用燃气的城市人口数与城市人口总数的比率[40],计算公式:城市用气普及率=(城市用气人口数/城市人口总数)×100%。该指标是反映社会发展水平的一个重要指标。

6) 节能器具普及率(X5306)

节能器具普及率是指抽查在用用能器具中节能型器具量占在用用能器具量的

百分比,计算公式:节能器具普及率=(节能型器具数量/在用用能器具量)×100%,它直接反映了公民的节能意识及其在实践中的节能程度。

7) 节水器具普及率(X5307)

节水器具普及率是指在用用水器具中节水型器具数量与在用用水器具数量的比率[39],计算公式:节水器具普及率=(节水型器具数量/在用用水器具数量)×100%,它直接反映了公民的节水意识及其在实践中的节水程度。公共场所用水必须使用节水型用水器具,居民家庭应当使用采取节水措施的用水器具。

8) 公众节约意识(X5308)

公众节约意识主要反映公众节约意识强度,为一定性指标。如果公众节约意识强,相应的就会自觉节约资源。

9) 媒体宣传力度(X5309)

媒体宣传力度主要反映媒体对资源节约及资源节约型社会建设宣传的力度,为一定性指标。

4. 科技支持指标

科技支持指标是反映国家科技投资状况和科技水平的指标,反映了资源高效利用的内在潜力,可以选择如下代表性指标。

1) 技术市场成交额占 GDP 的比重(X5401)

技术市场成交额占 GDP 的比重是指技术市场成交额占 GDP 的百分率,计算公式:技术市场成交额占 GDP 的比重=(技术市场成交额/GDP)×100%。技术市场是我国科技体制改革的重要组成部分,技术市场的存在有利于促进科技和经济的密切结合,加速科技成果的转化,技术市场成交额可以体现技术商品交易的整体规模和水平[59,60]。

2) R&D 经费支出占 GDP 的比例(X5402)

R&D 经费支出占 GDP 的比例是指研究与试验发展经费支出占 GDP 的百分率[61],计算公式:R&D 经费支出占 GDP 的比例=(R&D 经费支出/GDP)×100%。它是国际通用的衡量一个国家、地区科技竞争力的核心指标,也是构成一个国家、地区综合实力最重要的指标之一。

3) 能源加工转换效率(X5403)

能源加工转换效率是指一定时期内能源经过加工转换后,产出的各种能源产品的数量与投入加工转换的各种能源数量的比率,计算公式:能源加工转换效率=(加工转换产出量/加工转换投入量)×100%。它是观察能源加工转换装置和生产工艺先进与落后,管理水平高低等的重要指标[62]。

表 2.1 资源节约型社会评价指标体系（"543 指标体系"）

| 资源类型 | 循环过程 | 指标 | 单位 | 代码 | 指标含义 |
|---|---|---|---|---|---|
| 水 | 开发 | 城镇实际供水量与总引水量的比值 | 无量纲 | X1101 | 指城市区实际供水量与总引水量的比值 |
| | | 农村实际供水量与总引水量的比值 | 无量纲 | X1102 | 指农村地区实际供水量与总引水量的比值 |
| | | 万元 GDP 用水量 | m³/万元 | X1201 | 指平均每万元 GDP 所用的水量，它可表示经济发展对水资源的总体利用效率[37] |
| | 利用 | 耗水率 | % | X1202 | 耗水率为耗水量与用水量之比，是反映一个国家或地区用水水平的重要特征指标[38] |
| | | 城市供水管网漏损率 | % | X1203 | 城市供水总量和有效供水总量之差与供水总量的比值[39] |
| | | 城市人均日生活用水量 | L/(人·d) | X1204 | 指城市人口每人每天的生活用水量 |
| | | 万元工业增加值用水量 | m³/万元 | X1205 | 是指年工业取水量与年工业增加值的比值[39] |
| | | 工业用水重复利用率 | % | X1206 | 指在一定的计量时间内，生产过程中使用的重复利用水量与总用水量的比值[39] |
| | | 万元农业 GDP 用水量 | m³/万元 | X1207 | 指每实现万元农业增加值的农业用水量[41] |
| | | 渠系水利用系数 | 无量纲 | X1208 | 灌区在一定时期内从末级固定渠道（一般为农渠）的渠尾进入毛渠的水量总和与渠首同期进水总量的比值。它反映各级固定渠道的输水损失情况，是衡量渠道系统的输水效能、工程质量和管理水平的指标[38] |
| | | 节灌率 | % | X1209 | 指节水灌溉面积与有效灌溉面积的比值[42] |
| | 排放 | 人均城市污水排放量 | t/(人·a) | X1301 | 指各地区城市每人每年所排放的污水量 |
| | | 万元工业增加值废水排放量 | t/万元 | X1302 | 指计算期内工业废水排放量与计算期内工业增加值的比值[43] |
| | 回用 | 城市再生水利用率 | % | X1401 | 指城市污水再生利用量与污水排放量的比率，不包括工业企业内部的回用水[39] |

续表

| 资源类型 | 循环过程 | 指标 | 单位 | 代码 | 指标含义 |
|---|---|---|---|---|---|
| 土地 | 开发 | 当年土地开发面积与未利用地面积的比值 | % | X2101 | 指某个地区当年土地开发的面积与土地未利用地面积的比值 |
| | 利用 | 土地资源利用效率 | 万元/hm² | X2201 | 指 GDP 与土地总面积的比值,反映土地资源使用的经济效果[44] |
| | | 单位建设用地非农业产值 | 万元/hm² | X2202 | 指当地第二、三产业产值与建设用地面积的比值[45] |
| | | 单位耕地面积农业产值 | 万元/khm² | X2203 | 指农业产值与耕地面积的比值 |
| | | 每公顷播种面积谷物产量 | kg/hm² | X2204 | 指谷物产量与播种面积的比值 |
| | 排放 | 未利用地面积占土地总面积比重 | % | X2205 | 指未利用地面积与土地总面积比重[46] |
| | | 土地沙化面积占土地总面积的比重 | % | X2301 | 指某个地区土地沙化的面积与土地总面积的比率 |
| | | 土地荒漠化面积占土地总面积的比重 | % | X2302 | 指某个地区土地荒漠化的面积与土地总面积的比率 |
| | 回用 | 土地复垦面积占耕地面积的比率 | % | X2401 | 指某个地区土地复垦的面积与耕地面积的比率 |
| | | 土地综合治理改良率 | % | X2402 | 指改良的土地面积与需改良的土地总面积的比值[46] |
| 矿产 | 开发 | 资源有效开采率 | % | X3101 | 指资源开采生成产采损失数额与数额之和的百分比[47] |
| | | 煤炭回采率 | % | X3102 | 指采石采出量在该矿山或采矿场(矿井、采掘工作面)地质储量中所占的比例,它是考核资源利用和开采技术及管理水平等的主要经济技术指标之一[48] |
| | | 铁矿石生产率 | 元/t | X3103 | 指平均每生产一吨铁矿石所需的成本 |
| | | 有色金属矿石生产率 | 元/t | X3104 | 指平均每生产一吨有色金属矿石所需的成本 |
| | 利用 | 单位 GDP 矿产消耗量 | t/万元 | X3201 | 指有色金属 GDP 所使用的矿产资源量,可表示一个国家或地区对矿产资源的使用效率,GDP 所需要单位矿产资源投入的矿产量指标,它是表示经济发展对矿产资源的储量(矿物量) |
| | | 有色金属矿石综合利用率 | % | X3202 | 指采选利用的有色金属矿产量(矿物量)与开采动用的有色金属资源的储量(矿物量)的百分比 |
| | | 共伴生矿产资源综合利用率 | % | X3203 | 指采选利用的共伴生矿产量(矿物量)与开采利用的共伴生矿产资源的储量(矿物量)的百分比[49] |

续表

| 资源类型 | 循环过程 | 指标 | 单位 | 代码 | 指标含义 |
|---|---|---|---|---|---|
| 矿产 | 排放 | 万元工业增加值固体废弃物排放量 | kg/万元 | X3301 | 指计算期内工业固体弃物排放量与计算期内工业增加值的比值[43] |
| | 排放 | 工业固体废弃物排放率 | % | X3302 | 指工业固体废弃物排放量与工业废弃物产生量的比率[50] |
| | 回用 | 矿产资源总回收率 | % | X3401 | 指采矿、选矿和冶炼三个阶段中，矿产资源得到有效回收利用的程度，它是反映矿产资源综合利用水平的综合性评价指标[49] |
| | | 精洗煤回收率 | % | X3402 | 是指洗选后的精煤占入洗原煤总量的百分比[51] |
| | 开发 | 能源有效开发率 | % | X4101 | 指能源开发生成可利用能源量占能源开发量之和的百分比 |
| 能源 | | 万元GDP能耗 | t标准煤/万元 | X4201 | 指能源消耗总量与GDP的比值[52] |
| | | 万元GDP电耗 | 10⁴kW·h/万元 | X4202 | 指全社会用电量与GDP的比值[52] |
| | 利用 | 能源利用率 | % | X4203 | 有效利用的能量占消耗的能源所含能量的比值[53] |
| | | 输配电损失率 | % | X4204 | 指输配电损失量与电力消费量的比值 |
| | | 市辖区居民人均生活用电量 | kW·h/(人·a) | X4205 | 指市辖区居民平均每人每天生活所用的电量 |
| | | 城市平均每人消耗液化石油气量 | m³/(人·a) | X4206 | 指城市平均每人每年生活所消耗的液化石油气量 |
| | | 万元工业增加值终端耗电量 | kW·h/万元 | X4207 | 指工业终端耗电量与工业增加值的比值[52] |
| | 排放 | 万元工业增加值废气排放量 | 10⁴m³($V_n$)/万元 | X4301 | 指计算期内工业废气排放量与计算期内工业增加值的比值[43] |
| | 回用 | 工业固体废物综合利用率 | % | X4401 | 指工业固体废物综合利用量占工业废弃物产生量（包括综合利用往年储存量）的百分率，它是反映废弃物资源化程度的指标[40] |

续表

| 资源类型 | 循环过程 | 指标 | 代码 | 单位 | 指标含义 |
|---|---|---|---|---|---|
| 其他 | 其他资源 | 林木资源利用效率 | X5101 | % | 指木材产量与林木蓄积消耗量的比值，反映林木资源开发的技术水准和生产效率[44] |
| | | 万元 GDP 原材料用量 | X5102 | t/万元 | 指原材料的消耗量与 GDP 的比值 |
| | | 每公顷耕地化肥施用量 | X5103 | t/hm² | 指平均每公顷耕地面积所施用的化肥量 |
| | | 木材综合利用率 | X5104 | % | 指从原料—锯材—成品生产过程中对木材利用的比例，没有包括枝桠材的利用[49] |
| | | 散装水泥使用率 | X5105 | % | 指散装水泥消耗量占水泥消耗总量的百分比，是衡量一个地区水泥散装化水平的尺度 |
| | | 单位化肥农药农业产值 | X5106 | 万元/t | 指农业总产值与化肥农药消耗总量的比值 |
| | 环境保护 | 城市人均生活垃圾清运量 | X5201 | t/(人·a) | 指生活垃圾清运量与总人口的比值 |
| | | 生活垃圾无害化处理率 | X5202 | % | 指计算期生活垃圾无害化处理量与生活垃圾产生量的比率[40] |
| | | 农村累计粪便无害化处理率 | X5203 | % | 指农村使用无害化处理设施（卫生户厕，卫生公厕，高温堆肥）的农户数占农村总户数的百分比[54] |
| | | 城市污水处理率 | X5204 | % | 指达到规定排放标准的城市污水处理量与城市污水排放总量的比率。该指标是反映城市污水处理总体水平的重要指标之一[39] |
| | | 工业废水排放达标率 | X5205 | % | 指工业废水排放量与工业废水排放总量的百分率[40] |
| | | 工业固体废弃物处置率 | X5206 | % | 指当年的工业固体废弃物处置量与当年产生的工业固体废弃物处置在年存有的工业固体废弃物量之和的百分比 |
| | | 三废综合利用产品产值占 GDP 比重 | X5207 | % | 指三废综合利用产品产值占 GDP 的百分率 |
| | | 污染直接经济损失占 GDP 比重 | X5208 | % | 指污染直接经济损失占 GDP 的比率 |

续表

| 资源类型 | 循环过程 | 指标 | 单位 | 代码 | 指标含义 |
|---|---|---|---|---|---|
| 其他 | 社会发展 | 人均 GDP | 元 | X5301 | 指一个国家或地区平均每个人在一定时期内生产活动的最终成果,是国际公认的最能综合反映经济现代化、经济实力和富裕程度的指标,是目前国际通行的经济发展的核心衡量指标[56] |
| | | 第三产业比重 | % | X5302 | 指第三产业增加值占地区生产总值的比重,它反映一个国家或地区所处的经济发展阶段,反映人民生活水平质量状况 |
| | | 城市化率 | % | X5303 | 指城市地区人口占全地区总人口的百分比,代表一个国家或城市城市化水平的高低[57] |
| | | 城市用水普及率 | % | X5304 | 指城市用水人口数占城市人口总数的比率[40] |
| | | 城市用气普及率 | % | X5305 | 指计算期末使用燃气的城市人口数与城市人口总数的比率[40] |
| | | 节能器具普及率 | % | X5306 | 指抽查在用用能器具中节能型器具量占在用能器具量的百分比 |
| | | 节水器具普及率 | % | X5307 | 指抽查在用用水器具中节水型器具量占在用器具量的百分比[39] |
| | | 公众节约意识 | 定性指标 | X5308 | 反映公众的节约意识 |
| | | 媒体宣传力度 | 定性指标 | X5309 | 反映媒体对节约的宣传力度 |
| | 科技支持 | 技术市场成交额占 GDP 的比重 | % | X5401 | 指技术市场成交额占 GDP 的百分率[59,60] |
| | | R&D 经费支出占 GDP 的比例 | % | X5402 | 指研究与实验发展经费支出占 GDP 的百分率,是国际通用的衡量一个国家、地区科技竞争力的核心指标,也是构成一个国家综合实力最重要的内容之一 |
| | | 能源加工转换效率 | % | X5403 | 指一定时期内能源经过加工转换后,产出的各种能源产品的数量与投入加工转换的各种能源数量的比率。它是观察能源加工转换装置和生产工艺先进与落后,管理水平高低等的重要指标[62] |

# 第3章 资源节约型社会评价标准

## 3.1 确定资源节约型社会评价标准的意义

第2章已经建立了资源节约型社会评价指标体系,但要评价资源节约型社会完善程度和资源节约程度,必须要配套建立一套评价标准,其意义主要表现在以下几个方面:

(1)建立一套评价标准,可以将其作为一把"尺子",这样就可以比较清晰地界定某个时期、某个区域的资源节约程度和节约等级;也可以比较清晰地界定该区域某种资源具体某方面的资源节约程度,从而可以有针对性地加以改进,使其资源的利用效率得以提高,从而更加贴近资源节约型社会的要求。

(2)建立一套评价标准,可以为各个区域的资源节约型社会的评价订做一把"尺子",将某个时期各个区域的评价结果进行对比,按其节约程度和节约等级排名,看各自处于一个什么样的位置,从而可以针对资源利用率较低的地区,提出针对性的政策和措施,使其资源的利用效率得以提高,从而实现全社会资源利用的高度节约。

(3)建立一套评价标准,可以评价某个区域不同时期的资源利用效率和资源节约程度。当社会经济、人们的节约意识及科学技术水平达到一个新的阶段,资源节约程度也将发生很大变化。这就需要通过一个"可公度"的量化标准,动态评价不同时期资源节约程度的变化。

## 3.2 确定资源节约型社会评价标准的方法

### 3.2.1 基本思路

关于资源节约型社会的评价标准问题,目前国内外很少涉及,没有相关文献可供参考。本书依据国内外各指标的历史和现状及近期或远期规划值,并参考大量统计资料和前人研究成果,将各个指标用5个节点划分为4个等级,并确定了其评价标准,称为"5节点标准"。基本思路如下。

针对每个指标,用[0,1]范围的值表示其资源节约程度(用 $u$ 表示),0为最差,1为最好。用 $u=0,0.3,0.6,0.8,1$ 对应的5个节点,将每个指标分为4个等级,此时,建立资源节约型社会的评价标准,就转化为确定资源节约型社会评价指标体系中每个指标的 5 个节点所对应的特征值。这样做的目的:一是直观,容易理解和选择标准;二是便于量化,可以套用模糊隶属函数描述方法。

在确定指标节点所对应的特征值时,可以将指标进行分类考虑。本书将指标分为正向、逆向、双向三类指标,然后进行特征值的确定。

正向指标即评价值 $u$ 随着指标数值的增大而增大的指标。正向指标有 5 个节点、5 个特征值。$u=0,0.3,0.6,0.8,1$ 分别对应最差值、较差值、及格值、较优值和最优值等特征值。

逆向指标即评价值 $u$ 随着指标数值的增大而减小的指标。逆向指标有 5 个节点、5 个特征值。$u=0,0.3,0.6,0.8,1$ 分别对应最差值、较差值、及格值、较优值和最优值等特征值。

双向指标即评价值 $u$ 先随着指标数值的增大而增大,到达某个值后保持一段定值,而后又随着指标数值的增大而减小或者达到某个值后就随着指标的增大而减小的指标。双向指标有 5 个节点、10 个特征值。在这 5 个节点中,$u=0$ 节点对应最差值和最差值 II 两个特征值;$u=0.3$ 节点对应较差值和较差值 II 两个特征值;$u=0.6$ 节点对应及格值和及格值 II 两个特征值;$u=0.8$ 对应较优值和较优值 II 两个特征值;$u=1$ 节点对应最优值和最优值 II 两个特征值。

### 3.2.2　确定方法

本书在确定资源节约型社会评价特征值(或标准)时,采用了以下几种方法[63]:

(1)综合考虑发展中国家和发达国家所处的不同发展水平,将发达国家目前认为比较好的状况值进行修正或按一定比例缩放定为最优值,并考虑研究区现状,将研究区的平均水平进行修正或按一定比例缩放定为及格值;然后再考虑研究区的最差水平来确定最差值;最后通过研究区监测数据总体的状况来确定较优值和较差值。如本书中的万元 GDP 用水量指标。

(2)根据已经出台的行业有关方面的规定或者标准。如城市人均日生活用水量和城市供水管网漏损率等指标。

(3)考虑国家或地区已制定的发展规划,将一定时期需达到的值或将其按一定比例缩放作为最优值,并结合现状综合确定及格值和最差值。如节灌率和万元 GDP 用水量等指标。

(4)采用一些学者或者研究机构现有的研究成果。如城市用水普及率和城市用气普及率等指标。

(5)考虑人们对各指标的期望值和对现状的认可程度来确定。如城镇实际供水量与总引水量的比值和资源有效开采率等指标。

总之,特征值的确定需要根据研究区的实际情况来进行,必要时还需要进行分区确定。如本书中的城市人均日生活用水量指标。

# 3.3　资源节约型社会的评价标准及其确定依据

针对第 2 章选择的各个指标,依据 3.2 节介绍的评价标准确定的基本思路和确定方法,选择的各指标的特征值及其确定依据如下。

## 3.3.1　水资源指标

1) 城镇实际供水量与总引水量的比值(X1101)

该指标为正向指标,即该指标值越大,说明水资源在输送到各自来水厂之前损失越少,水资源的高效利用程度越高,即资源节约程度越高。

主要考虑人们对该指标的期望值和对现状的认可程度来确定该指标的 5 个特征值。首先将理想最优水平($x=1.0$)定为最优值;根据国内用水现状,认为 $x=0.3$ 已算是很差水平,故将 0.3 定为最差值;再内插确定其他特征值。

2) 农村实际供水量与总引水量的比值(X1102)

该指标为正向指标,即该指标值越大,说明水资源在输送到各用水户之前损失越少,水资源的高效利用程度越高,即资源节约程度越高。

主要考虑人们对该指标的期望值和对现状的认可程度来确定该指标的 5 个特征值。首先将理想最优水平($x=1.0$)定为最优值;根据国内用水现状认为 $x=0.1$ 已算是很差水平,故将 $x=0.1$ 定为最差值;再内插确定其他特征值。

3) 万元 GDP 用水量(X1201)

该指标为逆向指标,反映水资源综合利用效率。

根据文献[64]得知,我国 2004 年万元 GDP 用水量为 399m³/万元,约为世界平均水平的 4 倍(即世界平均水平约 100m³/万元),是美国等先进国家的 8 倍(即美国平均水平约 50m³/万元)[64]。因此,现将美国等先进国家的平均水平 50 m³/万元定为最优值;将世界平均水平约 100m³/万元定为较优值;参考 2004 年我国平均水平 399m³/万元,取 350m³/万元,将其定为及格值;然后考虑各地区水平,取 600m³/万元,将其定为较差值;参考我国 2004 年万元 GDP 用水量指标的最大值约为 2200m³/万元,取 2000m³/万元,将其定为最差值。

4) 耗水率(X1202)

该指标是一个逆向指标,反映水资源综合利用水平。

根据所查找的资料,全国综合耗水率 2001 年为 55%,2002 年为 54%,2003 年为 55%,2004 年为 54%,2005 年为 53%。由此可知,近年来全国的平均水平稳定在 54% 左右,根据各地区水平,将 50% 定为及格值;再根据对该指标现状的认可程度并考虑理想状态,将 90% 定为最差值;将 70% 定为较差值;将 20% 定为较优值;

将 0(几乎无法达到的理想最好水平)定为最优值。

5) 城市供水管网漏损率(X1203)

该指标为逆向指标,即该指标值越小,反映城市供水管网漏损程度越低,水资源利用越节约。

依据《城市供水管网漏损控制及评定标准》(CJJ92—2002),城市供水企业管网基本漏损率不应大于 12%,根据管径和单位供水量管长修正之后,最大值为 15%,最小值为 10%[65]。再根据《节水型社会建设"十一五"规划》,在 2005 年国内平均水平已达到 20%,到 2010 年不超过 15%[66],从而将 20%定为及格值;参考 2010 年国内规划值 15%,取 10%,将其定为较优值;将几乎无法达到的理想最优水平 0 定为最优值;再根据已确定的特征值和各特征值之间的关系,将 70%定为最差值;将 40%定为较差值。

6) 城市人均日生活用水量(X1204)

该指标为双向指标。生活用水量不能太少,应能满足基本的生活需求,所以在达到基本的生活需水量之前,节约程度是随着指标值的增加而增大的,达到满足基本生活需水量之后,用水量再增加就是浪费了,因此节约程度就会随着指标值的增加而减小。

由于我国地域辽阔,地区之间自然条件差异很大。本书根据《城市居民生活用水量标准》(GB/T 50331—2002),将全国分为六个地域分区,分别确定各区的特征值。该标准参考了《建筑气候区划分标准》(GB50178—93),结合行政区划,充分考虑地理环境因素,力求在同一区域内的城市经济水平、气象条件、降水多少,能够处于一个基本相同的数量级上,使分区分类具有较强的科学性和可操作性。第一区:黑龙江、吉林、辽宁、内蒙古;第二区:北京、天津、河北、山东、河南、山西、陕西、宁夏、甘肃;第三区:湖北、湖南、江西、安徽、江苏、上海、浙江、福建;第四区:广西、广东、海南;第五区:重庆、四川、贵州、云南;第六区:新疆、西藏、青海。《城市居民生活用水量标准》(GB/T 50331—2002)还给出了城市居民生活用水量标准(表3.1)。

表 3.1 城市居民生活用水量标准[67]

| 地域分区 | 一 | 二 | 三 | 四 | 五 | 六 |
|---|---|---|---|---|---|---|
| 日用水量/[L/(人·d)] | 80~135 | 85~140 | 120~180 | 150~220 | 100~140 | 75~125 |

表 3.1 中所列数据均为满足人们日常生活基本需要的标准值。首先根据表 3.1 的基本生活需水量,将基本需水量上限和下限的平均值定为最优值;参考最优值,确定最优值Ⅱ;将上限值定为较优值Ⅱ;将下限值定为较优值;将各区的平均值稍加修正,将其定为及格值Ⅱ;参考全国生活用水量最大值约为 510L/(人·d),将 600L/(人·d)定为最差值Ⅱ;然后再根据已确定的特征值及各特征值之间的关系,确定最差值、较差值、较差值Ⅱ和及格值。

7) 万元工业增加值用水量(X1205)

该指标为逆向指标,表征工业用水节约程度。

根据《节水型社会建设"十一五"规划》,该指标在 2005 年已达到 169m³/万元,规划到 2010 年低于 115m³/万元[66],再依据世界发达国家万元工业增加值用水量一般都在 50m³/万元以下[64]及 2004 年我国平均水平为 196m³/万元,将 2010 年国内规划值 115m³/万元定为较优值;参考世界发达国家平均水平 50m³/万元,取 40m³/万元,将其定为最优值;将 2004 年我国平均水平(约 200m³/万元)定为及格值;将 2004 年我国最差水平(约 800m³/万元)定为最差值;再根据已确定的特征值及各特征值之间的关系并结合各地区水平确定其他特征值。

8) 工业用水重复利用率(X1206)

该指标为正向指标,是考核工业生产中工业用水循环利用程度的指标。

根据文献[64]可知,世界发达国家工业用水重复利用率一般在 80% 以上,并且 2004 年我国的工业用水重复利用率平均水平约为 80%,故将 80% 定为及格值;将 85% 定为较优值;将 95% 定为最优值;再根据对现状的认可程度及国内平均水平确定最差值和较差值。

9) 万元农业 GDP 用水量(X1207)

该指标为逆向指标,表征农业用水节约程度。

根据《农村全面小康社会的衡量标准》推测,到 2020 年万元农业 GDP 用水量下降到 1500m³/万元是可能的[68]。再根据《中国统计年鉴》计算,2004 年国内平均水平为 1726m³/万元,最小值为 471m³/万元,最大值约为 10535m³/万元,故将国内平均水平(1700m³/万元)定为及格值;参考 2020 年规划值 1500m³/万元,将 1000m³/万元定为较优值;再根据已确定的特征值及各特征值之间的关系并结合各地区水平确定其他特征值。

10) 渠系水利用系数(X1208)

该指标为正向指标,表征渠系水利用效率及节约用水程度。

根据《节水灌溉技术规范》(SL207—98)规定,大型灌区渠系水利用系数不应低于 0.55;中型灌区不应低于 0.65;小型灌区不应低于 0.75;井灌区采用渠道防渗不应低于 0.9,采用管道输水不应低于 0.95[69]。考虑对该指标的期望值并结合目前国内水平,将 0.5 定为及格值;将 0.8 定为较优值;将 0.9 定为最优值;将 0.2 定为最差值;将 0.3 定为较差值。

11) 节灌率(X1209)

该指标为正向指标,表征农业节水程度。

参考《临安市水资源综合规划》,2010 年规划值达到 75%,2020 年达到 85%[70];再根据《中国统计年鉴》计算,2004 年国内平均水平约为 37.35%。故将国内平均水平(约 40%)定为及格值;将 2010 年规划值(75%)定为较优值;参考

2020 年规划值 85%,取 95%,将其定为最优值;将 0(完全不进行节水灌溉)定为最差值;再根据已确定的特征值及各特征值之间的关系并结合各地区水平确定其他特征值。

12) 人均城市污水排放量(X1301)

该指标为逆向指标,即人均城市污水排放量越大,说明对水资源的利用效率越低。

根据《中国环境统计年鉴》计算,2004 年国内平均水平约为 30t/(人·a),最优水平约为 12t/(人·a),最差水平约为 157t/(人·a)。参考 2004 年国内平均水平30t/(人·a),将 40t/(人·a)定为及格值;参考 2004 年国内最优水平12t/(人·a),取 10t/(人·a),将其定为较优值;参考 2004 年国内最优水平12t/(人·a),取5t/(人·a)定为最优值;参考 2004 年国内最差水平约160t/(人·a),取200t/(人·a),将其定为最差值;再根据已经确定的特征值确定较差值。

13) 万元工业增加值废水排放量(X1302)

该指标为逆向指标,表征工业用水节约程度和污染程度。

根据《浙江省人民政府办公厅关于加快工业循环经济发展的意见》规划,在2006～2010 年该值需下降 20%[71];根据《中国统计年鉴》计算,2004 年国内平均水平约为 40t/万元,最优水平约为 10t/万元,最差水平约为 206t/万元。故将 2004国内平均水平约 40t/万元定为及格值;参考最优水平,取 5t/万元,将其定为最优值;参考 2010 年规划值约 30t/万元,取 20t/万元,将其定为较优值;参考最差水平约206t/万元,取 300t/万元,将其定为最差值;再根据已经确定的特征值及各特征值之间的关系确定较差值。

14) 城市再生水利用率(X1401)

该指标为正向指标,表征水资源的循环再利用程度。

根据《节水型城市考核标准》[39],城市再生水利用率应大于等于 20%;《节水型社会建设"十一五"规划》[66]提出到 2010 年北方缺水城市再生水利用率达到污水处理量的 20%,南方沿海缺水城市达到 5%～10%;根据《中国环境统计年鉴》计算,2004 年国内平均水平约为 5%,最小值为 0.01%。故将 2004 年国内平均水平5%定为及格值;将 2004 年国内最差水平 0 定为最差值;将《节水型城市考核标准》规定值 20%定为较优值;再根据已确定的特征值及各特征值之间的关系确定较差值和最优值。

### 3.3.2 土地资源指标

1) 当年土地开发面积与未利用地面积的比值(X2101)

该指标为正向指标,其值越大,表示该地区对未利用土地的开发利用程度越高,对土地资源的利用效率越高。

根据《中国国土资源统计年鉴》计算,2004 年国内平均水平约为 0.07%,最优水平约为 4.17%。故将 2004 年国内平均水平 0.07% 定为及格值;将理想最差水平 0 作为最差值;将理想最优水平 100% 作为最优值;再根据各特征值及特征值之间的关系确定其他特征值。

2) 土地资源利用效率(X2201)

该指标为正向指标,表征土地资源利用效率和节约程度。

根据《中国统计年鉴》计算,2004 年国内平均水平约为 1.44 万元/$hm^2$,最优水平约为 90 万元/$hm^2$,最差水平约为 0.06 万元/$hm^2$。首先参考 2004 年国内最优水平约 90 万元/$hm^2$,取 100 万元/$hm^2$,将其定为较优值;参考 2004 年国内平均水平 1.44 万元/$hm^2$,取 5 万元/$hm^2$,将其定为较差值;将理想最差水平 0 作为最差值;再根据已确定的特征值及各特征值之间的关系确定其他特征值。

3) 单位建设用地非农业产值(X2202)

该指标为正向指标,表征第二、三产业用地效率和节约程度。

根据《中国统计年鉴》计算,2004 年国内平均水平约为 36 万元/$hm^2$,最优水平约为 314 万元/$hm^2$,最差水平约为 13 万元/$hm^2$。故参考 2004 年国内平均水平约 36 万元/$hm^2$,取 35 万元/$hm^2$,将其定为及格值;参考国内最优水平约 314 万元/$hm^2$,取 300 万元/$hm^2$,将其定为较优值;将理想的最差水平 0 定为最差值;再根据各特征值及特征值之间的关系确定其他特征值。

4) 单位耕地面积农业产值(X2203)

该指标为正向指标,表征农业耕地利用效率和节约程度。

根据《中国统计年鉴》计算,2004 年国内平均水平约为 2786 万元/$khm^2$,最优水平约为 9181 万元/$khm^2$,最差水平约为 950 万元/$khm^2$。首先参考 2004 年国内平均水平,取 3000 万元/$khm^2$,将其定为及格值;将 2004 年国内最优水平约 9000 万元/$khm^2$ 定为较优值;将 2004 年国内最差水平约 1000 万元/$khm^2$ 定为较差值;再根据各特征值及特征值之间的关系确定其他特征值。

5) 每公顷播种面积谷物产量(X2204)

该指标为正向指标,表征土地谷物产出效率。

根据《中国统计年鉴》,2004 年国内平均水平约为 5187kg,最优水平约为 7090kg,最差水平约为 3409kg。首先参考 2004 年国内平均水平,取 5000kg,将其定为及格值;参考 2004 年国内最优水平,取 7000kg,将其定为较优值;参考 2004 年最差水平,取 3000kg,将其定为较差值;将理想最差水平 0 作为最差值;再根据各特征值及特征值之间的关系并结合各地区水平确定其他特征值。

6) 未利用地面积占土地总面积比重(X2205)

该指标为逆向指标,反映土地的荒废程度和节约程度。

根据《中国城市统计年鉴》,2004 年国内平均水平为 27.57％,最差水平约为 61.41％,最优水平约为 0.57％。首先参考 2004 年国内平均水平 27.57％,取 30％,将其定为及格值;参考 2004 年国内最差水平 61.41％,取 60％,将其定为较 差值;将理想最优水平 0 定为最优值;再根据各特征值、特征值之间的关系及各地 区实际情况确定其他特征值。

7）土地沙化面积占土地总面积的比重（X2301）

该指标为逆向指标,表征土地被沙化破坏的程度。

根据《中国环境统计年鉴》计算,2004 年国内平均水平约为 18％,最差水平约 为 45％,最优水平约为 0。首先参考 2004 年国内平均水平,取 20％,将其定为及格 值;参考 2004 年国内最差水平,取 35％,将其定为较差值;将理想最优水平 0 定为最 优值;再根据各特征值、特征值之间的关系及各地区实际情况确定其他特征值。

8）土地荒漠化面积占土地总面积的比重（X2302）

该指标为逆向指标,表征土地被荒漠化破坏的程度。

根据《中国环境统计年鉴》计算,2004 年国内平均水平约为 28％,最差水平约 为 64％,最优水平约为 0。首先参考 2004 年国内平均水平,取 35％,将其定为及 格值;参考 2004 年国内最差水平,取 55％,将其定为较差值;将理想最优水平 0 定 为最优值;将接近理想最差水平的 95％定为最差值;再根据各特征值、特征值之间 的关系及各地区实际情况确定其他特征值。

9）土地复垦面积占耕地面积的比率（X2401）

该指标为正向指标,表征耕地资源再回用程度。

根据《中国统计年鉴》计算,2004 年国内平均水平约为 0.05％,最优水平约为 0.5％,最差水平约为 0。首先将 2004 年国内平均水平 0.05％定为及格值;将理想 最差水平 0 定为最差值;再根据各特征值、特征值之间的关系及各地区实际情况确 定其他特征值。

10）土地综合治理改良率（X2402）

该指标为正向指标,表征土地资源的综合治理改良程度。

由于没有找到相关资料,也没有现成的研究成果可供借鉴,故本书考虑人们对 该指标的期望值来确定该指标的 5 个特征值。首先将理想最优水平 100％作为最 优值;将理想最差水平 0 作为最差值;将 60％定为及格值;再根据各特征值及特征 值之间的关系确定另外的特征值。

### 3.3.3　矿产资源指标

1）资源有效开采率（X3101）

该指标为正向指标,表征矿产资源开采效率和节约程度。

由于没有找到相关资料,也没有现成的研究成果可供借鉴,故本书考虑人们对该指标的期望值来确定该指标的 5 个特征值。首先将理想最差水平 0 作为最差值;将理想最优水平 100％作为最优值;将 60％定为及格值;再根据已确定的特征值及各特征值之间的关系并结合对指标的期望值来确定其他特征值。

2）煤炭回采率(X3102)

该指标为正向指标,表征煤炭资源利用效率。

根据国务院《关于制定煤矿整顿关闭工作三年规划的指导意见》[72],煤炭回采率应达到国家规定标准(厚煤层 75％,中厚煤层 80％,薄煤层 85％)。2005 年国内煤炭回采率的平均水平为 30％[73,74],故将 30％定为及格值;参考 2005 年国内平均水平,取 15％,将其定为较差值;将国家规定标准值 75％定为较优值;将理想最优水平 100％作为最优值;将理想最差水平 0 作为最差值。

3）铁矿石生产率(X3103)

该指标为逆向指标,表征铁矿石利用效率。

由于没有找到相关资料,且没有现成的研究成果可供借鉴,暂不确定其特征值,本书实例计算时也不选用该指标。随着统计资料的进一步完善,再纳入计算。

4）有色金属矿石生产率(X3104)

该指标为逆向指标,表征有色金属利用效率。

由于没有找到相关资料,且没有现成的研究成果可供借鉴,暂不确定其特征值,本书实例计算时也不选用该指标。随着统计资料的进一步完善,再纳入计算。

5）单位 GDP 矿产消耗量(X3201)

该指标为逆向指标,表征矿产资源消耗水平。

由于没有找到相关资料,且没有现成的研究成果可供借鉴,暂不确定其特征值,本书实例计算时也不选用该指标。随着统计资料的进一步完善,再纳入计算。

6）有色金属矿石综合利用率(X3202)

该指标为正向指标,表征有色金属矿石利用效率。

根据文献[75]得知,我国有色金属矿石综合利用率仅 30％,而国外为 70％。故将国内平均水平 30％定为及格值;参考国内平均水平,取 20％,将其定为较差值;将国外平均水平 70％定为较优值;将理想的最优水平 100％定为最优值;将理想最差水平 0 作为最差值。

7）共伴生矿产资源综合利用率(X3203)

该指标为正向指标,表征共伴生矿产资源综合利用效率。

参考《"十一五"资源综合利用指导意见》[49],2005 年我国该值已达到 35％,规划 2010 年达到 40％。故将 2005 年国内的平均水平 35％确定为及格值;参考 2005 年国内的平均水平,取 20％,将其定为较差值;参考 2010 年国内规划值,取 50％,将其定为较优值;将 0(理想的最差水平)定为最差值;将 100％(理想的最优水平)定为最优值。

　　8) 万元工业增加值固体废弃物排放量(X3301)

　　该指标为逆向指标,表征工业生产排放固体废弃物水平。

　　根据《中国环境统计年鉴》计算,2004 年国内平均水平约为 32.15kg/万元,最差水平约为 498kg/万元,最优水平约为 0。参考 2004 年国内平均水平,取 30kg/万元,将其定为及格值;参考 2004 年国内最差水平,取 400kg/万元,将其作为较差值;再根据各特征值及特征值之间的关系并结合各地区水平确定另外的特征值。

　　9) 工业固体废弃物排放率(X3302)

　　该指标为逆向指标,表征工业固体废弃物的排放程度。

　　根据《中国环境统计年鉴》计算,2004 年国内平均水平约为 1.5%,最差水平约为 9%,最优水平约为 0。故将 2004 年国内平均水平 1.5% 定为及格值;参考 2004 年国内最差水平,取 10%,将其作为较差值;将理想的最优水平 0 作为最优值;再根据各特征值及特征值之间的关系并结合各地区水平确定另外的特征值。

　　10) 矿产资源总回收率(X3401)

　　该指标为正向指标,表征矿产资源再回用水平。

　　参考"十一五"资源综合利用指导意见》[49],2005 年我国该值已达到 30%,规划 2010 年达到 35%。故将 2005 年国内平均水平 30% 定为及格值;参考 2005 年国内平均水平,取 20%,将其定为较差值;参考 2010 年规划值,取 40%,将其定为较优值;将 0(理想的最差水平)定为最差值;将 100%(理想的最优水平)定为最优值。

　　11) 洗精煤回收率(X3402)

　　该指标为正向指标,表征洗精煤再回用水平。

　　根据文献[76]得知,七台河市在洗煤工艺完整的条件下,全口径平均洗精煤回收率为 34%~37%[76];根据《中国工业经济统计年鉴》[77]知,1957~1998 年全国洗精煤回收率一直为 50%~60%。故将 55% 定为及格值;将 35% 定为较差值;将 0(理想的最差水平)定为最差值;将 100%(理想的最优水平)定为最优值;再根据已经确定的特征值确定较优值,将其值定为 88%。

### 3.3.4　能源指标

　　1) 能源有效开发率(X4101)

　　该指标为正向指标,表征能源开发利用效率。

　　由于没有找到相关资料,也没有现成的研究成果可供借鉴,故本书考虑人们对该指标的期望值来确定该指标的 5 个特征值。首先将理想最差水平 0 作为最差值;将理想最优水平 100% 作为最优值;将 60% 定为及格值;再根据已确定的特征值及各特征值之间的关系并结合对指标的期望值来确定其他特征值。

　　2) 万元 GDP 能耗(X4201)

　　该指标为逆向指标,表征能源消耗综合水平。

根据文献[78]得知,2003 年我国万元 GDP 能耗为美国的 3 倍,德国的 5 倍,日本的 6 倍[78];根据《中国能源统计年鉴》,2004 年我国平均水平为 1.44t 标准煤/万元。根据 2003 年我国与各国该指标相比的倍数,计算得美国 2003 年平均水平约为 0.5t 标准煤/万元,故将该值定为较优值;将 2004 年国内平均水平约 1.5t 标准煤/万元定为及格值;参考较优值并结合各地区水平,取 0.01t 标准煤/万元,将其定为最优值;根据已经确定的特征值及各地区的水平再确定最差值和较差值。

3) 万元 GDP 电耗(X4202)

该指标为逆向指标,表示经济发展对电力的使用效率,是反映电力综合利用效率的重要指标。

根据《中国能源统计年鉴》[62]计算,2003 年我国平均水平约为世界平均水平的 2.8 倍,为发达国家的 3.7 倍;2004 年国内平均水平约为 $0.18 \times 10^4 kW \cdot h$/万元;按照该指标 2003 年中国和世界及发达国家的比值,得到 2004 年世界平均水平约为 $0.07 \times 10^4 kW \cdot h$/万元,将其定为较优值;参考 2004 年世界发达国家平均水平,取 $0.01 \times 10^4 kW \cdot h$/万元,将其定为最优值;参考 2004 年国内平均水平,取 $0.2 \times 10^4 kW \cdot h$/万元,将其定为及格值;根据已经确定的特征值及各地区的水平再确定最差值和较差值。

4) 能源利用率(X4203)

该指标为正向指标,表征能源利用效率。

根据文献[79]得知,我国目前能源利用率仅为 34%,相当于发达国家 20 年前的水平。参考目前国内平均水平,取 40%,将其定为及格值;将理想最差水平 0 作为最差值;将理想最优水平 100% 作为最优值;再根据已确定的特征值及各特征值之间的关系确定剩下的特征值。

5) 输配电损失率(X4204)

该指标为逆向指标,表征电力输送效率。

根据《中国能源统计年鉴》计算,2004 年国内平均水平约为 6.5%,最优水平约为 0.07%,最差水平约为 10%。参考 2004 年国内平均水平,取 7%,将其定为及格值;将 2004 年国内最差水平约 10% 定为较差值;将理想最优水平 0 定为最优值;将理想最差水平 100% 定为最差值;再根据各特征值及特征值之间的关系并结合各地区水平确定另外的特征值。

6) 市辖区居民人均生活用电量(X4205)

该指标是一个双向指标,表征生活用电效率。

根据《中国能源统计年鉴》,2004 年我国平均水平为 361kW · h/(人 · a),最大值为 770kW · h/(人 · a),最小值为 186kW · h/(人 · a)。参考 2004 年国内该指标的最小值,取 200kW · h/(人 · a),将其定为较优值;参考 2004 年国内该指标的最大值,取 800kW·h/(人·a),将其定为较差值Ⅱ;将理想的最差水平 0 定为最差值;再根据各特征值及特征值之间的关系并结合各地区水平确定另外的特征值。

7) 城市平均每人消耗液化石油气量(X4206)

该指标为双向指标。在达到基本生活需求的液化石油气用量之前,指标值越小,节约程度会随着指标增加而增大,而在达到基本生活需求的液化石油气用量之后,节约程度就会随着指标值的增大而减小。

根据《中国环境统计年鉴》计算,2004 年国内平均水平约为 642m³/(人·a),最小值约为 213m³/(人·a),最大值约 1278m³/(人·a)。参考 2004 年国内该指标最小值约 213m³/(人·a),取 200m³/(人·a)和 220m³/(人·a),将其分别定为最优值和最优值Ⅱ;参考 2004 年国内平均水平 642m³/(人·a),取 600m³/(人·a),将其定为及格值Ⅱ;将理想最差水平 0 作为最差值;再根据各特征值及特征值之间的关系并结合各地区水平确定另外的特征值。

8) 万元工业增加值终端耗电量(X4207)

该指标为逆向指标,表征工业耗电效率。

根据《中国能源统计年鉴》计算,2004 年国内平均水平约为 2706.6kW·h/万元,最小值约为 338.78kW·h/万元。参考 2004 年国内平均水平,取 2500kW·h/万元,将其定为及格值;参考国内最优水平 338.78kW·h/万元,取 350kW·h/万元,将其定为较优值;再根据各特征值及特征值之间的关系并结合各地区水平确定另外的特征值。

9) 万元工业增加值废气排放量(X4301)

该指标为逆向指标,表征工业废气排放水平。

根据《中国统计年鉴》计算,2004 年国内平均水平约为 $4.34 \times 10^4 m^3 (V_n)$/万元,最差水平约为 $17.89 \times 10^4 m^3 (V_n)$/万元,最优水平约为 $1.8 \times 10^4 m^3 (V_n)$/万元。参考 2004 年国内平均水平 $4.34 \times 10^4 m^3 (V_n)$/万元,取 $5 \times 10^4 m^3 (V_n)$/万元,将其定为及格值;参考 2004 年国内最优水平 $1.8 \times 10^4 m^3 (V_n)$/万元,取 $1 \times 10^4 m^3 (V_n)$/万元,将其定为较优值;参考 2004 年国内最差水平 $17.89 \times 10^4 m^3 (V_n)$/万元,取 $15 \times 10^4 m^3 (V_n)$/万元,将其定为较差值;再根据各特征值及特征值之间的关系并结合各地区水平确定另外的特征值。

10) 工业固体废物综合利用率(X4401)

该指标为正向指标,表征工业固体废弃物资源化程度和资源循环利用效率。

根据《关于加快工业循环经济发展的若干意见》[79] 的规划,在 2006~2010 年,该值要提高到 97% 以上。根据《中国统计年鉴》,2004 年国内平均水平为 55.7%。故参考 2004 年国内平均水平 55.7%,取 60%,将其定为及格值;参考规划值 97%,取 95%,将其定为较优值;将理想最优水平 100% 作为最优值;将理想最差水平 0 作为最差值;再根据已确定的特征值及各特征值之间的关系来确定较差值。

### 3.3.5 其他指标

1) 林木资源利用效率(X5101)

该指标为正向指标,表征林木资源开发利用效率。

由于没有找到相关资料,也没有现成的研究成果可供借鉴,故本书考虑人们对该指标的期望值来确定该指标的 5 个特征值。将理想最差水平 0 作为最差值;将理想最优水平 100% 作为最优值;将 60% 定为及格值;再根据已确定的特征值及各特征值之间的关系并结合对指标的期望值来确定其他特征值。

2) 万元 GDP 原材料用量(X5102)

该指标为逆向指标,表征经济发展对原材料的使用效率。

由于没有找到相关资料,且没有现成的研究成果可供借鉴,暂不确定其特征值,本书实例计算时也不选用该指标。随着统计资料的进一步完善,再纳入计算。

3) 每公顷耕地化肥施用量(X5103)

该指标为逆向指标,反映耕地对化肥的依赖程度。

根据《中国统计年鉴》计算,2004 年国内平均水平约为 $0.4t/hm^2$,最优水平约为 $0.1t/hm^2$,最差水平为 $0.85t/hm^2$。将 2004 年国内平均水平 $0.4t/hm^2$ 定为及格值;将 2004 年国内最优水平 $0.1t/hm^2$ 定为较优值;参考 2004 年国内最差水平,取 $1t/hm^2$,将其定为较差值;再根据各特征值及特征值之间的关系并结合各地区水平确定另外的特征值。

4) 木材综合利用率(X5104)

该指标为正向指标,表征木材综合利用效率。

参考《"十一五"资源综合利用指导意见》,2005 年我国该值已达到 60%,规划 2010 年达到 70%。故将 2005 年国内平均水平 60% 定为及格值;参考 2010 年规划值,取 80%,将其定为较优值;将理想最优值 100% 定为最优值;将理想最差值 0 定为最差值;再根据已确定的特征值及各特征值之间的关系来确定较差值。

5) 散装水泥使用率(X5105)

该指标为正向指标,表征水泥散装化水平。

根据《北京市"十一五"时期散装水泥发展规划》[80],2010 年北京市该值将达到 85% 以上;《江苏省发展散装水泥管理规定》[81]要求凡使用水泥总量达 400t(含本数,下同)以上的工程,散装水泥使用率应当达到 60% 以上;水泥使用总量在 700t 以上的工程,散装水泥使用率应当达到 70% 以上;水泥使用总量在 1000t 以上的工程,散装水泥使用率应当达到 80% 以上。将《江苏省发展散装水泥管理规定》中的下限 60% 定为及格值,将上限 80% 定为较优值;将理想最优值 100% 定为最优值;将理想最差值 0 定为最差值;再根据已确定的特征值及各特征值之间的关系来确定较差值。

6) 单位化肥农药农业产值(X5106)

该指标为正向指标,表征化肥农药的使用对农业经济发展的贡献。

由于没有找到相关资料,且没有现成的研究成果可供借鉴,暂不确定其特征值,本书实例计算时也不选用该指标。随着统计资料的进一步完善,再纳入计算。

7) 城市人均生活垃圾清运量(X5201)

该指标为逆向指标,表征资源利用效率和循环利用程度。

根据《中国统计年鉴》计算,2004 年国内平均水平约为 0.13t/(人·a),最大值约为 1.59t/(人·a),最小值为 0.05t/(人·a)。参考 2004 年国内平均水平,取 0.1t/(人·a),将其作为及格值;将 2004 年国内最小值 0.05t/(人·a)作为较优值;参考 2004 年国内最大值,取 2t/(人·a),将其作为较差值;再根据已确定的特征值及各特征值之间的关系并结合各地区水平确定其他特征值。

8) 生活垃圾无害化处理率(X5202)

该指标为正向指标,表征生活垃圾无害化处理水平。

参考文献[82],该值应大于 80%;根据《中国环境统计年鉴》,2004 年国内平均水平为 52.1%。故将 2006 年《国家环保模范城市标准》的规定值 80%定为较优值;参考 2004 年国内平均水平,取 50%,将其定为及格值;将理想最优值 100%定为最优值;将理想最差值 0 定为最差值;再根据已确定的特征值及各特征值之间的关系并结合各地区水平来确定较差值。

9) 农村累计粪便无害化处理率(X5203)

该指标为正向指标,表征农村累计粪便无害化处理程度。

根据《中国环境统计年鉴》,2004 年国内平均水平为 57.51%,最大值为 94.12%,最小值为 27.26%。参考 2004 年国内平均水平,取 60%,将其定为及格值;参考 2004 年国内最优水平,取 90%,将其定为较优值;将理想最优水平 100%作为最优值;将理想最差水平 0 定为最差值;再根据各特征值及特征值之间的关系并结合各地区水平确定另外的特征值。

10) 城市污水处理率(X5204)

该指标为正向指标,表征城市污水处理程度。

参考《国务院关于落实科学发展观加强环境保护的决定》[83]中建设部提出的,到 2010 年,全国设市城市的污水处理率不低于 70%。根据《中国环境统计年鉴》,2004 年国内平均水平约为 45%,最优水平约为 76%。参考 2010 年规划值,取 75%(与 2004 年国内最优水平接近)定为较优值;本书认为 45%在目前的社会发展水平下城市污水处理率太低,故取 60%,将其定为及格值;将理想最优值 100%定为最优值;将理想最差值 0 定为最差值;再根据已确定的特征值及各特征值之间的关系来确定较差值。

11) 工业废水排放达标率(X5205)

该指标为正向指标,表征工业废水达标排放水平。

参考文献[82]，该值应大于 95%；根据《中国环境状况公报》[84]，2004 年国内平均值为 90.7%。故将 2004 年国内平均水平约 90%定为及格值；将 2006 年《国家环保模范城市标准》规定值 95%定为较优值；将理想最优值 100%定为最优值；再根据已确定的特征值及各特征值之间的关系来确定较差值。

12）工业固体废弃物处置率（X5206）

该指标是一个正向指标，表征工业固体废弃物处置水平。

根据《中国环境统计年鉴》计算，2004 年国内平均水平约为 22%，最优水平约为 63%，最差水平约为 0。参考 2004 年国内平均水平，取 25%，将其定为及格值；参考 2004 年国内最优水平，取 70%，将其定为较优值；将理想最差值 0 定为最差值；将理想最优值 100%定为最优值；再根据已确定的特征值及各特征值之间的关系并结合各地区水平确定其他特征值。

13）三废综合利用产品产值占 GDP 比重（X5207）

该指标为正向指标，表征三废综合利用程度和循环利用水平。

根据《中国环境统计年鉴》计算，2004 年国内平均水平约为 0.42%，最优水平为 0.68%，最差水平为 0.07%。参考 2004 年国内平均水平，取 0.4%，将其定为及格值；参考 2004 年国内最优水平，取 0.7%，将其定为较优值；参考 2004 年国内最差水平，取 0.1%，将其定为较差值；将理想最差值 0 定为最差值；将理想最优值 100%定为最优值。

14）污染直接经济损失占 GDP 比重（X5208）

该指标是一个逆向指标，表征污染所造成的直接经济损失程度。

根据《中国环境统计年鉴》，2004 年国内平均水平为万分之 0.27，最大值为万分之 3.41，最小值为 0。参考 2004 年国内平均水平，取万分之 0.2，将其定为及格值；参考 2004 年国内最差水平，取万分之 4，将其定为较差值；将 2004 年国内最优水平 0（理想的最优水平）定为最优值；再根据已确定的特征值及各特征值之间的关系并结合各地区水平确定其他特征值。

15）人均 GDP（X5301）

该指标为正向指标，表征综合经济实力和经济发展水平。

根据发达国家现代化城市的人均 GDP 在 20 世纪 90 年代已经达到 2 万美元；2004 年国内人均 GDP 为 10561 元。参考发达国家现代化城市 90 年代的人均 GDP，取 15000 元，将其定为及格值；根据文献[85]将 800 元定为最差值；将 150000 元定为最优值；再根据已确定的特征值及各特征值之间的关系并结合国内实际情况来确定其他特征值。

16）第三产业比重（X5302）

它是一个双向指标，表征人民生活水平质量状况和经济发达程度。

根据文献[86]得知，发达国家第三产业所占比重一般在 60%～70%，中等发达国家在 50% 左右,低收入国家占 30%～40%;根据《中国统计年鉴》,2004 年国内平均水平为 40.7%。参考 2004 年国内平均水平,取 40%,将其定为及格值;由于目前国内平均水平远低于发达国家水平,故将发达国家水平下限 60% 定为较优值;将发达国家水平上限 70% 定为最优值;参考发达国家水平上限,取 75%,将其定为最优值Ⅱ;将理想的最差水平 0 和 100% 分别定为最差值和最差值Ⅱ;再根据已确定的特征值及各特征值之间的关系,来确定其他特征值。

17)城市化率(X5303)

该指标为正向指标,表征城市化程度和工业化水平。

根据文献[85]得知,世界平均城市化率水平在 2000 年为 50%。故将 50% 定为及格值;将理想的最优水平 100% 定为最优值;再根据已确定的特征值及各特征值之间的关系并结合各地区实际情况来确定其他特征值。

18)城市用水普及率(X5304)

该指标为正向指标,表征城市用水条件和社会发展水平。

根据文献[87]得知,建设部政策研究中心课题组预测到 2020 年全国平均水平达到 95%;根据《中国环境统计年鉴》,国内平均水平为 88.85%。参考国内平均水平,取 85%,将其定为及格值;将 2020 年预测值 95% 定为较优值;将理想最优水平 100% 作为最优值;再根据已确定的特征值及各特征值之间的关系并结合各地区实际情况来确定其他特征值。

19)城市用气普及率(X5305)

该指标为正向指标,表征城市用气条件和社会发展水平。

根据文献[87]得知,建设部政策研究中心课题组预测到 2020 年全国平均水平达到 85%;根据《中国环境统计年鉴》,国内平均水平为 81.53%。参考国内平均水平,取 80%,将其定为及格值;参考 2020 年预测值,取 90%,将其定为较优值;将理想最优水平 100% 作为最优值;再根据已确定的特征值及各特征值之间的关系并结合各地区实际情况来确定其他特征值。

20)节能器具普及率(X5306)

该指标为正向指标,表征公民节能意识及节能水平。

根据文献[88]得知,国外发达城市节能型燃气器具的普及率已超过 80%。故将国外发达国家平均水平 80% 定为较优值;将理想最优值 100% 定为最优值;再根据已确定的特征值及各特征值之间的关系来确定其他特征值。

21)节水器具普及率(X5307)

该指标为正向指标,表征公民的节水意识及节水水平。

根据《节水型城市考核标准》[39]规定,达到 100% 为 6 分,每低 3% 扣 1 分。故将 100% 定为最优值;将 0 所对应的指标值(约 80%)定为较差值;将 4 分所对应的指标值(约 95%)定为较优值;将 3 分所对应的指标值(约 90%)定为及格值;再根据已确定的特征值及各特征值之间的关系来确定其他特征值。

22）公众节约意识（X5308）

该指标为正向指标，表征公众节约意识的高低。

根据对公众节约意识的期望程度，将最差的节约意识 $x=0$ 定为最差值；将最佳的节约意识 $x=1$ 定为最优值；将 $x=0.6$ 定为及格值；再根据已确定的特征值及各特征值之间的关系来确定其他特征值。

23）媒体宣传力度（X5309）

该指标为正向指标，表征媒体对节约及资源节约型社会建设宣传的力度。

根据对媒体宣传力度的期望程度，将没有媒体宣传 $x=0$ 定为最差值；将最高的媒体宣传力度 $x=1$ 定为最优值；将 $x=0.6$ 定为及格值；再根据已确定的特征值及各特征值之间的关系来确定其他特征值。

24）技术市场成交额占 GDP 的比重（X5401）

该指标为双向指标，体现技术商品交易的整体规模和水平。

根据《中国统计年鉴》计算，2004 年国内平均水平约为 1%，最大值约为 9.9%，最小值为 0.02%。将 2004 年国内平均水平 1% 定为及格值；参考 2004 年国内最大值，取 10%，将其定为较优值；将理想最差水平 0 和 100% 分别定为最差值和最差值 Ⅱ；根据对指标的期望程度结合各地区水平，并根据已确定的各特征值及各特征值之间的关系来确定其他特征值。

25）R&D 经费支出占 GDP 的比例（X5402）

该指标为正向指标，表征科技竞争力大小及综合实力大小。

根据文献[89]得知，1997 年，日本已达到 3.12%，美国已达到 2.64%；根据《中国统计年鉴》，2004 年国内平均水平约为 1.44%，2003 年的国内平均水平约为 1.31%；参考 2004 年平均水平，取 1.5%，将其定为及格值；参考美国 1997 年平均水平，取 2.5%，将其定为较优值；参考日本 1997 年水平，取 3%，将其定为最优值；将理想最差水平 0 作为最差值；再根据已确定的特征值及各特征值之间的关系来确定其他特征值。

26）能源加工转换效率（X5403）

该指标为正向指标，表征能源加工转换装置和生产工艺的先进与落后，管理水平的高低等。

根据《中国能源统计年鉴》，1983 年国内平均水平为 69.93%，2005 年国内平均水平为 71.08%。参考 2005 年国内平均水平，取 70%，将其定为及格值；将理想最差水平 0 作为最差值；将理想最优水平 100% 作为最优值；再根据已确定的特征值及各特征值之间的关系并结合对各指标的期望程度来确定其他特征值。

各指标的特征值见表 3.2，其确定依据见表 3.3。

表 3.2 资源节约型社会评价指标特征值

| 资源类型 | 循环过程 | 指标 | 代码 | 最差值 (u=0) | 较差值 (u=0.3) | 及格值 (u=0.6) | 较优值 (u=0.8) | 最优值 (u=1) | 最优值II (u=1) | 较优值II (u=0.8) | 及格值II (u=0.6) | 较差值II (u=0.3) | 最差值II (u=0) |
|---|---|---|---|---|---|---|---|---|---|---|---|---|---|
| 水资源 | 开发 | 城镇实际供水量与总引水量的比值 | X1101 | 0.3 | 0.6 | 0.8 | 0.9 | 1.0 | | | | | |
| | | 农村实际供水量与总引水量的比值 | X1102 | 0.1 | 0.3 | 0.5 | 0.7 | 1.0 | | | | | |
| | 利用 | 万元GDP用水量/(m³/万元) | X1201 | 2000 | 600 | 350 | 100 | 50 | | | | | |
| | | 耗水率/% | X1202 | 90 | 70 | 50 | 20 | 0 | | | | | |
| | | 城市供水管网漏损率/% | X1203 | 70 | 40 | 20 | 10 | 0 | | | | | |
| | | 城市人均日生活用水量/[L/(人·d)] | X1204 | 20 | 50 | 70 | 80 | 110 | 115 | 135 | 190 | 300 | 600 |
| | | | | 20 | 55 | 75 | 85 | 115 | 120 | 140 | 200 | 330 | 600 |
| | | | | 20 | 70 | 110 | 120 | 150 | 155 | 180 | 220 | 350 | 600 |
| | | | | 20 | 80 | 140 | 150 | 185 | 190 | 220 | 260 | 360 | 600 |
| | | | | 20 | 60 | 95 | 100 | 120 | 125 | 140 | 210 | 340 | 600 |
| | | | | 20 | 55 | 70 | 75 | 100 | 110 | 125 | 180 | 290 | 600 |
| | | 万元工业增加值用水量/(m³/万元) | X1205 | 800 | 300 | 200 | 115 | 40 | | | | | |
| | | 工业用水重复利用率/% | X1206 | 20 | 50 | 80 | 85 | 95 | | | | | |
| | | 万元农业GDP用水量/(m³/万元) | X1207 | 6000 | 3000 | 1700 | 1000 | 200 | | | | | |
| | | 渠系水利用系数 | X1208 | 0.2 | 0.3 | 0.5 | 0.8 | 0.9 | | | | | |
| | | 节灌率/% | X1209 | 0 | 20 | 40 | 75 | 95 | | | | | |
| | 排放 | 人均城市污水排放量/[t/(人·a)] | X1301 | 200 | 60 | 40 | 10 | 5 | | | | | |
| | | 万元工业增加值废水排放量/(t/万元) | X1302 | 300 | 70 | 40 | 20 | 5 | | | | | |
| | 回用 | 城市再生水利用率/% | X1401 | 0 | 3 | 5 | 20 | 80 | | | | | |

续表

| 资源类型 | 循环过程 | 指标 | 代码 | 最差值 (u=0) | 较差值 (u=0.3) | 及格值 (u=0.6) | 较优值 (u=0.8) | 最优值 (u=1) | 最优值Ⅱ (u=1) | 较优值Ⅱ (u=0.8) | 及格值Ⅱ (u=0.6) | 较差值Ⅱ (u=0.3) | 最差值Ⅱ (u=0) |
|---|---|---|---|---|---|---|---|---|---|---|---|---|---|
| 土地资源 | 开发 | 当年土地开发面积占未利用地面积的比重/% | X2101 | 0 | 0.02 | 0.07 | 10 | 100 | | | | | |
| | 利用 | 土地资源利用效率/(万元/hm²) | X2201 | 0 | 5 | 10 | 100 | 400 | | | | | |
| | | 单位建设用地非农业产值/(万元/hm²) | X2202 | 0 | 20 | 35 | 300 | 600 | | | | | |
| | | 单位耕地面积农业产值/(万元/khm²) | X2203 | 0 | 1000 | 3000 | 9000 | 15000 | | | | | |
| | | 每公顷播种面积粮谷物产量/kg | X2204 | 0 | 3000 | 5000 | 7000 | 15000 | | | | | |
| | | 未利用地面积占土地总面积比重/% | X2205 | 90 | 60 | 30 | 10 | 0 | | | | | |
| | 排放 | 土地沙化面积占土地总面积的比重/% | X2301 | 95 | 35 | 20 | 10 | 0 | | | | | |
| | | 土地荒漠化面积占土地总面积的比重/% | X2302 | 95 | 55 | 35 | 10 | 0 | | | | | |
| | 回用 | 土地复垦面积占耕地面积的比率/% | X2401 | 0 | 0.02 | 0.05 | 1 | 10 | | | | | |
| | | 土地综合治理改良率/% | X2402 | 0 | 20 | 60 | 70 | 100 | | | | | |
| 矿产资源 | 开发 | 资源有效开采率/% | X3101 | 0 | 30 | 60 | 80 | 100 | | | | | |
| | | 煤炭回采率/% | X3102 | 0 | 15 | 30 | 75 | 100 | | | | | |
| | | 铁矿石生产率/(元/t) | X3103 | | | | | | | | | | |
| | | 有色金属矿石生产率/(元/t) | X3104 | | | | | | | | | | |
| | | 单位GDP矿产消耗量/(t/万元) | X3201 | | | | | | | | | | |
| | 利用 | 有色金属矿石综合利用率/% | X3202 | 0 | 20 | 30 | 70 | 100 | | | | | |
| | | 共伴生矿产资源综合利用率/% | X3203 | 0 | 20 | 35 | 50 | 100 | | | | | |

续表

| 资源类型 | 循环过程 | 指标 | 代码 | 最差值 (u=0) | 较差值 (u=0.3) | 及格值 (u=0.6) | 较优值 (u=0.8) | 最优值 (u=1) | 最优值II (u=1) | 较优值II (u=0.8) | 及格值II (u=0.6) | 较差值II (u=0.3) | 最差值II (u=0) |
|---|---|---|---|---|---|---|---|---|---|---|---|---|---|
| 矿产资源 | 排放 | 万元工业增加值固体废弃物排放量/(kg/万元) | X3301 | 900 | 400 | 30 | 20 | 0.01 | | | | | |
| | | 工业固体废弃物排放率/% | X3302 | 80 | 10 | 1.5 | 0.5 | 0 | | | | | |
| | 回用 | 矿产资源总回收率/% | X3401 | 0 | 20 | 30 | 40 | 100 | | | | | |
| | | 洗精煤回收率/% | X3402 | 0 | 35 | 55 | 88 | 100 | | | | | |
| 能源 | 开发 | 能源有效开发率/% | X4101 | 0 | 30 | 60 | 80 | 100 | | | | | |
| | 利用 | 万元GDP能耗（t标准煤/万元） | X4201 | 10 | 4.0 | 1.5 | 0.50 | 0.01 | | | | | |
| | | 万元GDP电耗（（$10^4$ kW·h/万元） | X4202 | 10 | 0.3 | 0.2 | 0.07 | 0.01 | | | | | |
| | | 能源利用率/% | X4203 | 0 | 20 | 40 | 70 | 100 | | | | | |
| | | 输配电损失率/% | X4204 | 100 | 10 | 7 | 1 | 0 | | | | | |
| | | 市辖区居民人均生活用电量/[kW·h/(人·a)] | X4205 | 0 | 100 | 150 | 200 | 300 | 310 | 350 | 400 | 800 | 1000 |
| | | 城市平均每人消耗液化石油气量/[$m^3$/(人·a)] | X4206 | 0 | 140 | 160 | 180 | 200 | 220 | 300 | 600 | 1000 | 2000 |
| | | 万元工业增加值终端耗电量/[kW·h/万元] | X4207 | 20000 | 6000 | 2500 | 350 | 100 | | | | | |
| | 排放 | 万元工业增加值废气排放量/[$10^4$ $m^3$ ($V_n$)/万元] | X4301 | 80 | 15 | 5 | 1 | 0.10 | | | | | |
| | 回用 | 工业固体废物综合利用率/% | X4401 | 0 | 30 | 60 | 95 | 100 | | | | | |

续表

| 资源类型 | 循环过程 | 指标 | 代码 | 最差值(u=0) | 较差值(u=0.3) | 及格值(u=0.6) | 较优值(u=0.8) | 最优值(u=1) | 最优值Ⅱ(u=1) | 较优值Ⅱ(u=0.8) | 及格值Ⅱ(u=0.6) | 较差值Ⅱ(u=0.3) | 最差值Ⅱ(u=0) |
|---|---|---|---|---|---|---|---|---|---|---|---|---|---|
| 其他 | 其他资源 | 林木资源利用效率/% | X5101 | 0 | 30 | 60 | 80 | 100 | | | | | |
| | | 万元 GDP 原材料用量/(t/万元) | X5102 | | | | | | | | | | |
| | | 每公顷耕地化肥施用量/(t/hm²) | X5103 | 10 | 1.0 | 0.4 | 0.10 | 0.01 | | | | | |
| | | 木材综合利用率/% | X5104 | 0 | 30 | 60 | 80 | 100 | | | | | |
| | | 散装水泥使用率/% | X5105 | 0 | 30 | 60 | 80 | 100 | | | | | |
| | | 单位化肥农药农业产值/(万元/t) | X5106 | | | | | | | | | | |
| | 环境保护 | 人均生活垃圾清运量/[t/(人·a)] | X5201 | 10 | 2.0 | 0.1 | 0.05 | 0.01 | | | | | |
| | | 生活垃圾无害化处理率/% | X5202 | 0 | 30 | 50 | 80 | 100 | | | | | |
| | | 农村累计粪便无害化处理率/% | X5203 | 0 | 30 | 60 | 90 | 100 | | | | | |
| | | 城市污水处理率/% | X5204 | 0 | 30 | 60 | 75 | 100 | | | | | |
| | | 工业废水排放达标率/% | X5205 | 20 | 60 | 90 | 95 | 100 | | | | | |
| | | 工业固体废弃物处置率/% | X5206 | 0 | 15 | 25 | 70 | 100 | | | | | |
| | | 三废综合利用产品产值占 GDP 比重/% | X5207 | 0 | 0.1 | 0.4 | 0.7 | 10 | | | | | |
| | | 污染直接经济损失占 GDP 比重 | X5208 | $10 \times 10^{-4}$ | $4 \times 10^{-4}$ | $0.2 \times 10^{-4}$ | $0.05 \times 10^{-4}$ | 0 | | | | | |

续表

| 资源类型 | 循环过程 | 指标 | 代码 | 最差值 (u=0) | 较差值 (u=0.3) | 及格值 (u=0.6) | 较优值 (u=0.8) | 最优值 (u=1) | 最优值Ⅱ (u=1) | 较优值Ⅱ (u=0.8) | 及格值Ⅱ (u=0.6) | 较差值Ⅱ (u=0.3) | 最差值Ⅱ (u=0) |
|---|---|---|---|---|---|---|---|---|---|---|---|---|---|
| 其他 | 社会经济 | 人均GDP/元 | X5301 | 800 | 5000 | 15000 | 20000 | 150000 | | | | | |
| | | 第三产业比重/% | X5302 | 0 | 20 | 40 | 60 | 70 | 75 | 80 | 90 | 95 | 100 |
| | | 城市化率/% | X5303 | 10 | 30 | 50 | 70 | 100 | | | | | |
| | | 城市用水普及率/% | X5304 | 30 | 70 | 85 | 95 | 100 | | | | | |
| | | 城市用气普及率/% | X5305 | 20 | 55 | 80 | 90 | 100 | | | | | |
| | | 节能器具普及率/% | X5306 | 15 | 40 | 60 | 80 | 100 | | | | | |
| | | 节水器具普及率/% | X5307 | 50 | 80 | 90 | 95 | 100 | | | | | |
| | | 公众节约意识 | X5308 | 0 | 0.3 | 0.6 | 0.8 | 1 | | | | | |
| | | 媒体宣传力度 | X5309 | 0 | 0.3 | 0.6 | 0.8 | 1 | | | | | |
| | 科技发展 | 技术市场成交额占GDP的比重/% | X5401 | 0 | 0.5 | 1.0 | 10 | 15 | 20 | 40 | 60 | 80 | 100 |
| | | R&D经费支出占GDP的比例/% | X5402 | 0 | 1.0 | 1.5 | 2.5 | 3 | | | | | |
| | | 能源加工转换效率/% | X5403 | 0 | 50 | 70 | 80 | 100 | | | | | |

表 3.3　资源节约型社会评价指标特征值确定依据

| 资源类型 | 循环过程 | 指标 | 代码 | 节点值确定参考依据及说明 |
|---|---|---|---|---|
| 水资源 | 开发 | 城镇实际供水量与总引水量的比值 | X1101 | 最差值为 0,最优值为 1 |
| | | 农村实际供水量与总引水量的比值 | X1102 | 最差值为 0,最优值为 1 |
| | 利用 | 万元 GDP 用水量/（m³/万元） | X1201 | 参考世界平均水平约 100m³/万元,美国约 50m³/万元,2004 年全国平均约 400m³/万元[64],2005 年全国平均水平约 360m³/万元,结合各地水平 |
| | | 耗水率/% | X1202 | 根据《中国环境统计年鉴》,2004 年中国平均约 54%,最大约为 74%,最小约为 21%;2001 年全国综合耗水率为 55%,2002 年 54%,2003 年 55%,2004 年 53%,结合各地区水平 |
| | | 城市供水管网漏损率/% | X1203 | 依据《城市供水管网漏损及评定标准》的规定标准,城市供水企业管网基本漏损率不应大于 12%,根据管长在该值左右酌情浮动;《节水型社会建设"十一五"规划》要求在 2005 年达到 20%,到 2010 年要低于 15% |
| | | 城市人均日生活用水量/[L/(人·d)] | X1204 | 依据《城市居民生活用水量标准》,结合各地水平。把全国划分为 6 个区域:第一区:黑龙江、吉林、辽宁、内蒙古;第二区:北京、天津、河北、山东、河南、山西、陕西、宁夏、甘肃;第三区:上海、江苏、浙江、福建、江西、安徽;第四区:广东、海南;第五区:重庆、四川、贵州、云南;第六区:新疆、西藏、青海 |
| | | 万元工业增加值用水量/[m³/万元] | X1205 | 2004 年世界发达国家小于 50m³/万元,我国平均水平为 196m³/万元;在 2005 年已达到 169m³/万元,到 2010 年要低于 115m³/万元 |
| | | 工业用水重复利用率/% | X1206 | 根据水利部提供的资料,发达国家一般为 80% 以上[64] |
| | | 万元农业 GDP 用水量/（m³/万元） | X1207 | 参考《农村全面小康社会的衡量标准》,2020 年农业 GDP 用水量预计下降到 1500m³/万元,根据《中国统计年鉴》计算,2004 年国内平均值为 1726m³/万元,最大值为 471m³/万元,最小值约为 10031m³/万元;2005 年平均值约为 1552m³/万元,最大值约为 10535m³/万元,最小值约为 462m³/万元 |
| | | 渠系水利用系数 | X1208 | 大型灌区不应低于 0.55;中型灌区不应低于 0.65,小型灌区不应低于 0.75;井灌区采用渠道防渗不应低于 0.9,采用管道输水不应低于 0.95[69] |
| | | 节灌率/% | X1209 | 参考《临安市水资源综合规划》,2010 年规划该值达到 85%,2020 年达到 75%;2005 年全国内平均值约为 37.35%,2005 年全国平均值约为 38.78% |

续表

| 资源类型 | 循环过程 | 指标 | 代码 | 节点值确定参考依据及说明 |
|---|---|---|---|---|
| 水资源 | 排放 | 人均城市污水排放量/[t/(人·a)] | X1301 | 根据《中国环境统计年鉴》计算,2004年国内平均水平约为30t/(人·a),最小值约为12t/(人·a),2005年平均值为30.2t/(人·a) |
| | | 万元工业增加值废水排放量/(t/万元) | X1302 | 参考《浙江省人民政府办公厅关于加快工业循环经济发展的意见》的,在2006~2010年该值需下降20%,根据《中国统计年鉴》计算,2004年国内平均水平约为40t/万元,最大值为206t/万元,2005年平均值为183t/万元;最小值约为10t/万元,最大值约为33.68t/万元,最小值约为7.6t/万元 |
| | 回用 | 城市再生水利用率/% | X1401 | 根据《节约型城市考核标准》城市再生水利用率应大于等于20%;《节约型社会建设"十一五"规划》提出到2012年北方缺水城市再生水利用率达到20%,南方沿海缺水城市达到5%~10% |
| 土地资源 | 开发 | 当年土地开发面积占未利用地面积的比值/% | X2101 | 根据《中国国土资源统计年鉴》计算,2004年国内平均水平约为0.07%,最优水平约为4.17%;2005年国内平均值约为0.06%,最大值约为7.51%,最小值约为0,并结合各地区水平 |
| | 利用 | 土地资源利用效率/(万元/hm²) | X2201 | 根据《中国统计年鉴》计算,2004年国内平均水平约为1.44万元/hm²,最小值约为0.06万元/hm²;2005年国内平均约为1.93万元/hm²,最大值约为111万元/hm²,最大值约为90万元/hm²,最小值约为0.08万元/hm²,并结合各地区水平 |
| | | 单位建设用地非农业产值/(万元/hm²) | X2202 | 根据《中国统计年鉴》计算,2004年国内平均水平约为36万元/hm²,最大值约为314万元/hm²;2005年国内平均水平约为50.13万元/hm²,最大值约为378万元/hm²,最小值约为13万元/hm²,最小值约为15万元/hm²,并结合各地区水平 |
| | | 单位耕地面积农业产值/(万元/khm²) | X2203 | 根据《中国统计年鉴》计算,2004年国内平均水平约为2786万元/khm²,最大值约为3034万元/khm²;2005年国内平均水平约为9181万元/khm²,最大值约为9731万元/khm²,最小值约为950万元/khm²,最小值约为722万元/khm²,并结合各地区水平 |
| | | 每公顷播种面积谷物产量/kg | X2204 | 根据《中国统计年鉴》计算,2004年国内平均水平约为5187kg,最大值约为7090kg,最小值约为3409kg;2005年国内平均水平约为5225kg,最大值约为6619kg,最小值约为3343kg,并结合各地区水平 |

续表

| 资源类型 | 循环过程 | 指标 | 代码 | 节点值确定参考依据及说明 |
|---|---|---|---|---|
| 土地资源 | 利用 | 未利用地面积占土地总面积的比重/% | X2205 | 根据《中国城市统计年鉴》计算,2004年国内平均水平为27.57%,最差水平约为61.41%,最优水平约为0.57%;2005年国内平均水平为27.53%,最差水平约为61.39%,最优水平约为6.31%,并结合各地区水平 |
| | 排放 | 土地沙化面积占土地总面积的比重/% | X2301 | 根据《中国环境统计年鉴》计算,2004年国内平均水平为18%,最差水平约为45%,最优水平约为0;2005年国内平均水平为18.3%,最差水平约为44.82%,最优水平约为0,并结合各地区水平 |
| | | 土地荒漠化面积占土地总面积的比重/% | X2302 | 根据《中国环境统计年鉴》计算,2004年国内平均水平为28%,最差水平约为64%,最优水平约为0.06%;2005年国内平均水平为27.73%,最差水平约为64%,最优水平约为0.06%,并结合各地区水平 |
| | 回用 | 土地复垦面积占耕地面积的比率/% | X2401 | 根据《中国统计年鉴》计算,2004年国内平均水平为0.05%,最差水平约为0.5%,最优水平约为1.9%;2005年国内平均水平为0.04%,最差水平约为0,并结合各地区水平 |
| | | 土地综合治理改良率/% | X2402 | 考虑人们对该指标的期望值及对现状的认可程度 |
| 矿产资源 | 开发 | 资源有效开采率/% | X3101 | 考虑人们对该指标的期望值及对现状的认可程度 |
| | | 煤炭回采率/% | X3102 | 2005年国内煤炭回采率平均水平为30%;根据国务院《关于制定煤矿整顿关闭工作三年规划》[72]的指导意见,煤炭回采率达到国家规定标准(厚煤层75%,中厚煤层80%,薄煤层85%) |
| | | 铁矿石生产率/(元/t) | X3103 | 由于没有找到相关资料,也没有现成的研究成果,暂不确定 |
| | | 有色金属矿石生产率/(元/t) | X3104 | 由于没有找到相关资料,也没有现成的研究成果,暂不确定 |
| | 利用 | 单位GDP矿产石消耗量/(t/万元) | X3201 | 由于没有找到相关资料,也没有现成的研究成果,暂不确定 |
| | | 有色金属矿产石综合利用率/% | X3202 | 我国有色金属综合利用率仅30%,而国外为70%[75] |
| | | 共伴生矿产石资源综合利用率/% | X3203 | 参考《“十一五”资源综合利用指导意见》,2005年我国该值达到35%,规划2010年达到40% |
| | 排放 | 万元工业增加值固体废弃物排放量/(kg/万元) | X3301 | 根据《中国环境统计年鉴》计算,2004年国内平均水平约为32.15kg/万元,最差水平约为344kg/hm,最优水平约为23kg/万元;2005年国内平均水平约为498kg/万元,最优水平约为0,并结合各地区水平 |
| | | 工业固体废弃物排放率/% | X3302 | 根据《中国环境统计年鉴》计算,2004年国内平均水平约为1.23%,最差水平约为9%,最优水平约为1.5%;2005年国内平均水平约为1.23%,最差水平约为10%,最优水平约为0,并结合各地区水平 |
| | 回用 | 矿产资源总回收率/% | X3401 | 参考《“十一五”资源综合利用指导意见》,2005年达到30%,规划2010年达到35%[76] |
| | | 洗精煤回收率/% | X3402 | 全口径平均洗精煤回收率为34%~37%[76] |

续表

| 资源类型 | 循环过程 | 指标 | 代码 | 节点值确定参考依据及说明 |
|---|---|---|---|---|
| 能源 | 开发 | 能源有效开发率/% | X4101 | 考虑人们对该指标的期望值及对现状的认可程度 |
| | 利用 | 万元GDP能耗/(t标准煤/万元) | X4201 | 根据《中国能源统计年鉴》,2004年我国平均水平为1.44t标准煤/万元,2005年平均水平为1.22t标准煤/万元,并参考重庆市市长在2005年全市工业经济工作会议上的讲话中,2003年,我国该水平约为美国的3倍,德国的5倍,日本的6倍[78] |
| | | 万元GDP电耗/(10⁴kW·h/万元) | X4202 | 根据《中国能源统计年鉴》计算,2004年国内平均水平约为0.18×10⁴kW·h/万元,最小值约为0.09×10⁴kW·h/万元;2005年我国平均水平约为0.14×10⁴kW·h/万元;2003年我国平均水平约为世界平均水平的2.8倍,为发达国家的3.7倍,并结合各地水平[62] |
| | | 能源利用率/% | X4203 | 我国目前能源利用率仅为34%,相当于发达国家20年前的水平[73] |
| | | 输配电损失率/% | X4204 | 根据《中国能源统计年鉴》计算,2004年国内平均水平约为6.5%,最优水平约为0.07%;2005年国内平均水平约为6.84%,国内最优水平约为0.6%,最差水平为10%,并结合各地区水平 |
| | | 市辖区居民人均生活用电量/[kW·h/(人·a)] | X4205 | 根据《中国能源统计年鉴》计算,2004年我国平均水平为361kW·h/(人·a),最大值为770kW·h/(人·a),最小值为186kW·h/(人·a);2005年我国平均水平为443kW·h/(人·a),最大值为846kW·h/(人·a),最小值为201kW·h/(人·a),并结合各地区水平 |
| | | 城市平均每人消耗液化石油气量/[m³/(人·a)] | X4206 | 根据《中国环境统计年鉴》计算,2004年国内平均水平约为642m³/(人·a),最小值为213m³/(人·a);2005年国内平均水平约为678m³/(人·a),最大值为1333m³/(人·a),最小值为248m³/(人·a),并结合各地区水平 |
| | 排放 | 万元工业增加值终端电量/(kW·h/万元) | X4207 | 根据《中国能源统计年鉴》,2004年国内平均水平约为2706.6kW·h/万元,最小值约为338.78kW·h/万元;2005年国内平均水平为2323.86kW·h/万元,最大值为12170.7kW·h/万元,最小值为1251.43kW·h/万元,参考各地区的水平 |
| | | 万元工业增加值废气排放量/[10⁴m³($V_n$)/万元] | X4301 | 根据《中国统计年鉴》计算,2004年国内平均水平约为4.34×10⁴m³($V_n$)/万元,最小值约为1.8×10⁴m³($V_n$)/万元;2005年我国平均水平为3.73×10⁴m³($V_n$)/万元,最大值为13.3×10⁴m³($V_n$)/万元,最小值为1.43×10⁴m³($V_n$)/万元,参考各地区的水平 |
| | 回用 | 工业固体废物综合利用率/% | X4401 | 根据《中国统计年鉴》,2004年国内平均水平为55.7%;2005年国内平均水平为56.1%,《关于加快工业循环经济发展的若干意见》规划在2006~2010年,将该值提高到97%以上 |

续表

| 资源类型 | 循环过程 | 指标 | 代码 | 节点值确定参考依据及说明 |
|---|---|---|---|---|
| 其他 | 其他资源 | 林木资源利用效率/% | X5101 | 考虑人们对该指标的期望值及对现状的认可程度 |
| | | 万元GDP原材料用量/(t/万元) | X5102 | 由于没有找到相关资料,也没有现成的研究成果可供借鉴,暂不确定 |
| | | 每公顷耕地化肥施用量/(t/hm²) | X5103 | 根据《中国统计年鉴》计算,2004年国内平均水平约为0.4t/hm²,最优水平约为0.1t/hm²;2005年我国平均水平为0.37t/hm²,最差水平为0.85t/hm²,最优水平为0.1t/hm²,参考各地区的水平 |
| | | 木材综合利用率/% | X5104 | 参考"十一五"资源综合利用指导意见》,2005年我国该值达到60%,规划2010年达到70% |
| | | 散装水泥使用率/% | X5105 | 根据《北京市"十一五"时期散装水泥发展规划》,2010年北京市该值将达到85%以上;《江苏省发展散装水泥管理规定》要求凡使用水泥总量达400t(含本数,下同)以上的工程、散装水泥使用率应当达到70%以上;水泥使用总量在700t以上的工程、散装水泥使用率应当达到80%以上 |
| | | 单位化肥农药农业产值(万元/t) | X5106 | 由于没有找到相关资料,也没有现成的研究成果可供借鉴,暂不确定 |
| | 环境保护 | 人均生活垃圾清运量/[t/(人·a)] | X5201 | 根据《中国统计年鉴》计算,2004年国内平均水平约为0.13t/(人·a),最大值约为1.59t/(人·a),最小值为0.05t/(人·a);2005年国内平均水平约为0.13t/(人·a),最大值约为1.53t/(人·a),最小值为0.04t/(人·a),并结合各地区水平 |
| | | 生活垃圾无害化处理率/% | X5202 | 参考2006年《国家环保模范城市标准》,该值应大于80%;根据《中国环境统计年鉴》,2004年国内平均水平为52.1%;2005年国内平均水平为51.7% |
| | | 农村累计粪便无害化处理率/% | X5203 | 根据《中国环境统计年鉴》,2004年国内平均水平为57.51%,最大值为94.12%,最小值为27.26%;2005年国内平均水平为59.46%,最大值约为96.5%,最小值为29.57%,并结合各地区水平 |
| | | 城市污水处理率/% | X5204 | 参考《国务院关于落实科学发展观加强环境保护的决定》中建设部提出的,到2010年,全国设市城市的污水处理率不低于70% |
| | | 工业废水排放达标率/% | X5205 | 参考2006年《国家环保模范城市标准》,该值应大于95%;根据《中国环境状况公报》,2004年国内平均值为90.7%;2005年国内平均值为91.2% |
| | | 工业固体废弃物处置率/% | X5206 | 根据《中国环境统计年鉴》计算,2004年国内平均水平约为22%,最优水平约为63%,最差水平为0.15%,最差水平为0.15%;2005年国内平均水平约为23.25%,最优水平约为65.52%,最差水平为0.15%,并结合各地区水平 |

续表

| 资源类型 | 循环过程 | 指标 | 代码 | 节点值确定参考依据及说明 |
|---|---|---|---|---|
| 环境保护 | | 三废综合利用产品产值占 GDP 比重 /% | X5207 | 根据《中国环境统计年鉴》计算,2004 年国内平均水平约为 0.42%,最优水平约为 0.41%,最优水平约为 1.13%,最差水平约为 0.68%,最差水平约为 0.1%,并结合各地区水平 |
| | | 污染直接经济损失占 GDP 比重 | X5208 | 根据《中国环境统计年鉴》,2004 年国内平均水平为万分之 0.27,最大值为万分之 3.41,最小值为 0,2005 年国内平均水平为万分之 0.06,最大值约为万分之 0.27,最小值为 0,并结合各地区水平 |
| 其他 | 社会经济 | 人均 GDP/元 | X5301 | 根据发达国家现代化城市的人均 GDP 在 20 世纪 90 年代已经达到 2 万美元,并结合我国实际情况 |
| | | 第三产业比重 /% | X5302 | 根据《中国统计年鉴》,2004 年国内平均水平为 40.7%,2005 年国内平均水平为 39.9%;发达国家第三产业所占比重一般为 60%~70%,中等发达国家占 30%~40%[86] |
| | | 城市化率 /% | X5303 | 世界平均城市化率水平在 2000 年为 50%[85] |
| | | 城市用水普及率 /% | X5304 | 根据《中国环境统计年鉴》,2004 年国内平均水平为 88.85%,2005 年全国平均水平为 91.09%;建设部政策研究中心课题组预测到 2020 年全国平均水平达到 95%[87] |
| | | 城市用气普及率 /% | X5305 | 根据《中国环境统计年鉴》,2004 年国内平均水平为 81.53%,2005 年全国平均水平为 82.08%;建设部政策研究中心课题组预测到 2020 年全国平均水平达到 85%[87] |
| | | 节能器具普及率 /% | X5306 | 国外发达城市节能型燃气器具的普及率超过 80%[88] |
| | | 节约意识 | X5307 | 《节水型城市考核标准》规定达到 100% 为 6 分,每低 3% 扣 1 分 |
| | | 公众节约意识 | X5308 | 考虑人们对该指标的期望值及对现状的认可程度 |
| | | 媒体宣传力度 | X5309 | 考虑人们对该指标的期望值及对现状的认可程度 |
| | 科技发展 | 技术市场成交额占 GDP 的比重 /% | X5401 | 根据《中国统计年鉴》计算,2004 年国内平均水平约为 1%,最大值约为 9.9%,最小值为 0.02%;2005 年国内平均水平约为 0.85%,最大值约为 7.1%,最小值约为 0.05%,并结合各地区水平 |
| | | R&D 经费支出占 GDP 的比例 /% | X5402 | 根据《中国统计年鉴》,2004 年国内平均水平约为 1.44%,2005 年国内平均水平约为 1.34%,2003 年国内平均水平约为 1.31%;1997 年日本达到 3.12%,美国达到 2.64%[89] |
| | | 能源加工转换效率 /% | X5403 | 根据《中国能源统计年鉴》,1983 年为 69.93%,2005 年为 71.08% |

# 第4章  资源节约型社会评价方法

## 4.1  基 本 思 路

资源节约型社会评价,就是通过对前述指标体系描述的资源开发、利用、排放、回用等过程的节约状况的综合评价,以反映某个区域的资源节约程度。

评价的方法有多种,得出的结果也会有所不同。如可以对原始数据进行标准化,然后采用成熟的层次分析法,经构造判断矩阵和一致性检验等各项检验后,再通过层次总排序等计算,最终确定各指标的权重进而得出资源节约指数;也可以采用熵值法解决评价指标权重计算问题,也就是在确定具体指标的权重及量化值后,根据熵的可加性,对下层结构的指标信息效用值求和,得到各类指标的效用值,对准则层进行量化并确定权重从而得出节约程度的指数。熵值法能够深刻反映指标信息熵值的效用价值,给出的指标权重值与德尔菲法和层次分析法相比有较高的可信度,但由于它缺乏各指标之间的横向比较,又需要完整的样本数据,因此,在应用上受到限制[15]。

本书比较倾向于采用简单的描述方法,力求计算简单和直观,易于理解。在理论分析和应用实践的基础上,本书提出了单指标量化-多指标集成的评价方法(即SI-MI方法)[63],基本思路如下:

(1)单指标量化,即求各个单指标的子资源节约程度。单指标分定量单指标和定性单指标两种。定量单指标描述采用分段模糊隶属度分析方法,得出定量单指标的子资源节约程度;定性单指标量化需按百分制先划分若干个等级,并制定相应的等级划分细则,制定问卷调查表,采用打分调查法获取单指标的子资源节约程度。

(2)多指标集成,即求水资源节约程度、土地资源节约程度、矿产资源节约程度、能源节约程度和其他节约程度。采用加权的方法将多个指标的节约程度综合起来,从而得出各种资源节约程度。

(3)多种资源节约程度的集成,即求总的资源节约程度。采用加权的方法将水资源节约程度、土地资源节约程度、矿产资源节约程度、能源节约程度和其他节约程度集成起来,从而得出总资源节约程度。

(4)根据计算得到的总资源节约程度大小,与节约程度分级表进行对照,得到该区域的资源节约等级。

# 4.2　方法步骤

## 4.2.1　资源节约度的概念

本书采用"资源节约度"来度量某个区域资源利用的效率或者资源节约程度,即资源节约程度(resource-efficient degree,RED),简称资源节约度。资源节约度由水资源子节约度、土地资源子节约度、矿产资源子节约度、能源子节约度和其他子节约度构成,取值范围为$[0,1]$[63]。

## 4.2.2　定量单指标的量化方法

由于在指标体系中包含有定量指标和定性指标,且定量指标的量纲也不完全相同,为了便于计算和对比分析,单指标定量描述采用模糊隶属度分析方法。通过模糊隶属函数$\mu_j(x) = f_j(x)$,把各指标统一映射到$[0,1]$上,隶属度$\mu_j \in [0,1]$,具有较大的灵活性和可比性。

本书采用分段线性隶属函数量化方法。在指标体系中,各指标均有一个子资源节约度(sub-resource-efficient degree,SRED),取值范围为$[0,1]$。为了量化单指标的子资源节约度,做以下假定。各指标均存在 5 个(双向为 10 个)特征值:最差值、较差值、及格值、较优值和最优值。取最差值或比最差值更差时该指标的子资源节约度为 0,取较差值时该指标的子资源节约度为 0.3,取及格值时该指标的子资源节约度为 0.6,取较优值时该指标的子资源节约度为 0.8,取最优值或比最优值更优时该指标的子资源节约度为 1。

正向指标是指子资源节约度随着指标值的增加而增加的指标(如图 4.1 所示)。

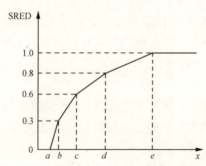

图 4.1　正向指标子资源节约度变化曲线

设$a$、$b$、$c$、$d$、$e$分别为某指标的最差值、较差值、及格值、较优值和最优值,利用五个节点$(a,0)$、$(b,0.3)$、$(c,0.6)$、$(d,0.8)$和$(e,1)$,以及上面的假定,可以得到正向指标子资源节约度的变化曲线及表达式。正向指标的子资源节约度计算公式为

$$\text{SRED}_i = \begin{cases} 0, & x_i \leqslant a_i \\ 0.3\left(\dfrac{x_i - a_i}{b_i - a_i}\right), & a_i < x_i \leqslant b_i \\ 0.3 + 0.3\left(\dfrac{x_i - b_i}{c_i - b_i}\right), & b_i < x_i \leqslant c_i \\ 0.6 + 0.2\left(\dfrac{x_i - c_i}{d_i - c_i}\right), & c_i < x_i \leqslant d_i \\ 0.8 + 0.2\left(\dfrac{x_i - d_i}{e_i - d_i}\right), & d_i < x_i \leqslant e_i \\ 1, & x_i > e_i \end{cases} \tag{4.1}$$

逆向指标是指子资源节约度随着指标值的增加而减小的指标（如图 4.2 所示）。

同样，设 $a$、$b$、$c$、$d$、$e$ 分别为某指标的最差值、较差值、及格值、较优值和最优值，利用五个特征点 $(a,0)$、$(b,0.3)$、$(c,0.6)$、$(d,0.8)$ 和 $(e,1)$，以及上面的假定，可以得到逆向指标子资源节约度的变化曲线及表达式。逆向指标的子资源节约度计算公式为

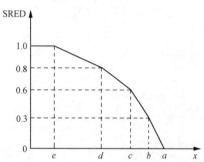

图 4.2　逆向指标子节约度变化曲线

$$\text{SRED}_i = \begin{cases} 1, & x_i \leqslant e_i \\ 0.8 + 0.2\left(\dfrac{d_i - x_i}{d_i - e_i}\right), & e_i < x_i \leqslant d_i \\ 0.6 + 0.2\left(\dfrac{c_i - x_i}{c_i - d_i}\right), & d_i < x_i \leqslant c_i \\ 0.3 + 0.3\left(\dfrac{b_i - x_i}{b_i - c_i}\right), & c_i < x_i \leqslant b_i \\ 0.3\left(\dfrac{a_i - x_i}{a_i - b_i}\right), & b_i < x_i \leqslant a_i \\ 0, & x_i > a_i \end{cases} \tag{4.2}$$

双向指标是指子资源节约度先随着指标值的增加而增加，当增加到某个值（或保持一段）后子资源节约度又随着指标值的增加而减小的指标（如图 4.3 所示）。

设 $a(j)$、$b(i)$、$c(h)$、$d(g)$、$e(f)$ 分别为某指标的最差值、较差值、及格值、较优值和最优值，利用特征点 $(a,0)$、$(b,0.3)$、$(c,0.6)$、$(d,0.8)$、$(e,1)$、$(f,1)$、$(g,0.8)$、$(h,0.6)$、$(i,0.3)$、$(j,0)$，以及上面的假定，可以得到双向指标子资源节约度的变化曲线及表达式。双向指标的子资源节约度计算公式为

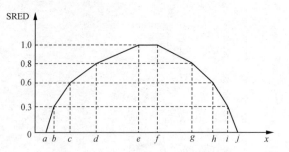

图 4.3　双向指标子资源节约度变化曲线

$$
\mathrm{SRED}_i = \begin{cases}
0, & x_i \leqslant a_i \\[2mm]
0.3\left(\dfrac{x_i - a_i}{b_i - a_i}\right), & a_i < x_i \leqslant b_i \\[2mm]
0.3 + 0.3\left(\dfrac{x_i - b_i}{c_i - b_i}\right), & b_i < x_i \leqslant c_i \\[2mm]
0.6 + 0.2\left(\dfrac{x_i - c_i}{d_i - c_i}\right), & c_i < x_i \leqslant d_i \\[2mm]
0.8 + 0.2\left(\dfrac{x_i - d_i}{e_i - d_i}\right), & d_i < x_i \leqslant e_i \\[2mm]
1, & e_i < x_i \leqslant f_i \\[2mm]
0.8 + 0.2\left(\dfrac{g_i - x_i}{g_i - f_i}\right), & f_i < x_i \leqslant g_i \\[2mm]
0.6 + 0.2\left(\dfrac{h_i - x_i}{h_i - g_i}\right), & g_i < x_i \leqslant h_i \\[2mm]
0.3 + 0.3\left(\dfrac{i_i - x_i}{i_i - h_i}\right), & h_i < x_i \leqslant i_i \\[2mm]
0.3\left(\dfrac{j_i - x_i}{j_i - i_i}\right), & i_i < x_i \leqslant j_i \\[2mm]
0, & x_i > j_i
\end{cases} \tag{4.3}
$$

式中，$\mathrm{SRED}_i$ 为第 $i$ 个指标在 $T$ 时刻的子资源节约度，$i = 1, 2, \cdots, n$，$n$ 为选用的指标数；$a_i(j_i)$、$b_i(i_i)$、$c_i(h_i)$、$d_i(g_i)$、$e_i(f_i)$ 分别为第 $i$ 个指标的最差值（最差值Ⅱ）、较差值（较差值Ⅱ）、及格值（及格值Ⅱ）、较优值（较优值Ⅱ）和最优值（最优值Ⅱ）；$x_i$ 为第 $i$ 个指标在 $T$ 时刻的指标值。

### 4.2.3　定性单指标的量化方法

对一些定性指标的量化，按百分制先划分若干个等级，并制定相应的等级划分细则，制定问卷调查表，采用打分调查法获取单指标的子资源节约度[35]。

（1）组织对研究区域情况比较熟悉的多个专家进行评判打分，将各专家所打分数汇总，分析样本分布的合理性后，求平均值转换（除以 100）得子资源节约度。该方法比较简单，但受主观影响较大。

（2）如果条件允许，制定问卷后，将问卷发放给熟悉研究区域的专家、行业的管理者和决策领导、区域分布比较均匀的群众三部分构成的调查群体，进行广泛的调查。问卷回收率大于 80%，在调查群体人数 ≥30 人时，专家所打的分值与对应的人数符合正态分布，再计算其加权值。若区间较小，则认为平均值较为精确，若区间较大，则对此区间内的散点再求加权平均值，认为所得的新加权平均值比第一次加权平均值更精确；在调查群体人数 <30 人时，可以根据样本所反映出来的信息选择使用平均数法、中位数法、众数法这三种方法，尽可能地减少人为因素，确定出相对合理的权重值。采用该方法可以体现公众参与，也更能反映人们对现状的认可程度及对理想值的期望。

### 4.2.4　多指标的综合描述

反映水资源子节约度、土地资源子节约度、矿产资源子节约度、能源子节约度及其他子节约度的指标很多，可以采取多种方法综合量化这些指标，以定量计算其资源节约度。

（1）模糊综合评价方法。该方法是基于模糊数学思想，从众多单一评价中获得对某个或某类对象的整体评价。设评价因子集合为 $U = \{u_1, u_2, u_3, \cdots, u_i, \cdots, u_n\}$，评价等级集合为 $V = \{v_1, v_2, v_3, \cdots, v_j, \cdots, v_m\}$。计算各评价因子的隶属度，建立单因素评判矩阵 $R$，确定各因素的权重，计算评价结果 $Y = A \circ R = [y_1 \quad y_2 \quad \cdots \quad y_{m-1} \quad y_m]$。式中，"$\circ$"为模糊数学运算符；$Y$ 为综合评判结果，它是评价等级集合 $V$ 上的一个模糊子集。根据评判结果，取 $y = \max(y_j)$，其对应的综合评价等级为 $v_j$。

（2）多指标集成方法。该方法根据单一指标隶属度按照权重加权计算，即 $\sum_{i=1}^{n} w_i \mu_i \in [0,1]$。也可采用根据单一指标隶属度按照指数权重加权计算，即 $\prod_{j=1}^{m} \mu_j^{\beta_j} \in [0,1]$。权重的确定采用变权法计算得到。

针对水资源、土地资源、矿产资源、能源和其他五大类指标，本书采用第二种多指标集成方法，计算方法如下：

令某量化指标在 $T$ 时刻的值为 $Y^i(T)$，描述的子资源节约度为 $\mathrm{SRED}_i(Y^i(T))$，则水资源子节约度、土地资源子节约度、矿产资源子节约度、能源子节约度及其他子节约度的计算公式如下：

$$\mathrm{WRED}(T) = \sum_{i=1}^{n_1} w_{W_i} \mathrm{SRED}_1(Y_1^i(T)) \tag{4.4}$$

$$\text{LRED}(T) = \sum_{i=1}^{n_2} w_{L_i} \text{SRED}_2(Y_2^i(T)) \quad (4.5)$$

$$\text{MRED}(T) = \sum_{i=1}^{n_3} w_{M_i} \text{SRED}_3(Y_3^i(T)) \quad (4.6)$$

$$\text{ERED}(T) = \sum_{i=1}^{n_4} w_{E_i} \text{SRED}_4(Y_4^i(T)) \quad (4.7)$$

$$\text{ORED}(T) = \sum_{i=1}^{n_5} w_{O_i} \text{SRED}_5(Y_5^i(T)) \quad (4.8)$$

式中，$\text{WRED}(T)$ 为 $T$ 时刻的水资源子节约度；$\text{LRED}(T)$ 为 $T$ 时刻的土地资源子节约度；$\text{MRED}(T)$ 为 $T$ 时刻的矿产资源子节约度；$\text{ERED}(T)$ 为 $T$ 时刻的能源子节约度；$\text{ORED}(T)$ 为 $T$ 时刻的其他子节约度。$n_1$、$n_2$、$n_3$、$n_4$、$n_5$ 分别为水资源子节约度、土地资源子节约度、矿产资源子节约度、能源子节约度和其他子节约度量化指标的个数；$w_{W_i}$、$w_{L_i}$、$w_{M_i}$、$w_{E_i}$、$w_{O_i}$ 依次为水资源、土地资源、矿产资源、能源和其他各指标的权重，采用变权法计算确定。

### 4.2.5  各种资源子节约度的集成

资源节约型社会的评价不仅评价某种资源的节约程度，而且还要综合考虑各种资源的子节约度，综合计算得到总节约度。这里采用集成的方法，把各种资源按权重集成起来表征资源节约程度。资源节约度（RED）计算公式如下：

$$\text{RED}(T) = \text{WRED}(T)\beta_1 + \text{LRED}(T)\beta_2 + \text{MRED}(T)\beta_3$$
$$+ \text{ERED}(T)\beta_4 + \text{ORED}(T)\beta_5 \quad (4.9)$$

式中，$\beta_1$、$\beta_2$、$\beta_3$、$\beta_4$、$\beta_5$ 分别为给定的水资源子节约度 $\text{WRED}(T)$、土地资源子节约度 $\text{LRED}(T)$、矿产资源子节约度 $\text{MRED}(T)$、能源子节约度 $\text{ERED}(T)$、其他子节约度 $\text{ORED}(T)$ 的权重。根据重要程度，分别给 $\beta_1$、$\beta_2$、$\beta_3$、$\beta_4$、$\beta_5$ 赋值；$\text{RED}(T)$ 为 $T$ 时刻的资源节约度，是衡量 $T$ 时刻"资源节约"的"尺度"，$\text{RED}(T) \in [0,1]$。$\text{RED}(T)$ 越大，认为资源节约程度越高。

### 4.2.6  资源节约度等级的划分

根据资源节约度（RED）的大小，为了便于定量对比，按 0.2 的间距把资源节约程度人为地划分为 5 个等级，见表 4.1。

表 4.1  资源节约等级划分

| 资源节约等级 | RED 的取值范围 |
| --- | --- |
| 节约 | $0.8 \leqslant \text{RED} \leqslant 1$ |
| 较为节约 | $0.6 \leqslant \text{RED} < 0.8$ |
| 较不节约 | $0.4 \leqslant \text{RED} < 0.6$ |
| 不节约 | $0.2 \leqslant \text{RED} < 0.4$ |
| 严重不节约 | $0 \leqslant \text{RED} < 0.2$ |

# 4.3　权重的确定

## 4.3.1　权重确定的基本方法

在模糊数学中,为了权衡各参考因子对系统的贡献大小,引进了"权重"的概念。由各因子权重组成的向量,称为"权重模糊子集"$\widetilde{A} = (a_1, a_2, \cdots, a_m), 0 \leqslant a_i \leqslant 1, m$ 为参考因子个数。权重模糊子集 $\widetilde{A}$ 确定的恰当与否,直接影响计算结果的合理性。$\widetilde{A}$ 的确定方法有多种,常用的有德尔菲法(专家调查法)、变权法、判断矩阵分析法等。但是无论采用哪一种确定方法,都存在一定的人为性和任意性,这是模糊数学计算的一个缺陷,也是实际应用中不可避免的问题之一。为了减小这一缺陷带来的偏差,尽可能地反映客观实际,只有更仔细地调查和研究工作,反复论证,得到可信度较高的权重[35]。

本书在资源节约型社会的评价研究中,权重的确定选用以下三种方法:

(1) 按等权考虑。如在对各种资源子节约度集成时,针对水资源子节约度、土地资源子节约度、矿产资源子节约度、能源子节约度及其他子节约度,采取等权重,即 $\beta_1 = \beta_2 = \beta_3 = \beta_4 = \beta_5 = 0.2$,反映对各种资源同等看待的一种倾向性看法。在本书的实例研究中,部分初始权重的确定也采用该方法。

(2) 专家调查法。把调查表发给精通专业的专家单个填写,收回后加以整理,形成正式意见。如果专家的意见差距太大,可针对不同意见再向专家征询,采用第二轮征询甚至第三轮征询。最后统计得到各个权重。这种方法具有较多优点,可以依靠专家的丰富知识和宝贵经验,能够比较客观地反映实际情况。

(3) 变权法。是权重随评估向量而改变的方法。对总体而言,涉及元素 $A_1$, $A_2, \cdots, A_n$,得到评估指标为 $u_1, u_2, \cdots, u_n$。记 $A_i$ 相对于总体而言的权重为 $w_i = w_i(u_1, u_2, \cdots, u_n)$。$w_i(u_1, u_2, \cdots, u_n) = \dfrac{\lambda_i(u_i)}{\sum\limits_{j=1}^{n} \lambda_j(u_j)}$。其中,$\lambda_i(u_i)$ 为选定函数,可通过一定计算得到。在本书的实例研究中,在初始权重确定的基础上,根据各评价指标子节约度的大小,采用该方法对初始权重进行再处理得到最终权重。

## 4.3.2　本书确定权重的方法

本书采用主观权重与客观权重相结合的权重确定方法。由层次分析法或等权重法确定基础权重(又称初始权重),再利用变权法求得最终权重。

### 1. 初始权重的确定

层次分析法是 20 世纪 70 年代由美国运筹学教授 Saaty 提出的,是一种定性和定量相结合的决策分析方法,通过两两比较及计算矩阵最大特征值及其相应的特征向量,以确定各指标的权重,具体的计算过程如下:

(1) 构造判断矩阵。在所有因素中任取两个因素进行对比,根据因素的重要程度,依照表 4.2 赋值,构造判断矩阵 $A = (a_{ij})_{n \times n}$。

**表 4.2  构造比较判断矩阵**

| 数值 | 两因子之间相比较的含义 |
|---|---|
| 1 | 两因子同样重要 |
| 3 | 一个因子比另外一个稍微重要 |
| 5 | 一个因子比另外一个明显重要 |
| 7 | 一个因子比另外一个重要得多 |
| 9 | 一个因子比另外一个极为重要 |
| 2,4,6,8 | 上述相邻判断得中值 |
| 倒数 | 因子 $i$ 与 $j$ 比较判断为 $a_{ij}$,则因子 $j$ 与 $i$ 比较为 $1/a_{ij}$ |

(2) 计算权向量及特征值。对给定的判断矩阵 $A = (a_{ij})_{n \times n}$,确定权向量 $W = (w_1, w_2, \cdots, w_n)^T$ 及最大特征值 $\lambda_1$,其中

$$w_i = \frac{1}{n} \sum_{j=1}^{n} \frac{a_{ij}}{\sum_{k=1}^{n} a_{kj}}, \quad i = 1, 2, \cdots, n \tag{4.10}$$

$$\lambda_1 = \frac{1}{n} \sum_{i=1}^{n} \frac{\sum_{j=1}^{n} a_{ij} w_j}{w_i} \tag{4.11}$$

(3) 一致性检验。判断矩阵的一致性指标为 CI,随机一致性指标是 RI,一致性比率为 CR。其中,$CI = \frac{\lambda_1 - n}{n-1}(n > 1)$,$CR = \frac{CI}{RI}$,RI 的取值见表 4.3。

**表 4.3  平均随机一致性指标 RI 值[90]**

| 矩阵阶数 | 3 | 4 | 5 | 6 | 7 | 8 | 9 | 10 | 11 | 12 | 13 | 14 | 15 |
|---|---|---|---|---|---|---|---|---|---|---|---|---|---|
| RI | 0.5147 | 0.8931 | 1.1185 | 1.2494 | 1.3450 | 1.4200 | 1.4616 | 1.4874 | 1.5156 | 1.5405 | 1.5608 | 1.5837 | 1.5926 |

当 $CR < 0.1$ 时就认为满足一致性要求,并以 $\lambda_1$ 所对应的归一化后的特征向量作为归一化后的权向量,即得所求的初始权重 $W = (w_1, w_2, \cdots, w_n)^T$[86,91]。

2. 最终权重的确定

常权法即在综合评判中把每个因素所作的权重视为定值,不考虑权重随评估

值变化。变权法就是在综合评估中权重随评估向量的改变而改变,是对常权法确定初始权重的修正,具体的计算过程如下:

(1) 对总体而言,$\mu_1$、$\mu_2$、$\cdots$、$\mu_n$ 分别为 $n$ 个因素 $A_1$、$A_2$、$\cdots$、$A_n$ 的评估指标(本书中指各因素的子节约度),$\mu_i$ 无量纲或量纲相同,且 $\mu_i \in [0, \mu_m]$,常取 $\mu_m = 1, 10, 100$等。当 $\mu_i = 0$ 时,说明因素 $A_i$ 已经完全失去了应有的作用;当 $\mu_i = \mu_m$ 时表示因素 $A_i$ 为理想值。

(2) 在总体十分完善理想的情况下,$A_i$ 的权重 $w_{mi} = w_i(\mu_m, \mu_m, \cdots, \mu_m)$,$w_{mi} \in (0, 1)$,$\sum\limits_{i=1}^{n} w_{mi} = 1$,$w_{mi}$ 称为初始权重,可以用层次分析法得到。

(3) $w_{0i}$ 为因素 $A_i$ 功能完全消失时 $A_i$ 的上确界权重,充分体现了加大评估值过低项目的权重,以引起决策者充分注意的思想。$w_{0i} = w_i(\mu_m, \cdots, \mu_m, 0, \mu_m, \cdots, \mu_m)$,$w_{0i} \in (0, 1)$。当 $n \geqslant 3$ 时,建议用式(4.12)计算

$$w_{0i} = \frac{w_{mi}}{\min\limits_{1\leqslant j\leqslant n} w_{mj} + \max\limits_{1\leqslant j\leqslant n} w_{mj}}, \quad i, j = 1, 2, \cdots, n \qquad (4.12)$$

(4) 为了简便、直观地获得最终权重 $w_i(\mu_1, \mu_2, \cdots, \mu_n)$,引入函数 $\lambda_i(\mu_i)$,$\lambda_i(u_i) \in (0, \mu_m)$。$\lambda_{0i}$ 和 $\lambda_{mi}$ 分别是 $\lambda_i(\mu_i)$ 在 $[0, \mu_m]$ 上的最大值和最小值。

$$\lambda_i(\mu_i) = \frac{\lambda_{.i}^{*}\lambda_{0i}}{\lambda^{*} \exp\left[\dfrac{1}{1-k_i}\left(\dfrac{\mu_i}{\mu_m}\right)^{1-k_i}\right]} \qquad (4.13)$$

其中

$$\lambda_{0i} = \frac{w_{0i}\sum\limits_{j\neq i} w_{mj}}{1 - w_{0i}}$$

$$\lambda^{*} = \sum\limits_{i=1}^{n} \lambda_{0i}$$

$$\lambda_{.i}^{*} = \sum\limits_{j\neq i} \lambda_{0j}$$

$$k_i = 1 - \frac{1}{\ln \dfrac{\lambda_{0i}(\lambda_{.i}^{*} + w_{mi})}{\lambda^{*} w_{mi}}}$$

(5) 在计算得到 $\lambda_i(\mu_i)$($i = 1, 2, \cdots, n$)之后,最终的变权重 $w_i(\mu_1, \mu_2, \cdots, \mu_n)$ 即可利用式(4.14)求得

$$w_i(\mu_1, \mu_2, \cdots, \mu_n) = \frac{\lambda_i(\mu_i)}{\sum\limits_{j=1}^{n} \lambda_j(\mu_j)}, \quad i, j = 1, 2, \cdots, n \qquad (4.14)$$

求得的 $w_i(\mu_i)$ 即为利用模糊变权法确定的最终权重值。使用变权法得到的综合值总比以初始权重为权数计算出来的综合值小,这与开始提出的用降低综合值的办法突出单因素评估时评估值低的结论相吻合[86,91]。

# 第5章　资源节约型社会评价系统软件开发

资源节约型社会评价是检验资源节约型社会建设效果，了解资源节约型社会发展水平和资源利用效率的重要手段，是指导合理开发利用资源的重要基础。然而，资源节约型社会评价包含着复杂烦琐的计算过程，涉及众多的计算数据及计算环节，包括评价指标体系、指标数据管理、初始权重的确定、子节约度的计算、最终权重的计算及各种资源子节约度的集成等过程，传统的手工计算手段难以满足该项工作的需要。为了提高管理水平和评价效率，并便于实际应用，需要开发一套评价系统软件[92]。

目前，国外对资源节约型社会的研究主要集中在资源节约途径、工程工艺、节约模式、节约制度、法制等理论方面[93,94]。国内对资源节约型社会的评价研究重在评价指标体系的构建及评价计算[3,14,15]，尚没有一套通用、操作便捷的资源节约型社会评价系统软件，因此资源节约型社会评价系统软件的开发具有重要意义。现代计算机技术的快速发展及数据库、网络通信技术等的应用，为评价系统软件的开发提供了大量的技术支持。针对目前这一现状，开发研制了资源节约型社会评价系统软件。

## 5.1　系统开发目标

资源节约型社会评价系统（resource-efficient society evaluation system，REES)软件的开发目标是，开发出具有普遍应用意义的资源节约型社会评价系统软件，用于评估国家不同层次在建设资源节约型社会方面的状况。在现代计算机技术的支撑下，融合资源的相关理论和评价方法、数据库技术及计算机可视化技术，以实用为主要开发原则，实现资源节约型社会评价和数据管理现代化，为区域资源管理部门提供空间和时间上的综合分析信息。

## 5.2　系统设计原则

为了达到以上目标，在系统设计开发过程中坚持实用性与先进性原则、安全性与开放性原则，并使系统界面友好，易于使用和维护。

### 5.2.1　实用性和先进性原则

系统建设从实际出发，尽量采用成熟的先进技术，兼顾未来发展趋势，量力而行。以经济实用为主,又适当超前,为以后更新留有空间。系统要不断贴近生产实践的需要,使系统能够真正发挥作用。此外,系统结构、应用功能的设计和开发既要符合项目框架要求,又要考虑本系统的实际情况,充分注意设计风格的统一性、界面的友好性、操作的简便性、功能的完善性、系统的可维护性和可扩展性等问题。在充分利用现有设施和资源的条件下,力求高起点,既满足近期需求,又适应长远发展的需要,以满足系统对资源管理、决策等方面的支持。

### 5.2.2　安全性和开放性原则

系统采用信息使用的权限管理方式,制定严格的管理制度,使系统设计及建设根据要求达到相应安全级别,确保系统长期可靠的运行。

## 5.3　系统基本构成及主要功能

"资源节约型社会评价系统"主要包括 4 个方面的功能:评价功能、分析功能、系统维护与管理功能、成果发布功能。系统结构及功能如图 5.1 所示。

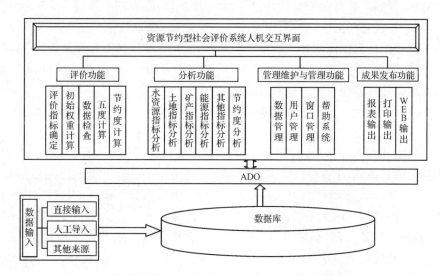

图 5.1　资源节约型社会评价系统结构图(根据文献[95]修改)

(1) 评价功能。包括研究区评价指标的选取、初始权重计算、数据完整性检查、子节约度计算、最终权重计算、五度(水资源子节约度、土地资源子节约度、矿产资源子节约度、能源子节约度和其他子节约度)计算、资源节约度计算等功能。

(2) 分析功能。分地区或分年份进行水资源子节约度、土地资源子节约度、矿产资源子节约度、能源子节约度、其他子节约度和资源节约度图表对比分析。

（3）系统维护与管理功能。包括数据管理、用户管理、窗口管理、联机帮助等功能。如数据浏览、修改、添加、删除等；根据系统安全的需要对用户的权限等进行管理，记录用户操作日志；为用户提供详细的、易于理解的实时联机帮助。

（4）成果发布功能。对成果以报表文件和打印方式输出；同时根据需要将成果通过网站或者办公自动化信息系统发布。

# 5.4　系统开发实现

## 5.4.1　客户/服务器体系结构

为了达到系统的开发建设目标，采用客户/服务器体系结构（Client/Server，C/S），将海量的数据集中存储在专用数据服务器上统一管理，客户机运行客户端程序调用服务器中的数据，建立模型、完成分析评价计算并将结果存入数据服务器中以共享结果。这样的结构有以下优点：①客户机不用存储大量数据，降低了系统运行对客户机配置的要求；②集中控制式的管理克服了数据库系统和应用模块集中的弊端，增强了数据的安全性、可靠性和可维护性；③有利于数据的共享，不同用户、不同子系统之间可以同时调用及交流成果数据，保证数据的一致性及共享性，提高了对数据信息资源的处理效率及利用率；④C/S结构具有开发灵活、运行高效的特点，可以满足用户个性化的要求，采用高级语言编程，在图形操作、界面定制、表格及数据处理方面十分灵活和方便。

## 5.4.2　数据访问及存储

Microsoft ActiveX Data Objects（ADO）是微软最新的数据访问技术，被设计用来同新的数据访问层 OLE DB Provider 一起协同工作，以提供通用数据访问（Universal Data Access）。OLE DB 是一个低层的数据访问接口，用它可以访问各种数据源，包括传统的关系型数据库、电子邮件系统及自定义的商业对象。ADO 能够编写通过 OLE DB 提供者对数据库服务器中的数据进行访问和操作的应用程序，其主要优点是易于使用、高速度、低内存支出和占用磁盘空间较少。ADO 支持用于建立基于 C/S 的应用程序，同时具有远程数据服务功能。

系统的数据访问及存储时采用 ADO 模型访问 Access、SQL Sever 或 Oracle 数据库。采用 ADO 的通用数据访问技术，一方面可以在不同阶段采用不同数据库，如为减少建立专业模型过程中的资源耗用，程序使用本地 Access 中的数据，建立完毕后可以轻松移植到 SQL Sever、Oracle 等服务器端数据库；另一方面可以增强系统的开放性和可移植性，使系统适应未来数据库可能发生的变化。

### 5.4.3 系统开发平台

系统基于 Windows 系统平台开发,后台数据库可采用 Access、SQL Sever 或 Oracle 数据库。本系统数据库采用 Access 数据库。

系统开发语言采用由 Microsoft 公司提供的面向对象的语言 Visual Basic6.0。 Visual Basic6.0 是 Microsoft 公司推出的一种功能强大、使用灵活的快速应用开发工具。作为可视化语言的 Visual Basic 语言,具有运算速度快,语法约束性强,出错容易查找,可视化程度较高;基于窗口和对象的技术;与 Windows 平台紧密结合;开放的数据库功能与网络支持;编译快速高效。

## 5.5 系 统 安 装

### 5.5.1 系统硬件

多媒体计算机一台,基本配置要求为 P4 2.0G 以上处理器,内存 256M,硬盘 80GB,打印机一台。其主要任务是完成运算、处理、显示、监视和人机交互操作,如编辑、修改、增加数据、更新数据和结果输出等。

### 5.5.2 系统运行

本软件安装与一般 Windows 所用的应用程序安装方法相同,主要过程如下: 首先启动 Windows,同时将系统安装光盘插入 CD-ROM;从安装光盘上找到安装文件(setup.exc),点击后按照提示一步一步操作;软件安装完成以后,就可以从 "开始"菜单中运行该软件了。

## 5.6 系 统 介 绍

本节主要介绍系统主界面及各功能模块的详细内容及使用方法。

### 5.6.1 系统主界面

运行系统后,系统加载时的启动界面,如图 5.2 所示。在如图 5.3 所示的系统登录界面中选择用户名称,然后输入相应的密码,即可进入资源节约型社会评价系统的主界面。

系统界面的开发采用的是操作比较简单的窗口形式,其包含的内容和目前流行软件窗口相似,上部主要是菜单条和工具条,用户通过选择使用来执行命令;中部为管理窗口及应用窗口,是系统的主要显示区和工作区;下部为系统状态条,显示当前用户和系统的状态。用户可以单击菜单条和工具条进入各功能模块。系统默认为 Office 2003 风格,用户可根据个人喜好利用系统风格设置功能,将系统设置为 Office XP、Native XP 等其他风格。系统主界面如图 5.4 所示。

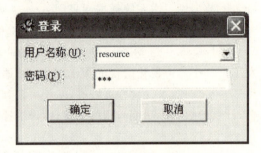

图 5.2　系统启动界面　　　　　　　　图 5.3　系统登录界面

图 5.4　资源节约型社会评价系统主界面

## 5.6.2　系统管理

　　系统管理主要是根据系统安全的需要对用户的权限等进行管理,并记录用户操作日志。用户的权限可以分为系统管理员、数据维护员、系统使用员三个级别。系统管理员可以进行系统内所有的操作,包括用户权限设置、增删用户、修改用户密码和所有数据的增加、删除及修改;数据维护员可以对所有数据进行添加、删除、修改等操作,而不能进行用户权限修改,不能增删用户;系统使用员可以对研究区数据进行增加、删除、修改,而不能对指标体系和标准进行操作。系统管理员对用户的管理界面如图 5.5 所示。记录用户操作日志的界面如图 5.6 所示。

 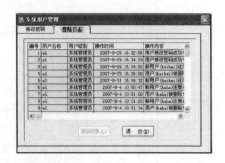

　　　　图 5.5　系统用户管理界面　　　　　　　　图 5.6　记录用户操作日志界面

### 5.6.3　数据管理

　　在进行资源节约型社会评价的过程中,一般需要以下三类数据:①指标体系。完整的资源节约型社会评价指标体系。②研究区评价指标。根据研究区的实际情况,从完整的资源节约型社会评价指标体系中选择指标,构成研究区评价指标。③研究区指标数据。研究区的评价指标所对应的数据。若存在地域分区的情况,还需要地域分区相关信息的数据。这些数据都可以利用模板导入,有些也可以在程序运行的过程中直接输入。

　　评价计算完成后有以下两类数据:①中间计算结果,即各指标的子节约度和最终权重;②最终计算结果,即水资源子节约度、土地资源子节约度、矿产资源子节约度、能源子节约度、其他子节约度和资源节约度。在系统运行的过程中,可以对这五类数据进行浏览、增加、删除和修改,并可导出 Excel 表保存。

　　利用模板导入数据的界面如图 5.7 所示。数据库中所有的数据都可以导出,生成 Excel 表保存到本地电脑上。将数据导出的界面如图 5.8 所示。

图 5.7　数据导入界面

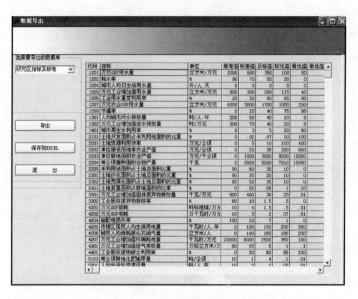

图 5.8　数据导出界面

## 5.6.4　评价计算

资源节约型社会的评价计算包括指标体系的管理、研究区指标的选取及参数的修改、研究区数据管理与维护、初始权重的确定、资源节约度的计算(包括各指标子节约度、最终权重、五度计算及各种资源子节约度的集成)等多个步骤,下面对系统功能进行详细介绍。介绍过程中,系统均以调用 2004 年全国省级行政区数据的运行情况进行介绍,其他地区操作类似。

### 1. 指标体系管理

指标体系管理主要是针对指标体系进行的管理维护,以便于更好的对研究区进行评价。单击主界面上的"评价计算"菜单工具条,选择"指标体系管理"菜单,进入评价指标体系维护界面,如图 5.9 所示。在该界面中,用户可以进行以下操作:①增加新的评价指标;②删除不予采用的指标,一般不进行该项操作;③对指标体系中指标的相关信息(单位、特征值、含义等)进行修改;④将指标体系存为 Excel 文件输出;⑤如果指标体系修改之后又不想使用修改后的指标体系,点击"默认指标体系"按钮,立即恢复到默认的指标体系。

各指标均有一个代码,代码作为指标的唯一性标志。在增加指标过程中系统将自动生成新增加指标的代码,以便各类指标编码符合系统运行规则,同时也避免人工操作造成代码重复。

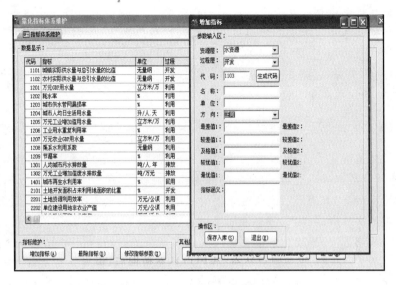

图 5.9　评价指标体系维护界面

## 2. 指标选择及参数修改

指标选择及参数修改主要是针对研究区的实际情况,从指标体系中选取合适的指标为对研究区进行评价做准备。如图 5.10 所示的研究区指标维护界面中,系统列出了研究区已经选择的指标和可选指标,可对研究区量化指标进行相关操作:

图 5.10　研究区指标选择及参数修改界面

①选择指标体系中存在而原计算未采用的评价指标,对于指标体系中没有的指标,需要先在指标体系库维护中增加后再在此进行选择操作;②删除不再参与评价计算的指标;③针对研究区的实际情况,可对已选择指标的参数值进行修改,如指标的特征值;④点击"数据校核"按钮,进入数据校核界面;⑤点击"调整初始权重"按钮,进入初始权重调整界面。

### 3. 研究区数据管理与维护

指标体系确定后,为防止在计算过程中出现错误,计算前需要对数据进行完整性检查,并对数据进行更新、增加和删除操作。在图 5.11 所示的研究区数据维护界面中可完成:①将确定后的研究区评价采用指标与数据库中已有数据进行对比,检查数据的完整性,并生成完整性情况报告,提示数据多余和缺失的指标;②在完整性检查的基础上,删除指标体系中没有选用指标的数据,同时将所有缺少数据的指标导入到 Excel 中,便于用户补充,待用户补充数据后,再导入到系统中;③拟新增地区或时间的数据时,在新增数据栏输入研究区名称和时间后,系统将需要提供数据的所有指标导出到 Excel 文件中,待用户填写数据后可将数据导入系统数据库中,以便完成评价计算[35]。

若需要对数据库中已有的数据进行管理,可在图 5.12 所示界面中进行浏览、修改、删除等操作,同时可将数据导出为 Excel 文件输出。

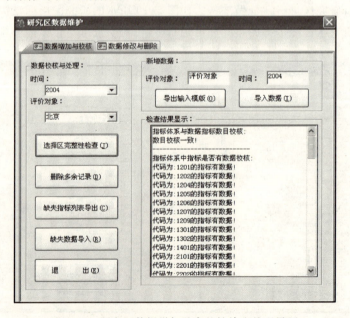

图 5.11　研究区数据增加及完整性检查处理界面

图 5.12　研究区数据修改及删除界面

### 4. 初始权重的确定

在资源节约型社会评价时,需要先确定指标的初始权重,再来计算指标的最终权重。在如图 5.13 所示的初始权重计算界面中,可以进行以下操作:①选择将要

图 5.13　初始权重计算界面

计算的指标类别(水资源、土地资源、矿产资源、能源和其他5大类),读取数据,系统将自动读取研究区选取的指标库中的该类指标;②用户通过选取等权重或者直接输入判断矩阵的值,点击"计算权重"按钮可得到各指标的权重值,并可与数据库中原来使用的权重进行对比分析;③分析合理后,可将新确定的初始权重存入数据库,取代原来使用的权重值;④点击"存为Excel"按钮可将构造的判断矩阵及权重值保存成Excel文件输出。

### 5. 资源节约度计算及分析

资源节约度的计算包括以下四个步骤:①各指标子节约度的计算;②最终权重的确定;③五度(水资源子节约度、土地资源子节约度、矿产资源子节约度、能源子节约度及其他子节约度)计算;④资源节约度计算。计算主界面如图5.14所示。进行评价时,首先选择评价时间及评价对象,界面上所列出的可选择的时间及评价对象参数均从数据库中的已有数据自动读取。读取数据后点击"进行评价"按钮可完成计算,计算结果将在下边的结果显示区显示出来。系统在提供对选择时间和研究区进行逐年逐地区的资源节约度计算的基础上,同时提供了对全部评价对象进行计算的功能。若在评价时间下拉框选择"全部",将计算评价对象所有评价时间的评价结果;若在评价对象下拉框选择"全部",将计算评价时间内全部评价对象

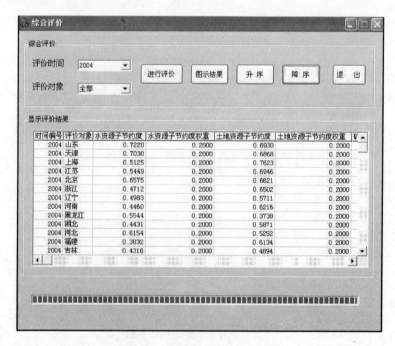

图 5.14　资源节约度计算主界面

的评价结果；若在评价时间和评价对象的下拉框同时选择"全部"，将计算在所有评价时间内全部评价对象的评价结果。

　　计算完毕后：①如果评价结果不止一条记录，点击"升序"或"降序"可以对评价结果按资源节约度的大小进行升序或降序的排列；②点击"图示结果"，可以点击查看某个评价对象各个评价时间的六度对比图（包括上面介绍的五度和综合计算的资源节约度）、某个评价时间的各个评价对象的六度对比图及某个评价时间各个评价对象的某个指标的数据对比图，对比图均可保存成图片或打印输出；③点击结果保存按钮，将计算的中间结果（各指标子节约度及最终权重）和最终结果（水资源子节约度、土地资源子节约度、矿产资源子节约度、能源子节约度及资源节约度）保存为 Excel 表输出，以便进行详细分析；④点击结果打印按钮，将最终的评价结果直接通过打印机打印输出，输出前可预览打印效果。

　　六度（水资源子节约度、土地资源子节约度、矿产资源子节约度、能源子节约度、其他子节约度及资源节约度）对比图界面如图 5.15 所示。

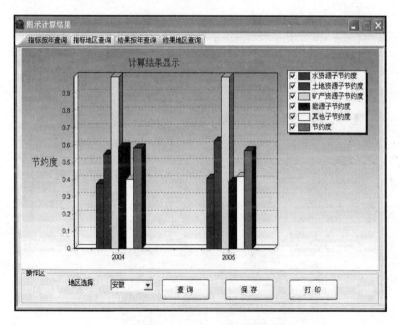

图 5.15　某个评价对象的六度对比图

　　某个评价时间各评价对象的六度对比图如图 5.16 所示，六度可以任选显示。图 5.17 所示为某个评价时间各评价对象的水资源子节约度对比图。图 5.18 所示为在某个评价时间各评价对象的指标数据对比图。

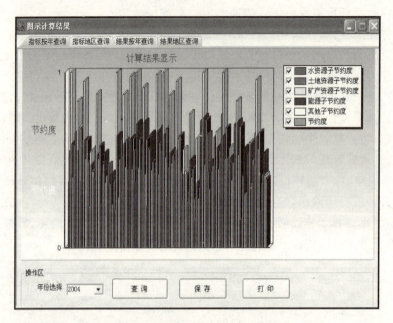

图 5.16　各评价对象六度对比图

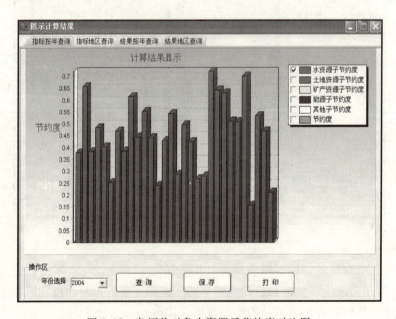

图 5.17　各评价对象水资源子节约度对比图

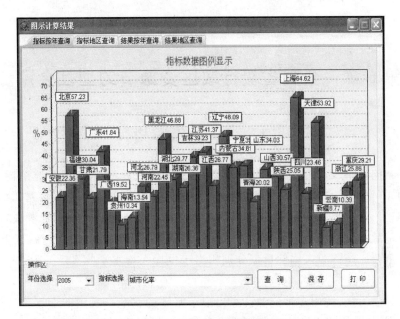

图 5.18　各地区指标数据对比图

## 5.6.5　成果发布

对成果以报表文件和打印方式输出,同时根据需要将成果通过网站或者办公自动化信息系统发布。

## 5.6.6　窗口管理

利用窗口管理可以对窗口的位置和大小进行基本的管理。

# 第6章 全国省级行政区资源节约型社会评价

## 6.1 全国的资源概况

2004 年我国 GDP 达到 13.65 万亿人民币,占世界的 4%,但为此消耗的各类资源约 50 亿 t,其中钢材 2.7 亿 t,石油 2.67 亿 t,煤炭 16.67 亿 t,水泥 8.62 亿 t,分别相当于这一年世界消费量的 27%、7.4%、31% 和 40%。我国资源禀赋较差,人均水资源拥有量仅为世界平均水平的 1/4,且时空分布不均。石油、天然气、铜和铝等重要矿产资源人均储量仅分别相当于世界人均水平的 83%、4.1%、25.5% 和 9.7%[96]。

到目前为止,我国多种资源已经出现了紧缺的状况。我国的人均耕地面积约为 1.4 亩,仅为世界平均水平的 40% 左右,而且每年正在以近千万亩的速度递减。我国淡水资源紧缺,全国 600 多个城市中有 400 多个城市供水不足,有 110 个城市严重缺水。森林、石油和天然气等资源的人均占有量分别只有世界平均水平的 1/5、1/10、1/22。铁、铜、铝等重要矿产资源的国内保障程度也很低。据专家预测,我国 45 种主要矿产资源的现有探明储量,到 2010 年能保证需求的只有 21 种,到 2020 年只有 6 种。在我国现有的矿山中,有 2/3 正处在中晚期开采。2003 年我国消耗的铁矿石和氧化铝约 50%、铜约 60%、原油约 34% 都要依靠进口[97]。

### 6.1.1 水资源概况

水资源是基础性自然资源和战略性经济资源。我国水资源总量丰富,但人均占有量少,属于贫水国。据计算,我国多年平均水资源总量为 2.8 万亿 $m^3$,居世界第四位,然而人均水资源量约仅为 2200$m^3$(约为世界平均值的 1/4,居世界第 100 位,被列为世界上 13 个贫水国之一),预计到 2030 年我国人均水资源量将降至 1760$m^3$[98]。在水资源供求矛盾日益突出的同时,一些地方水资源过度开发,水环境受到破坏的问题严重。例如,农业用水,我国平均单方灌溉水粮食产量约为 1kg,而以色列达到 2.5~3.0kg。在工业用水中,一是重复利用程度较低,我国工业用水重复利用率约为 60%~65%,发达国家一般在 80%~85%;二是工业废水污染严重,处理达标率在 70% 以下。在生活用水方面,节水器具使用率普遍偏低。据建设部统计,全国城市用水器具中近 25% 是漏水的,一年浪费水量可达 4 亿多 $m^3$。此外,我国 36 个大中城市的污水处理率也仅为 55%,而其他 600 多个城市大多没有污水处理厂。归结起来,造成这些问题的主要原因还在于经济增长方式、消费方式粗放,一些地方的可持续发展意识淡薄,发展规划中未考虑水资源和水环境的承载能力,再加上管理不严格、监管不到位、机制不灵活等,也在一定程度上造成了审批水量随意性大,缺乏科学性[99]等问题的存在。

　　2005,国家发展改革委员会等部门联合发布了《节水型社会建设"十一五"规划》,确定了到 2010 年单位 GDP 用水量比 2005 年降低 20% 以上的目标,节水任务相当艰巨。但只要坚持以人为本,坚持制度创新,坚持政府主导,坚持节水减污,坚持科技创新,坚持统筹规划的原则,明确节水的重点领域是农业、工业、城市和非常规水利用,加快改造城市供水管网,强化城镇生活用水管理,合理利用多种水源,强制使用节水及计量设备和器具,这一目标就能够实现[99]。

### 6.1.2　土地资源概况

　　土地是民生之本,发展之基。虽然我国俗称是"地大物博",然而实际上我国的地不是多,而是少,主要表现在以下几个方面:①我国要用占世界 6.8% 的土地养活占世界 21.8% 的人口,并且农用土地逐年减少,人口却不断地增加。新中国成立半个多世纪以来,我国人口翻了一番还多,人均耕地减少了一半有余,这样发展下去,我们将无立足之地,更不用说建设和发展了。②在我国 960 万 $km^2$ 的土地上,还有一些高山秃岭、洼地沼泽、沙漠荒原,去掉这些,人均耕地面积就更少了。③随着社会的发展,城市建设用地也越来越多,而且这部分土地多数是好地良田,城郊菜地。我国目前人均耕地只有 1.4 亩,大大低于世界人均耕地近 5 亩的水平[100]。耕地紧张与城乡发展的矛盾在部分地区十分尖锐。

### 6.1.3　矿产资源概况

　　建国 50 多年来,我国的 GDP 增长了 10 多倍,而矿产资源的消耗却增长了 40 多倍。大量可综合利用的矿产资源被作为"三废"白白浪费掉,得不到充分利用,每年产生的可利用而未被利用的工业固体废弃物资源价值已超过 250 亿元。每年因再生资源的流失而造成的经济损失已达 250 亿～300 亿元。资源消耗高、浪费大、利用率低是造成矿山企业成本上升、经济效益低下的重要原因之一[101]。

　　目前,我国矿产资源形势严峻,有 10 种矿产资源探明储量不能完全满足国民经济的发展需要,大量矿产品依靠进口。从我国经济快速的发展来看,这种依存度短期内不会改变,甚至还有继续扩大的趋势。目前我国矿产资源总回收率在 30% 左右,而美国、日本等发达国家的综合利用率则达 66%～92%,这就意味着我国利用矿产资源进行国民经济生产,要比美国、日本等发达国家多用 1～2 倍的资源储量,如果再加上冶炼损失,我国相关水平就低得更多。如果我国大力提高对共伴生矿床的综合开发利用水平,在现有技术基础上资源总回收率再提高 10 个百分点是不成问题的[101]。

目前我国矿产资源综合利用水平在逐年提高,但与世界发达国家相比仍存在很大差距。我国共伴生矿产资源综合利用率不到 20%,矿产资源总回收率只有 30%,而国外先进水平均在 50% 以上,差距分别为 30 和 20 个百分点,而美国、日本的铜、铅、锌、镍等金属矿山综合利用率高达 76%~90%。随着我国科技创新步伐和工业现代化进程的加快,在未来 10~20 年,我国矿产资源综合利用将有很大的潜力[101]。一些重要矿产资源的开采难度变大,开采成本增加,供给形势严峻。

## 6.1.4　能源概况

1) 最近几年我国的能源利用效率渐趋下降

在 20 世纪 90 年代中期,我国的能源消费增长大约只有 GDP 增长的一半。这说明我国当时产业的能源利用效率在提高,或者说国民经济结构更加偏重于农业或者轻工业等低能耗产业。但是进入 2001 年以来,这种情况发生了变化。我国的能源利用效率开始渐趋下降[102]。

2002 年和 2003 年,我国的能源利用效率开始下降,这意味着我国现有产业的能源利用效率在下降或者国民经济结构开始更加侧重于高能耗产业。根据美国能源情报署的资料,2002 年,在生产相同总量 GDP 的情况下,我国消费的能源是日本的 9.2 倍,是美国的 3.4 倍。这说明我国能源利用总体效率远远低于世界发达国家水平[102]。2004 年,我国石油消费量占全球石油消费总量的 8%,原煤消费量占全球原煤消费总量的 31%。可是同年我国的 GDP 总量只占全球 GDP 总量的 4%。目前我国万元 GDP 能耗是世界平均水平的 3.4 倍,是美国的 4 倍多,是日本、英国、德国、法国等国的近 8 倍;33 种主要产品的单位能耗比国际平均水平高出 46%。这说明我国的国民经济结构极端依赖能源及原材料的投入,还是一种粗放型的经济增长模式,这种粗放型的经济增长模式使我国的能源消费逐年快速增长。

2) 能源消费增长与对石油进口的依赖

我国的能源消费总量伴随着国民经济的快速增长而增长。在这种增长中,能源消费结构发生了一些变化,与 10 年前相比,虽然仍主要依靠煤炭,但是比重在下降。与此同时,石油、天然气、水电的比重在增加,其中以石油的消费比重增速最快,2003 年,我国石油消费占能源消费的比重达到 22.7%,比 10 年前增加了 4.5%[102]。我国能源消费的快速增长导致了石油消费的急速增长,我国石油消费占全球石油消费的总比重逐年提高,目前已占全球石油消费总量的 8%。我国石油消费的增量占全球石油消费增量的比重也有上升趋势,2004 年,我国石油消费的增量占全球石油消费增量的 41.5%。然而,我国的石油生产能力并没有能够跟得上石油消费的增加。从 1993 年以后,我国开始变成石油的净进口国。根据商务部资料,1993 年我国净进口石油 905 万 t,之后的进口量逐年增大。2000 年我国石油进口量超过 7000 万 t,年均增长幅度达 34%,成为当年世界第 8 大石油进口国[102]。

我国目前的能源消费的格局有两大弊端[102]:第一,极端依赖于能源及资源投入的粗放型经济增长方式,本身不是可持续发展的。石油、煤炭都是不可再生资源。可以预见,如果我国不改变极端依赖能源的粗放型经济增长方式,经过约 40 年后,我国的经济发展将遇到困境。我国能源格局的弊端甚至不用等待这么久就会显露出来。在最近几年,全球石油产量的增长跟不上主要来自于我国和印度强劲增长的需求,国际油价频创新高。第二,我国的经济成本增高,经济增长模式面临严峻考验。当前我国经济增长极端依赖于石油进口,我国石油进口量逐年大幅增长,同期国际油价却屡创新高,这使得我国经济增长成本上升,利润降低,经济增长模式遭受重大考验。最近几年,在矿产需求的增长下,国际矿产品价格也在上涨,而这种矿产需求主要来自我国。国际能源、矿产品价格的大幅增长也迫使我国改变目前的粗放型经济增长方式。严峻的国际能源市场状况对我国目前的能源格局提出了严重挑战,这使得我国加快资源节约型社会建设变得更加必要,更加紧迫[102]。

## 6.1.5　其他

### 1. 其他资源概况

我国是世界上木材资源相对短缺的国家,森林覆盖率只相当于世界平均水平的 3/5,人均森林面积不到世界平均水平的 1/4。随着木材消费量的不断增加,供需矛盾日益突出。加快发展木材节约和替代产品,对满足市场需求,抑制森林超限额采伐,保持生态平衡,促进森林资源可持续利用,维护我国积极保护自然环境的国际形象具有重要意义[103]。

目前我国木材综合利用率仅约为 60%,而发达国家已经达到 80% 以上,木材防腐比例仅占商品木材产量的 1%,远远低于 15% 的世界平均水平。木材生产和消费方式不合理,加工水平落后,回收利用机制不健全,造成了严重的资源浪费。必须把木材节约和替代产品作为发展循环经济、建设节约型社会的一项紧迫任务,作为资源节约综合利用的一项重要内容,加大工作力度,充分挖掘潜力,提高木材综合利用率和循环利用率,减少木材的不合理消耗[103]。

### 2. 社会经济概况

我国正处于全面建设小康社会,加快社会主义现代化建设的历史进程中,2003 年,我国人均 GDP 已超过 1000 美元,进入中低收入国家行列。随着经济快速增长和人口不断增加,经济规模将进一步扩大,工业化不断推进,居民消费结构逐步升级,城市化步伐加快,资源需求持续增加,资源供需矛盾和环境压力将越来越大。改革开放以来,我们用能源消费翻一番支撑了 GDP 翻两番。到 2020 年,要再实现 GDP 翻两番,即便是按能源再翻一番考虑,保障能源供给也有很大的困难。如果继续沿袭传统的发展模式,以资源的大量消耗实现工业化和现代化,是难以为继的。因此,加快建设资源节约型社会,既是当前保持经济平稳较快发展的迫切需要,也是实现全面建设小康社会宏伟目标的重要保障[104]。

由于经济高速增长导致的对资源需求的快速增加,未来我国在全球资源竞争中将面临更加严峻的挑战。我国作为发展中的社会主义大国,解决现代化建设需要的资源问题,着眼点和立足点必须放在国内。因此,建设资源节约型社会,控制和降低对国外资源的依赖程度,对于确保经济安全和国家安全有着重要意义[104]。

### 3. 环境保护概况

根据环境监测结果统计分析,我国水污染形势仍然非常严峻,各项污染物排放总量很大,污染程度仍处于相当高的水平,水危机在我国不仅可能长期存在,而且有不断加强的危险。另外,由于人们水环境意识的薄弱,无节制、欠管理的粗放型用水,用后的污水未经处理或未经足够深度的处理便排放,污染了纯净的自然水体,进一步加剧了我国水资源短缺的局面,如此周而复始不健康地使用水资源,造成了全国性的水资源短缺和水环境问题,导致了严重的水危机[105]。随着经济社会发展和城市化进程的加快,日趋严重的水资源短缺和水环境污染已经成为制约经济社会可持续发展的重要因素。

我国大气环境不容乐观。2003 年全国烟尘排放总量近 1000 万 t;二氧化硫排放量为 2159 万 t,居世界第一位,大大超过了环境容量;全国酸雨面积已占国土面积的 1/3[106]。

我国固体废物污染日益突出。2003 年全国工业固体废弃物排放量 1941 万 t,其中有 3000t 的危险废物未经任何处理,严重危害人民群众的身心健康。另外,城市生活垃圾无害化处理率低,二次污染严重。2002 年,全国 660 个建制市生活垃圾产生量 1.36 亿 t,集中处理率为 54%,仍有 6200 万 t 未经任何处理。监测结果表明,垃圾无害化处理率不足 20%[106]。

据中科院测算,2003 年,环境污染和生态破坏造成的损失占我国 GDP 的 15%,这一年,我国消耗了全球 31%、30%、27% 和 40% 的原煤、铁矿石、钢材和水泥,创造出的 GDP 却不足全球的 4%。2004 年,全国消耗煤炭 20 亿 t,石油 2 亿 t 以上,以消耗全球 7% 的石油、30% 的原煤、27% 的钢材、40% 的水泥等资源获得了世界 5% 的 GDP[97]。

### 4. 科技支持概况

科技是第一生产力,也是发展循环经济的支撑。随着科学技术在社会生活各方面的重要性日益凸现,我国对科技的投入也日益增加。全国的 R&D 经费支出额从 2001 年的 1042.5 亿元,占 GDP 比重为 0.95%,逐年增加,到 2005 年已达到 2450 亿元,占 GDP 比重为 1.34%[40]。全国的技术市场成交额从 2001 年的 783 亿元,占 GDP 比重为 0.71%,逐年增加,到 2005 年已达到 1551 亿元,占 GDP 比重为 0.85%[40]。能源加工转换效率从 2001～2005 年也逐年提高,2001 年为 69.03%,而 2005 年达到 71.08%[40,62]。

## 6.2　全国 2004 年省级行政区资源节约度计算

### 6.2.1　计算采用的指标

本书第 2 章已经列出了资源型社会评价的一套科学系统的指标体系,但是在实际应用过程中,由于部分数据不易获取,某些指标不能采用,本次全国评价采用的资源节约型社会评价指标体系共包括 44 个指标,见表 6.1。

表 6.1　采用的评价指标体系

| 资源类型 | 具体指标 | 指标代码 |
|---|---|---|
| 水资源 | 万元 GDP 用水量 | X1201 |
| | 耗水率 | X1202 |
| | 城市人均日生活用水量 | X1204 |
| | 万元工业增加值用水量 | X1205 |
| | 工业用水重复利用率 | X1206 |
| | 万元农业 GDP 用水量 | X1207 |
| | 节灌率 | X1209 |
| | 人均城市污水排放量 | X1301 |
| | 万元工业增加值废水排放量 | X1302 |
| | 城市再生水利用率 | X1401 |
| 土地资源 | 当年土地开发面积与未利用地面积的比值 | X2101 |
| | 土地资源利用效率 | X2201 |
| | 单位建设用地非农业产值 | X2202 |
| | 单位耕地面积农业产值 | X2203 |
| | 每公顷播种面积谷物产量 | X2204 |
| | 未利用地面积占土地总面积比重 | X2205 |
| | 土地沙化面积占土地总面积的比重 | X2301 |
| | 土地荒漠化面积占土地总面积的比重 | X2302 |
| | 土地复垦面积占耕地面积的比率 | X2401 |
| 矿产资源 | 万元工业增加值固体废弃物排放量 | X3301 |
| | 工业固体废弃物排放率 | X3302 |

续表

| 资源类型 | 具体指标 | 指标代码 |
|---|---|---|
| 能源 | 万元 GDP 能耗 | X4201 |
| | 万元 GDP 电耗 | X4202 |
| | 输配电损失率 | X4204 |
| | 市辖区居民人均生活用电量 | X4205 |
| | 城市人均消耗液化石油气量 | X4206 |
| | 万元工业增加值终端耗电量 | X4207 |
| | 万元工业增加值废气排放量 | X4301 |
| | 工业固体废物综合利用率 | X4401 |
| 其他 | 每公顷耕地化肥施用量 | X5103 |
| | 人均生活垃圾清运量 | X5201 |
| | 生活垃圾无害化处理率 | X5202 |
| | 农村累计粪便无害化处理率 | X5203 |
| | 城市污水处理率 | X5204 |
| | 工业废水排放达标率 | X5205 |
| | 工业固体废弃物处置率 | X5206 |
| | 三废综合利用产品产值占 GDP 比重 | X5207 |
| | 污染直接经济损失占 GDP 比重 | X5208 |
| | 人均 GDP | X5301 |
| | 第三产业比重 | X5302 |
| | 城市化率 | X5303 |
| | 城市用水普及率 | X5304 |
| | 城市用气普及率 | X5305 |
| | 技术市场成交额占 GDP 的比重 | X5401 |

　　评价所用到的所有统计数据均来自中国统计年鉴、中国国土资源统计年鉴等国家正规出版的统计年鉴,由于统计口径和统计数据可能有误差,最后计算结果与实际情况也可能存在一定的偏差。本书尽可能选用比较可靠的数据,计算结果也基本符合实际。

### 6.2.2　子节约度的计算

　　根据 4.2 节介绍的单指标量化方法,计算出水资源、土地资源、矿产资源、能源和其他各指标的子节约度,见表 6.2～表 6.6。

表 6.2　水资源指标的子节约度（2004 年）

| 编号 | 指标 | 安徽 | 北京 | 福建 | 甘肃 | 广东 | 广西 | 贵州 | 海南 | 河北 | 河南 | 黑龙江 | 湖北 | 湖南 | 吉林 | 江苏 |
|---|---|---|---|---|---|---|---|---|---|---|---|---|---|---|---|---|
| 1201 | 万元 GDP 用水量 | 0.4987 | 0.8867 | 0.6373 | 0.2615 | 0.6505 | 0.2429 | 0.3119 | 0.2999 | 0.7032 | 0.7011 | 0.4353 | 0.5586 | 0.3343 | 0.6183 | 0.6142 |
| 1202 | 耗水率 | 0.5434 | 0.4960 | 0.6850 | 0.3633 | 0.6823 | 0.5177 | 0.6201 | 0.6156 | 0.2390 | 0.4578 | 0.5649 | 0.6191 | 0.6282 | 0.5620 | 0.5530 |
| 1204 | 城市人均日生活用水量 | 0.6690 | 0.4724 | 0.5268 | 0.6335 | 0.4512 | 0.5247 | 0.6734 | 0.4359 | 0.7265 | 0.7189 | 0.7323 | 0.4752 | 0.4050 | 0.7487 | 0.6210 |
| 1205 | 万元工业增加值用水量 | 0.1290 | 0.9436 | 0.2872 | 0.2911 | 0.6170 | 0.0609 | 0.1118 | 0.3237 | 0.8334 | 0.6651 | 0.2837 | 0.1830 | 0.0974 | 0.6778 | 0.3504 |
| 1206 | 工业用水重复利用率 | 0.5511 | 0.9800 | 0.5400 | 0.4233 | 0.5412 | 0.6420 | 0.4295 | 0.5233 | 0.9935 | 0.8239 | 0.4329 | 0.6368 | 0.0000 | 0.5508 | 0.3569 |
| 1207 | 万元农业 GDP 用水量 | 0.8649 | 0.9262 | 0.8522 | 0.5250 | 0.7671 | 0.6220 | 0.8026 | 0.8343 | 0.8952 | 0.9450 | 0.6175 | 0.8558 | 0.7836 | 0.8734 | 0.7447 |
| 1209 | 节灌率 | 0.3066 | 1.0000 | 0.6105 | 0.8452 | 0.1546 | 0.6122 | 0.6350 | 0.6484 | 0.6726 | 0.3864 | 0.7007 | 0.1709 | 0.1409 | 0.2498 | 0.5372 |
| 1301 | 人均城市污水排放量 | 0.7328 | 0.2406 | 0.6860 | 0.7418 | 0.2997 | 0.6968 | 0.6215 | 0.2315 | 0.7426 | 0.7672 | 0.6680 | 0.5755 | 0.6970 | 0.6841 | 0.5379 |
| 1302 | 万元工业增加值废水排放量 | 0.4081 | 0.9331 | 0.3757 | 0.6378 | 0.7675 | 0.1225 | 0.6323 | 0.3287 | 0.4820 | 0.4970 | 0.7210 | 0.4146 | 0.2573 | 0.6624 | 0.5913 |
| 1401 | 城市再生水利用率 | 0.0920 | 0.6556 | 0.0108 | 0.6416 | 0.1017 | 0.0030 | 0.6000 | 0.1801 | 0.5224 | 0.0239 | 0.7276 | 0.6314 | 0.4552 | 0.0326 | 0.8047 |

| 编号 | 指标 | 江西 | 辽宁 | 内蒙古 | 宁夏 | 青海 | 山东 | 山西 | 陕西 | 上海 | 四川 | 天津 | 新疆 | 云南 | 浙江 | 重庆 |
|---|---|---|---|---|---|---|---|---|---|---|---|---|---|---|---|---|
| 1201 | 万元 GDP 用水量 | 0.3253 | 0.7294 | 0.2937 | 0.5872 | 0.2905 | 0.7699 | 0.7339 | 0.6725 | 0.7556 | 0.6254 | 0.9056 | 0.0000 | 0.4277 | 0.7416 | 0.6785 |
| 1202 | 耗水率 | 0.5370 | 0.3786 | 0.3773 | 0.6833 | 0.4829 | 0.3806 | 0.2375 | 0.4587 | 0.7894 | 0.5963 | 0.5463 | 0.3018 | 0.4784 | 0.5171 | 0.6200 |
| 1204 | 城市人均日生活用水量 | 0.5492 | 0.7760 | 0.9670 | 0.6305 | 0.4604 | 0.7338 | 0.9227 | 0.7178 | 0.2860 | 0.5700 | 0.8013 | 0.5555 | 0.6940 | 0.5813 | 0.7549 |
| 1205 | 万元工业增加值用水量 | 0.0000 | 0.8714 | 0.7556 | 0.5469 | 0.2444 | 0.9901 | 0.8084 | 0.7328 | 0.5181 | 0.2608 | 1.0000 | 0.7655 | 0.5906 | 0.7560 | 0.1571 |
| 1206 | 工业用水重复利用率 | 0.2979 | 0.7521 | 0.3554 | 0.7540 | 0.2000 | 0.8384 | 0.8927 | 0.5046 | 0.6037 | 0.4110 | 0.9800 | 0.0000 | 0.3547 | 0.5072 | 0.0000 |
| 1207 | 万元农业 GDP 用水量 | 0.7376 | 0.9081 | 0.5872 | 0.0532 | 0.4103 | 0.9383 | 0.8791 | 0.8591 | 0.8611 | 0.9155 | 0.9257 | 0.0000 | 0.7611 | 0.8487 | 0.9671 |
| 1209 | 节灌率 | 0.1702 | 0.3630 | 0.6648 | 0.6343 | 0.4692 | 0.5760 | 0.7642 | 0.7048 | 0.6961 | 0.5501 | 0.6717 | 0.7190 | 0.3808 | 0.7098 | 0.2381 |
| 1301 | 人均城市污水排放量 | 0.7152 | 0.4294 | 0.7449 | 0.6261 | 0.3352 | 0.7280 | 0.7695 | 0.7834 | 0.1031 | 0.7546 | 0.3117 | 0.0916 | 0.7540 | 0.6092 | 0.7411 |
| 1302 | 万元工业增加值废水排放量 | 0.2753 | 0.5930 | 0.7059 | 0.3531 | 0.7323 | 0.8026 | 0.7474 | 0.5770 | 0.8474 | 0.2907 | 0.8505 | 0.7136 | 0.5642 | 0.6040 | 0.2045 |
| 1401 | 城市再生水利用率 | 0.8533 | 0.1354 | 0.0552 | 0.0099 | 0.0100 | 0.8555 | 0.4156 | 0.5099 | 0.8033 | 0.6381 | 0.6556 | 0.8008 | 0.6015 | 0.0399 | 0.0012 |

**表 6.3　土地资源指标的子节约度（2004 年）**

| 编号 | 指标 | 安徽 | 北京 | 福建 | 甘肃 | 广东 | 广西 | 贵州 | 海南 | 河北 | 河南 | 黑龙江 | 湖北 | 湖南 | 吉林 | 江苏 |
|---|---|---|---|---|---|---|---|---|---|---|---|---|---|---|---|---|
| 2101 | 当年土地开发面积与未利用地面积的比值 | 0.6092 | 0.6163 | 0.6026 | 0.1920 | 0.6114 | 0.6011 | 0.6028 | 0.0000 | 0.6050 | 0.6064 | 0.3393 | 0.6025 | 0.6825 | 0.6024 | 0.6214 |
| 2201 | 土地资源利用效率 | 0.2061 | 0.6324 | 0.2929 | 0.0231 | 0.5354 | 0.0839 | 0.0542 | 0.1306 | 0.2792 | 0.3195 | 0.0703 | 0.2037 | 0.1589 | 0.0929 | 0.6098 |
| 2202 | 单位建设用地非农业产值 | 0.3810 | 0.6357 | 0.6427 | 0.1987 | 0.6398 | 0.4637 | 0.3703 | 0.2495 | 0.6065 | 0.5700 | 0.5415 | 0.6030 | 0.5694 | 0.3585 | 0.6324 |
| 2203 | 单位耕地面积农业产值 | 0.5630 | 0.6654 | 0.8061 | 0.2850 | 0.7195 | 0.5905 | 0.3105 | 0.6919 | 0.6151 | 0.6218 | 0.2896 | 0.6142 | 0.6613 | 0.4029 | 0.6592 |
| 2204 | 每公顷播种面积谷物产量 | 0.5936 | 0.6059 | 0.6429 | 0.3613 | 0.6169 | 0.5087 | 0.5455 | 0.5034 | 0.5035 | 0.5972 | 0.6247 | 0.7235 | 0.6923 | 0.7359 | 0.7184 |
| 2205 | 未利用地面积占土地总面积比重 | 0.8316 | 0.7698 | 0.8300 | 0.5146 | 0.8494 | 0.6910 | 0.7984 | 0.7819 | 0.6824 | 0.7721 | 0.7675 | 0.7616 | 0.9886 | 0.8256 | 0.7054 |
| 2301 | 土地沙化面积占土地总面积的比重 | 0.9819 | 0.9738 | 0.9927 | 0.4044 | 0.9878 | 0.9822 | 0.9992 | 0.9641 | 0.7449 | 0.9219 | 0.9766 | 0.9794 | 0.9944 | 0.9256 | 0.8893 |
| 2302 | 土地荒漠化面积占土地总面积的比率 | 0.8734 | 0.9819 | 0.8734 | 0.4068 | 0.9794 | 0.9794 | 0.9982 | 0.9795 | 0.7816 | 0.9987 | 0.8734 | 0.9794 | 0.9794 | 0.9788 | 0.8734 |
| 2401 | 土地复垦面积占耕地面积的比率 | 0.6084 | 0.4000 | 0.4000 | 0.1500 | 0.1500 | 0.1500 | 0.1500 | 0.0000 | 0.3000 | 0.6021 | 0.1500 | 0.5000 | 0.4000 | 0.6000 | 0.6400 |

| 编号 | 指标 | 江西 | 辽宁 | 内蒙古 | 宁夏 | 青海 | 山东 | 山西 | 陕西 | 上海 | 四川 | 天津 | 新疆 | 云南 | 浙江 | 重庆 |
|---|---|---|---|---|---|---|---|---|---|---|---|---|---|---|---|---|
| 2101 | 当年土地开发面积与未利用地面积的比值 | 0.6095 | 0.6025 | 0.1742 | 0.3439 | 0.0004 | 0.6441 | 0.6021 | 0.6068 | 0.6098 | 0.5886 | 0.6426 | 0.0431 | 0.6020 | 0.6081 | 0.6099 |
| 2201 | 土地资源利用效率 | 0.1257 | 0.2785 | 0.0090 | 0.0532 | 0.0039 | 0.5918 | 0.1165 | 0.0841 | 0.7787 | 0.0813 | 0.6324 | 0.0079 | 0.0463 | 0.6015 | 0.1944 |
| 2202 | 单位建设用地非农业产值 | 0.5212 | 0.6074 | 0.2335 | 0.3000 | 0.1961 | 0.6170 | 0.5665 | 0.5260 | 0.8098 | 0.5674 | 0.6357 | 0.2175 | 0.5165 | 0.6604 | 0.6038 |
| 2203 | 单位耕地面积农业产值 | 0.6175 | 0.6206 | 0.3057 | 0.2967 | 0.3388 | 0.6497 | 0.3075 | 0.3400 | 0.7633 | 0.5185 | 0.6654 | 0.4325 | 0.3755 | 0.7090 | 0.5184 |
| 2204 | 每公顷播种面积谷物产量 | 0.6177 | 0.7653 | 0.5354 | 0.4857 | 0.3839 | 0.6704 | 0.4833 | 0.4090 | 0.8023 | 0.6420 | 0.6059 | 0.6863 | 0.4699 | 0.7313 | 0.6287 |
| 2205 | 未利用地面积占土地总面积比重 | 0.8084 | 0.7510 | 0.7433 | 0.7439 | 0.5132 | 0.7905 | 0.6000 | 0.8728 | 0.6513 | 0.8172 | 0.7825 | 0.2859 | 0.7485 | 0.8118 | 0.8240 |
| 2301 | 土地沙化面积占土地总面积的比重 | 0.9910 | 0.9258 | 0.2934 | 0.5448 | 0.6499 | 0.9989 | 0.9100 | 0.8606 | 1.0000 | 0.9622 | 0.9738 | 0.2509 | 0.9976 | 1.0000 | 0.9993 |
| 2302 | 土地荒漠化面积占土地总面积的比率 | 0.8734 | 0.9072 | 0.3097 | 0.2831 | 0.6663 | 0.8734 | 0.7969 | 0.7639 | 0.8734 | 0.9807 | 0.9819 | 0.2298 | 0.9982 | 0.9982 | 0.9806 |
| 2401 | 土地复垦面积占耕地面积的比率 | 0.1500 | 0.3000 | 0.6295 | 0.4000 | 0.0000 | 0.6211 | 0.3000 | 0.5000 | 0.6947 | 0.1500 | 0.5000 | 0.0000 | 0.3000 | 0.3000 | 0.0000 |

表6.4　矿产资源指标的子节约度（2004年）

| 编号 | 指标 | 安徽 | 北京 | 福建 | 甘肃 | 广东 | 广西 | 贵州 | 海南 | 河北 | 河南 | 黑龙江 | 湖北 | 湖南 | 吉林 | 江苏 |
|---|---|---|---|---|---|---|---|---|---|---|---|---|---|---|---|---|
| 3301 | 万元工业增加值固体废弃物排放量 | 0.9996 | 0.9214 | 0.9689 | 0.5328 | 0.9776 | 0.4449 | 0.2435 | 0.9983 | 0.8402 | 0.9821 | 1.0000 | 0.9445 | 0.5636 | 0.9899 | 1.0000 |
| 3302 | 工业固体废弃物排放率 | 0.9994 | 0.7478 | 0.9314 | 0.5589 | 0.7779 | 0.5116 | 0.4853 | 0.9934 | 0.9062 | 0.9674 | 1.0000 | 0.8868 | 0.5561 | 0.9799 | 0.9995 |

| 编号 | 指标 | 江西 | 辽宁 | 内蒙古 | 宁夏 | 青海 | 山东 | 山西 | 陕西 | 上海 | 四川 | 天津 | 新疆 | 云南 | 浙江 | 重庆 |
|---|---|---|---|---|---|---|---|---|---|---|---|---|---|---|---|---|
| 3301 | 万元工业增加值固体废弃物排放量 | 0.8102 | 0.9484 | 0.5311 | 0.7365 | 0.5873 | 0.9996 | 0.2410 | 0.5942 | 1.0000 | 0.5609 | 0.9214 | 0.4892 | 0.5736 | 0.9895 | 0.4593 |
| 3302 | 工业固体废弃物排放率 | 0.9281 | 0.9475 | 0.5859 | 0.7944 | 0.6617 | 0.9984 | 0.4379 | 0.7306 | 0.9996 | 0.5800 | 0.7480 | 0.3316 | 0.6281 | 0.9236 | 0.3733 |

表6.5　能源指标的子节约度（2004年）

| 编号 | 指标 | 安徽 | 北京 | 福建 | 甘肃 | 广东 | 广西 | 贵州 | 海南 | 河北 | 河南 | 黑龙江 | 湖北 | 湖南 | 吉林 | 江苏 |
|---|---|---|---|---|---|---|---|---|---|---|---|---|---|---|---|---|
| 4201 | 万元GDP能耗 | 0.6500 | 0.6600 | 0.7472 | 0.4792 | 0.7103 | 0.6468 | 0.3065 | 0.7071 | 0.5640 | 0.6034 | 0.6184 | 0.6109 | 0.6458 | 0.5527 | 0.7227 |
| 4202 | 万元GDP电耗 | 0.7428 | 0.7245 | 0.7388 | 0.3302 | 0.6787 | 0.6960 | 0.2979 | 0.7704 | 0.6811 | 0.6809 | 0.7506 | 0.7372 | 0.7261 | 0.7085 | 0.7259 |
| 4204 | 输配电损失率 | 1.0000 | 0.5031 | 0.5108 | 0.6933 | 0.5246 | 0.5422 | 0.6559 | 0.7081 | 0.5977 | 0.4625 | 0.7497 | 1.0000 | 1.0000 | 0.9859 | 0.4704 |
| 4205 | 市辖区居民人均生活用电量 | 0.7560 | 0.4560 | 0.4395 | 0.7440 | 0.3225 | 0.8300 | 0.5820 | 0.8620 | 1.0000 | 0.9740 | 0.8850 | 0.8880 | 0.5865 | 0.7880 | 0.7080 |
| 4206 | 城市人均消耗液化石油气量 | 0.2577 | 0.2904 | 0.6137 | 0.7659 | 0.2780 | 0.6417 | 0.7874 | 0.4878 | 0.6833 | 0.7894 | 0.7383 | 0.9067 | 0.6622 | 0.6861 | 0.5126 |
| 4207 | 万元工业增加值终端耗电量 | 0.5094 | 0.6877 | 0.6241 | 0.2910 | 0.6405 | 0.3781 | 0.2203 | 0.5279 | 0.5136 | 0.4849 | 0.6135 | 0.5519 | 0.4828 | 0.5949 | 0.6449 |
| 4301 | 万元工业增加值废气排放量 | 0.5856 | 0.7230 | 0.7140 | 0.5308 | 0.7615 | 0.2867 | 0.4638 | 0.5648 | 0.4853 | 0.5815 | 0.6966 | 0.5907 | 0.6193 | 0.6330 | 0.7118 |
| 4401 | 工业固体废物综合利用率 | 0.7046 | 0.6783 | 0.6366 | 0.3260 | 0.7160 | 0.5920 | 0.4030 | 0.6349 | 0.4470 | 0.6343 | 0.6909 | 0.6686 | 0.6371 | 0.5250 | 0.7846 |

续表

| 编号 | 指标 | 江西 | 辽宁 | 内蒙古 | 宁夏 | 青海 | 山东 | 山西 | 陕西 | 上海 | 四川 | 天津 | 新疆 | 云南 | 浙江 | 重庆 |
|---|---|---|---|---|---|---|---|---|---|---|---|---|---|---|---|---|
| 4201 | 万元 GDP 能耗 | 0.6818 | 0.5517 | 0.2774 | 0.2478 | 0.4286 | 0.6466 | 0.3362 | 0.5812 | 0.7012 | 0.5841 | 0.6478 | 0.5122 | 0.5687 | 0.7074 | 0.6306 |
| 4202 | 万元 GDP 电耗 | 0.7364 | 0.6708 | 0.2996 | 0.2909 | 0.2960 | 0.7395 | 0.3702 | 0.6624 | 0.7381 | 0.7066 | 0.7235 | 0.7218 | 0.6607 | 0.7134 | 0.7293 |
| 4204 | 输配电损失率 | 0.4747 | 0.6449 | 1.0000 | 1.0000 | 0.6682 | 1.0000 | 0.5716 | 0.6264 | 0.6530 | 0.3433 | 0.6283 | 0.6051 | 0.4912 | 0.6265 | 0.4934 |
| 4205 | 市辖区居民人均生活用电量 | 0.8320 | 0.5730 | 0.8860 | 0.8620 | 0.5422 | 0.7640 | 0.8480 | 0.9100 | 0.3728 | 0.9330 | 0.9250 | 0.5272 | 0.9820 | 0.7800 | 0.9340 |
| 4206 | 城市人均消耗液化石油气量 | 0.6981 | 0.5791 | 0.6398 | 0.7933 | 0.6760 | 0.8115 | 0.9742 | 1.0000 | 0.5733 | 0.2467 | 0.6101 | 0.5806 | 0.6557 | 0.3614 | 0.2164 |
| 4207 | 万元工业增加值终端耗气量 | 0.4641 | 0.5272 | 0.3304 | 0.8090 | 0.1506 | 0.6416 | 0.3683 | 0.5304 | 0.6939 | 0.5190 | 0.6739 | 0.5741 | 0.6008 | 0.6047 | 0.5184 |
| 4301 | 万元工业增加值废气排放量 | 0.5571 | 0.5769 | 0.2889 | 0.2958 | 0.4695 | 0.6934 | 0.4277 | 0.5993 | 0.7211 | 0.6086 | 0.7404 | 0.5649 | 0.5818 | 0.7092 | 0.5667 |
| 4401 | 工业固体废物综合利用率 | 0.2530 | 0.3990 | 0.3150 | 0.5190 | 0.2000 | 0.7640 | 0.4410 | 0.2170 | 0.8880 | 0.5820 | 0.8920 | 0.4830 | 0.4010 | 0.7589 | 0.6623 |

表 6.6　其他指标的子节约度（2004 年）

| 编号 | 指标 | 安徽 | 北京 | 福建 | 甘肃 | 广东 | 广西 | 贵州 | 海南 | 河北 | 河南 | 黑龙江 | 湖北 | 湖南 | 吉林 | 江苏 |
|---|---|---|---|---|---|---|---|---|---|---|---|---|---|---|---|---|
| 5103 | 每公顷耕地化肥施用量 | 0.5676 | 0.5892 | 0.3759 | 0.7706 | 0.4924 | 0.5786 | 0.7657 | 0.5304 | 0.5894 | 0.4959 | 0.7852 | 0.5152 | 0.5430 | 0.6765 | 0.4673 |
| 5201 | 人均生活垃圾清运量 | 0.7110 | 0.5491 | 0.6549 | 0.5961 | 0.5842 | 0.8158 | 0.5961 | 0.5488 | 0.5986 | 0.7225 | 0.5707 | 0.5886 | 0.6944 | 0.5789 | 0.5979 |
| 5202 | 生活垃圾无害化处理率 | 0.2550 | 0.8000 | 0.8120 | 0.4305 | 0.5730 | 0.6727 | 0.4470 | 0.7187 | 0.4785 | 0.6353 | 0.2600 | 0.6500 | 0.3375 | 0.6167 | 0.9100 |
| 5203 | 农村累计粪便无害化处理率 | 0.5933 | 0.7713 | 0.6190 | 0.5160 | 0.7730 | 0.5056 | 0.2726 | 0.6505 | 0.4468 | 0.6410 | 0.6317 | 0.6286 | 0.6014 | 0.6001 | 0.5290 |
| 5204 | 城市污水处理率 | 0.4486 | 0.5393 | 0.4674 | 0.3478 | 0.3370 | 0.3172 | 0.1202 | 0.5277 | 0.4902 | 0.4462 | 0.3353 | 0.4075 | 0.3813 | 0.2359 | 0.8086 |
| 5205 | 工业废水排放达标率 | 0.8765 | 0.9445 | 0.8876 | 0.4320 | 0.5387 | 0.5660 | 0.2862 | 0.7505 | 0.8565 | 0.7471 | 0.7476 | 0.5578 | 0.5365 | 0.4944 | 0.8888 |
| 5206 | 工业固体废弃物处置率 | 0.2628 | 0.3934 | 0.6280 | 0.2702 | 0.2507 | 0.0747 | 0.6124 | 0.0357 | 0.6229 | 0.4091 | 0.3279 | 0.0919 | 0.1890 | 0.0918 | 0.0668 |
| 5207 | 三废综合利用产品产值占 GDP 比重 | 0.5241 | 0.3945 | 0.3828 | 0.6483 | 0.3899 | 0.6970 | 0.6653 | 0.2045 | 0.5133 | 0.4707 | 0.5050 | 0.7898 | 0.5302 | 0.6364 | 0.5679 |
| 5208 | 污染直接经济损失占 GDP 比重 | 0.6852 | 1.0000 | 0.9630 | 0.7719 | 0.9484 | 0.6994 | 0.9040 | 0.7941 | 0.9994 | 0.9681 | 0.9765 | 0.7989 | 0.7920 | 0.9989 | 0.9834 |
| 5301 | 人均 GDP | 0.3830 | 0.8262 | 0.6887 | 0.3291 | 0.7883 | 0.3659 | 0.2439 | 0.4335 | 0.5375 | 0.4341 | 0.5696 | 0.4650 | 0.4235 | 0.4780 | 0.8011 |
| 5302 | 第三产业比重 | 0.5325 | 0.8000 | 0.5760 | 0.4995 | 0.5520 | 0.5520 | 0.5115 | 0.5955 | 0.4725 | 0.4515 | 0.4410 | 0.5460 | 0.5985 | 0.5160 | 0.5235 |
| 5303 | 城市化率 | 0.1614 | 0.6725 | 0.2035 | 0.1708 | 0.5106 | 0.1266 | 0.0000 | 0.0470 | 0.2491 | 0.1716 | 0.5424 | 0.1706 | 0.1934 | 0.4381 | 0.4392 |
| 5304 | 城市用水普及率 | 0.6990 | 1.0000 | 0.8360 | 0.6030 | 0.8056 | 0.4748 | 0.6720 | 0.6928 | 0.9976 | 0.7428 | 0.5154 | 0.3750 | 0.6522 | 0.4450 | 0.7800 |
| 5305 | 城市用气普及率 | 0.4702 | 0.9950 | 0.8636 | 0.4224 | 0.8598 | 0.4487 | 0.3545 | 0.7648 | 0.8658 | 0.4340 | 0.4661 | 0.4122 | 0.4645 | 0.4960 | 0.8396 |
| 5401 | 技术市场成交额占 GDP 的比重 | 0.1130 | 0.7983 | 0.1402 | 0.4603 | 0.2142 | 0.1644 | 0.0510 | 0.0147 | 0.0498 | 0.1383 | 0.1422 | 0.4390 | 0.4365 | 0.2188 | 0.3497 |

续表

| 编号 | 指标 | 江西 | 辽宁 | 内蒙古 | 宁夏 | 青海 | 山东 | 山西 | 陕西 | 上海 | 四川 | 天津 | 新疆 | 云南 | 浙江 | 重庆 |
|---|---|---|---|---|---|---|---|---|---|---|---|---|---|---|---|---|
| 5103 | 每公顷耕地化肥施用量 | 0.5937 | 0.6784 | 0.7818 | 0.7216 | 0.8090 | 0.5067 | 0.7310 | 0.6811 | 0.5620 | 0.7106 | 0.5642 | 0.7007 | 0.7242 | 0.5805 | 0.7133 |
| 5201 | 人均生活垃圾清运量 | 0.7629 | 0.5863 | 0.5908 | 0.5796 | 0.5718 | 0.5944 | 0.5874 | 0.6187 | 0.5446 | 0.7099 | 0.5850 | 0.3640 | 0.6967 | 0.5915 | 0.6982 |
| 5202 | 生活垃圾城无害化处理率 | 0.5805 | 0.5910 | 0.4695 | 0.2930 | 0.9540 | 0.8600 | 0.1470 | 0.3975 | 0.2020 | 0.5220 | 0.6733 | 0.3885 | 0.7693 | 0.8590 | 0.5865 |
| 5203 | 农村累计粪便无害化处理率 | 0.6285 | 0.5200 | 0.4548 | 0.2821 | 0.5936 | 0.6625 | 0.4972 | 0.4133 | 0.8824 | 0.3604 | 0.5325 | 0.3435 | 0.5724 | 0.7426 | 0.3897 |
| 5204 | 城市污水处理率 | 0.2419 | 0.4532 | 0.4906 | 0.4388 | 0.1844 | 0.5179 | 0.5490 | 0.2286 | 0.8006 | 0.3218 | 0.5367 | 0.7035 | 0.5930 | 0.5344 | 0.2068 |
| 5205 | 工业废水排放达标率 | 0.5866 | 0.7571 | 0.3113 | 0.5072 | 0.3273 | 0.8798 | 0.5962 | 0.6638 | 0.8507 | 0.5643 | 0.9742 | 0.3138 | 0.4473 | 0.8374 | 0.7364 |
| 5206 | 工业固体废弃物处置率 | 0.7710 | 0.6394 | 0.2565 | 0.6515 | 0.0000 | 0.1070 | 0.6786 | 0.6149 | 0.0486 | 0.1348 | 0.0558 | 0.1683 | 0.5184 | 0.2286 | 0.0833 |
| 5207 | 三废综合利用产品产值占GDP比重 | 0.6121 | 0.5668 | 0.4941 | 0.7222 | 0.3069 | 0.6107 | 0.7815 | 0.3500 | 0.3750 | -0.5717 | 0.3865 | 0.5260 | 0.7717 | 0.6699 | 0.4999 |
| 5208 | 污染直接经济损失占GDP比重 | 0.9349 | 0.7543 | 0.7008 | 0.9548 | 0.9863 | 0.9586 | 0.9105 | 0.9141 | 0.9957 | 0.3494 | 0.9996 | 0.7993 | 0.3463 | 0.8500 | 0.9967 |
| 5301 | 人均GDP | 0.3957 | 0.6519 | 0.4891 | 0.3864 | 0.4082 | 0.6770 | 0.4245 | 0.3827 | 0.8543 | 0.3934 | 0.8178 | 0.4860 | 0.3520 | 0.8061 | 0.4382 |
| 5302 | 第三产业比重 | 0.5100 | 0.6110 | 0.4830 | 0.5070 | 0.5820 | 0.4830 | 0.4830 | 0.5580 | 0.6790 | 0.5655 | 0.6330 | 0.5085 | 0.5280 | 0.5850 | 0.5925 |
| 5303 | 城市化率 | 0.2491 | 0.5601 | 0.3514 | 0.3747 | 0.1460 | 0.3322 | 0.2903 | 0.2185 | 0.7301 | 0.1635 | 0.6431 | 0.0000 | 0.0037 | 0.2389 | 0.2275 |
| 5304 | 城市用水普及率 | 0.7448 | 0.7598 | 0.5442 | 0.2333 | 0.9976 | 0.4092 | 0.6124 | 0.7886 | 1.0000 | 0.8996 | 1.0000 | 0.9248 | 0.5300 | 0.9544 | 0.4362 |
| 5305 | 城市用气普及率 | 0.6030 | 0.7432 | 0.3935 | 0.2519 | 0.4794 | 0.5315 | 0.4636 | 0.5608 | 1.0000 | 0.6350 | 0.9696 | 0.7450 | 0.3822 | 0.9644 | 0.4022 |
| 5401 | 技术市场成交额占GDP的比重 | 0.1607 | 0.6021 | 0.2303 | 0.1672 | 0.1648 | 0.2908 | 0.1182 | 0.2895 | 0.6290 | 0.1516 | 0.6119 | 0.3637 | 0.4370 | 0.3103 | 0.6275 |

### 6.2.3　权重的确定

根据各指标的重要程度,采用层次分析法分别对 10 个水资源指标、9 个土地资源指标、2 个矿产资源指标、8 个能源指标和 15 个其他指标构造判断矩阵如下:

$$
\begin{bmatrix}
1 & 1 & 1 & 1 & 1 & 1 & 1 & 1 & 1 & 1 \\
1 & 1 & 1 & 1 & 1 & 1 & 1 & 1 & 1 & 1 \\
1 & 1 & 1 & 1 & 1 & 1 & 1 & 1 & 1 & 1 \\
1 & 1 & 1 & 1 & 1 & 1 & 1 & 1 & 1 & 1 \\
1 & 1 & 1 & 1 & 1 & 1 & 1 & 1 & 1 & 1 \\
1 & 1 & 1 & 1 & 1 & 1 & 1 & 1 & 1 & 1 \\
1 & 1 & 1 & 1 & 1 & 1 & 1 & 1 & 1 & 1 \\
1 & 1 & 1 & 1 & 1 & 1 & 1 & 1 & 1 & 1 \\
1 & 1 & 1 & 1 & 1 & 1 & 1 & 1 & 1 & 1 \\
1 & 1 & 1 & 1 & 1 & 1 & 1 & 1 & 1 & 1
\end{bmatrix}
$$

$$
\begin{bmatrix}
1 & 1 & 1 & 1 & 1 & 1 & 1 & 1 & 1 \\
1 & 1 & 1 & 1 & 1 & 1 & 1 & 1 & 1 \\
1 & 1 & 1 & 1 & 1 & 1 & 1 & 1 & 1 \\
1 & 1 & 1 & 1 & 1 & 1 & 1 & 1 & 1 \\
1 & 1 & 1 & 1 & 1 & 1 & 1 & 1 & 1 \\
1 & 1 & 1 & 1 & 1 & 1 & 1 & 1 & 1 \\
1 & 1 & 1 & 1 & 1 & 1 & 1 & 1 & 1 \\
1 & 1 & 1 & 1 & 1 & 1 & 1 & 1 & 1 \\
1 & 1 & 1 & 1 & 1 & 1 & 1 & 1 & 1
\end{bmatrix}
$$

$$
\begin{bmatrix}
1 & 1 \\
1 & 1
\end{bmatrix}
$$

$$
\begin{bmatrix}
1 & 1 & 1 & 1 & 1 & 1 & 1 & 1 \\
1 & 1 & 1 & 1 & 1 & 1 & 1 & 1 \\
1 & 1 & 1 & 1 & 1 & 1 & 1 & 1 \\
1 & 1 & 1 & 1 & 1 & 1 & 1 & 1 \\
1 & 1 & 1 & 1 & 1 & 1 & 1 & 1 \\
1 & 1 & 1 & 1 & 1 & 1 & 1 & 1 \\
1 & 1 & 1 & 1 & 1 & 1 & 1 & 1 \\
1 & 1 & 1 & 1 & 1 & 1 & 1 & 1
\end{bmatrix}
$$

$$
\begin{bmatrix}
1 & 1 & 1 & 1 & 1 & 1 & 1 & 1 & 1 & 1 & 1 & 1 & 1 & 1 & 1 \\
1 & 1 & 1 & 1 & 1 & 1 & 1 & 1 & 1 & 1 & 1 & 1 & 1 & 1 & 1 \\
1 & 1 & 1 & 1 & 1 & 1 & 1 & 1 & 1 & 1 & 1 & 1 & 1 & 1 & 1 \\
1 & 1 & 1 & 1 & 1 & 1 & 1 & 1 & 1 & 1 & 1 & 1 & 1 & 1 & 1 \\
1 & 1 & 1 & 1 & 1 & 1 & 1 & 1 & 1 & 1 & 1 & 1 & 1 & 1 & 1 \\
1 & 1 & 1 & 1 & 1 & 1 & 1 & 1 & 1 & 1 & 1 & 1 & 1 & 1 & 1 \\
1 & 1 & 1 & 1 & 1 & 1 & 1 & 1 & 1 & 1 & 1 & 1 & 1 & 1 & 1 \\
1 & 1 & 1 & 1 & 1 & 1 & 1 & 1 & 1 & 1 & 1 & 1 & 1 & 1 & 1 \\
1 & 1 & 1 & 1 & 1 & 1 & 1 & 1 & 1 & 1 & 1 & 1 & 1 & 1 & 1 \\
1 & 1 & 1 & 1 & 1 & 1 & 1 & 1 & 1 & 1 & 1 & 1 & 1 & 1 & 1 \\
1 & 1 & 1 & 1 & 1 & 1 & 1 & 1 & 1 & 1 & 1 & 1 & 1 & 1 & 1 \\
1 & 1 & 1 & 1 & 1 & 1 & 1 & 1 & 1 & 1 & 1 & 1 & 1 & 1 & 1 \\
1 & 1 & 1 & 1 & 1 & 1 & 1 & 1 & 1 & 1 & 1 & 1 & 1 & 1 & 1 \\
1 & 1 & 1 & 1 & 1 & 1 & 1 & 1 & 1 & 1 & 1 & 1 & 1 & 1 & 1 \\
1 & 1 & 1 & 1 & 1 & 1 & 1 & 1 & 1 & 1 & 1 & 1 & 1 & 1 & 1
\end{bmatrix}
$$

最后确定的 5 类资源的各指标初始权重如下：

(1) 水资源类的 10 个指标：(0.1,0.1,0.1,0.1,0.1,0.1,0.1,0.1,0.1,0.1)。

(2) 土地资源类的 9 个指标：(0.111,0.111,0.111,0.111,0.111,0.111,0.111,0.111,0.111)。

(3) 矿产资源类的 2 个指标：(0.5,0.5)。

(4) 能源类的 8 个指标：(0.125,0.125,0.125,0.125,0.125,0.125,0.125,0.125)。

(5) 其他类的 15 个指标：(0.0667,0.0667,0.0667,0.0667,0.0667,0.0667,0.0667,0.0667,0.0667,0.0667,0.0667,0.0667,0.0667,0.0667,0.0667)。

首先根据 4.2 节介绍的单指标量化方法,计算出水资源、土地资源、矿产资源、能源和其他各指标的子节约度,然后再根据已计算出的各指标的子节约度和初始权重,求得各指标的最终权重。计算结果见表 6.7～表 6.11。

### 6.2.4　资源节约度计算结果

鉴于水资源、土地资源、矿产资源、能源和其他对一个区域建设资源节约型社会的同等重要性,取水资源、土地资源、矿产资源、能源及其他的初始权重为 $\beta_1 = \beta_2 = \beta_3 = \beta_4 = \beta_5 = 0.2$,并结合水资源、土地资源、矿产资源、能源及其他的子节约度,得到 2004 年全国 30 个省市区(除香港、澳门、台湾及西藏外)的资源节约度,见表 6.12。

表 6.7 水资源指标的最终权重（2004 年）

| 编号 | 指标 | 安徽 | 北京 | 福建 | 甘肃 | 广东 | 广西 | 贵州 | 海南 | 河北 | 河南 | 黑龙江 | 湖北 | 湖南 | 吉林 | 江苏 |
|---|---|---|---|---|---|---|---|---|---|---|---|---|---|---|---|---|
| 1201 | 万元 GDP 用水量 | 0.0840 | 0.0784 | 0.0693 | 0.1478 | 0.0715 | 0.1004 | 0.1310 | 0.1174 | 0.0909 | 0.0716 | 0.1196 | 0.0856 | 0.0807 | 0.0776 | 0.0917 |
| 1202 | 耗水率 | 0.0789 | 0.1267 | 0.0653 | 0.1225 | 0.0688 | 0.0631 | 0.0821 | 0.0724 | 0.1856 | 0.0992 | 0.0992 | 0.0790 | 0.0521 | 0.0836 | 0.0994 |
| 1204 | 城市人均日生活用水量 | 0.0670 | 0.1312 | 0.0802 | 0.0827 | 0.0941 | 0.0624 | 0.0768 | 0.0932 | 0.0884 | 0.0701 | 0.0804 | 0.0963 | 0.0716 | 0.0662 | 0.0909 |
| 1205 | 万元工业增加值用水量 | 0.1720 | 0.0739 | 0.1183 | 0.1395 | 0.0747 | 0.1684 | 0.2089 | 0.1123 | 0.0782 | 0.0748 | 0.1553 | 0.1650 | 0.1404 | 0.0720 | 0.1355 |
| 1206 | 工业用水重复利用率 | 0.0781 | 0.0712 | 0.0788 | 0.1111 | 0.0826 | 0.0534 | 0.1074 | 0.0819 | 0.0661 | 0.0622 | 0.1201 | 0.0772 | 0.2816 | 0.0849 | 0.1340 |
| 1207 | 万元农业 GDP 用水量 | 0.0535 | 0.0752 | 0.0539 | 0.0955 | 0.0622 | 0.0548 | 0.0660 | 0.0558 | 0.0732 | 0.0546 | 0.0926 | 0.0598 | 0.0432 | 0.0576 | 0.0781 |
| 1209 | 节灌率 | 0.1148 | 0.0698 | 0.0717 | 0.0645 | 0.1672 | 0.0555 | 0.0806 | 0.0694 | 0.0943 | 0.1110 | 0.0835 | 0.1701 | 0.1229 | 0.1394 | 0.1016 |
| 1301 | 人均城市污水排放量 | 0.0620 | 0.1965 | 0.0652 | 0.0724 | 0.1213 | 0.0499 | 0.0820 | 0.1347 | 0.0867 | 0.0663 | 0.0869 | 0.0836 | 0.0478 | 0.0715 | 0.1015 |
| 1302 | 万元工业增加值废水排放量 | 0.0964 | 0.0747 | 0.1010 | 0.0822 | 0.0622 | 0.1352 | 0.0809 | 0.1113 | 0.1217 | 0.0936 | 0.0815 | 0.1056 | 0.0934 | 0.0734 | 0.0944 |
| 1401 | 城市再生水利用率 | 0.1933 | 0.1023 | 0.2963 | 0.0818 | 0.1955 | 0.2569 | 0.0843 | 0.1516 | 0.1149 | 0.2965 | 0.0808 | 0.0778 | 0.0662 | 0.2739 | 0.0729 |

| 编号 | 指标 | 江西 | 辽宁 | 内蒙古 | 宁夏 | 青海 | 山东 | 山西 | 陕西 | 上海 | 四川 | 天津 | 新疆 | 云南 | 浙江 | 重庆 |
|---|---|---|---|---|---|---|---|---|---|---|---|---|---|---|---|---|
| 1201 | 万元 GDP 用水量 | 0.0908 | 0.0753 | 0.1274 | 0.1587 | 0.0968 | 0.0954 | 0.0910 | 0.0955 | 0.0747 | 0.0864 | 0.0807 | 0.2148 | 0.1175 | 0.0709 | 0.0450 |
| 1202 | 耗水率 | 0.0652 | 0.1223 | 0.1098 | 0.0528 | 0.0704 | 0.1619 | 0.1934 | 0.1275 | 0.0718 | 0.0897 | 0.1240 | 0.0653 | 0.1088 | 0.0945 | 0.0485 |
| 1204 | 城市人均日生活用水量 | 0.0641 | 0.0713 | 0.0520 | 0.0564 | 0.0728 | 0.0995 | 0.0739 | 0.0904 | 0.1476 | 0.0929 | 0.0904 | 0.0437 | 0.0817 | 0.0865 | 0.0411 |
| 1205 | 万元工业增加值用水量 | 0.3120 | 0.0642 | 0.0654 | 0.0630 | 0.1062 | 0.0754 | 0.0836 | 0.0888 | 0.1010 | 0.1532 | 0.0733 | 0.0337 | 0.0931 | 0.0697 | 0.1082 |
| 1206 | 工业用水重复利用率 | 0.0955 | 0.0733 | 0.1139 | 0.0485 | 0.1171 | 0.0884 | 0.0762 | 0.1192 | 0.0900 | 0.1172 | 0.0748 | 0.2148 | 0.1324 | 0.0958 | 0.2591 |
| 1207 | 万元农业 GDP 用水量 | 0.0505 | 0.0617 | 0.0805 | 0.1813 | 0.0786 | 0.0794 | 0.0773 | 0.0770 | 0.0664 | 0.0619 | 0.0791 | 0.2148 | 0.0755 | 0.0628 | 0.0327 |
| 1209 | 节灌率 | 0.1259 | 0.1256 | 0.0729 | 0.0561 | 0.0718 | 0.1212 | 0.0879 | 0.0918 | 0.0801 | 0.0955 | 0.1053 | 0.0355 | 0.1267 | 0.0736 | 0.0894 |
| 1301 | 人均城市污水排放量 | 0.0519 | 0.1127 | 0.0662 | 0.0567 | 0.0892 | 0.1002 | 0.0873 | 0.0837 | 0.2304 | 0.0738 | 0.1793 | 0.1093 | 0.0761 | 0.0834 | 0.0418 |
| 1302 | 万元工业增加值废水排放量 | 0.0998 | 0.0892 | 0.0694 | 0.0847 | 0.0508 | 0.0919 | 0.0896 | 0.1079 | 0.0673 | 0.1444 | 0.0856 | 0.0358 | 0.0964 | 0.0840 | 0.0963 |
| 1401 | 城市再生水利用率 | 0.0443 | 0.2042 | 0.2425 | 0.2418 | 0.2463 | 0.0867 | 0.1399 | 0.1183 | 0.0707 | 0.0850 | 0.1074 | 0.0323 | 0.0918 | 0.2789 | 0.2379 |

表 6.8　土地资源指标的最终权重（2004 年）

| 编号 | 指标 | 安徽 | 北京 | 福建 | 甘肃 | 广东 | 广西 | 贵州 | 海南 | 河北 | 河南 | 黑龙江 | 湖北 | 湖南 | 吉林 | 江苏 |
|---|---|---|---|---|---|---|---|---|---|---|---|---|---|---|---|---|
| 2101 | 当年土地开发面积与未利用地面积的比值 | 0.1048 | 0.1187 | 0.1143 | 0.1202 | 0.1087 | 0.0882 | 0.0820 | 0.2653 | 0.1009 | 0.1145 | 0.1200 | 0.1107 | 0.0988 | 0.0975 | 0.1219 |
| 2201 | 土地资源利用效率 | 0.2006 | 0.1163 | 0.1824 | 0.2112 | 0.1201 | 0.2314 | 0.2409 | 0.1309 | 0.1657 | 0.1751 | 0.2249 | 0.2112 | 0.2311 | 0.2484 | 0.1237 |
| 2202 | 单位建设用地非农业产值 | 0.1450 | 0.1158 | 0.1086 | 0.1184 | 0.1048 | 0.1065 | 0.1145 | 0.0996 | 0.1007 | 0.1200 | 0.0884 | 0.1106 | 0.1139 | 0.1387 | 0.1202 |
| 2203 | 单位耕地面积农业产值 | 0.1113 | 0.1116 | 0.0897 | 0.0994 | 0.0952 | 0.0895 | 0.1268 | 0.0514 | 0.0996 | 0.1123 | 0.1310 | 0.1091 | 0.1013 | 0.1291 | 0.1163 |
| 2204 | 每公顷播种面积谷物产量 | 0.1069 | 0.1202 | 0.1086 | 0.0870 | 0.1079 | 0.0999 | 0.0884 | 0.0656 | 0.1155 | 0.1159 | 0.0793 | 0.0954 | 0.0976 | 0.0828 | 0.1083 |
| 2205 | 未利用地面积占土地总面积比重 | 0.0806 | 0.0987 | 0.0873 | 0.0690 | 0.0822 | 0.0789 | 0.0649 | 0.0463 | 0.0916 | 0.0938 | 0.0668 | 0.0913 | 0.0706 | 0.0748 | 0.1100 |
| 2301 | 土地沙化面积占土地总面积的比重 | 0.0688 | 0.0793 | 0.0736 | 0.0812 | 0.0712 | 0.0574 | 0.0525 | 0.0381 | 0.0851 | 0.0797 | 0.0534 | 0.0723 | 0.0702 | 0.0672 | 0.0895 |
| 2302 | 土地荒漠化面积占土地总面积的比重 | 0.0770 | 0.0787 | 0.0833 | 0.0808 | 0.0718 | 0.0575 | 0.0525 | 0.0375 | 0.0816 | 0.0737 | 0.0595 | 0.0723 | 0.0712 | 0.0637 | 0.0910 |
| 2401 | 土地复垦面积占耕地面积的比率 | 0.1049 | 0.1608 | 0.1522 | 0.1329 | 0.2381 | 0.1908 | 0.1776 | 0.2653 | 0.1594 | 0.1151 | 0.1767 | 0.1271 | 0.1453 | 0.0978 | 0.1191 |

| 编号 | 指标 | 江西 | 辽宁 | 内蒙古 | 宁夏 | 青海 | 山东 | 山西 | 陕西 | 上海 | 四川 | 天津 | 云南 | 新疆 | 浙江 | 重庆 |
|---|---|---|---|---|---|---|---|---|---|---|---|---|---|---|---|---|
| 2101 | 当年土地开发面积与未利用地面积的比值 | 0.0926 | 0.1083 | 0.1335 | 0.1071 | 0.2126 | 0.1183 | 0.0891 | 0.0908 | 0.1340 | 0.0922 | 0.1180 | 0.0875 | 0.1486 | 0.1185 | 0.0780 |
| 2201 | 土地资源利用效率 | 0.2160 | 0.1775 | 0.2518 | 0.2166 | 0.1957 | 0.1264 | 0.2113 | 0.2398 | 0.1094 | 0.2400 | 0.1195 | 0.2658 | 0.1874 | 0.1195 | 0.1533 |
| 2202 | 单位建设用地非农业产值 | 0.1041 | 0.1076 | 0.1172 | 0.1157 | 0.0927 | 0.1224 | 0.0934 | 0.1011 | 0.1057 | 0.0948 | 0.1191 | 0.0980 | 0.0892 | 0.1110 | 0.0786 |
| 2203 | 单位耕地面积农业产值 | 0.0917 | 0.1058 | 0.1020 | 0.1164 | 0.0703 | 0.1175 | 0.1385 | 0.1342 | 0.1114 | 0.1013 | 0.1148 | 0.1210 | 0.0610 | 0.1047 | 0.0881 |

续表

| 编号 | 指标 | 江西 | 辽宁 | 内蒙古 | 宁夏 | 青海 | 山东 | 山西 | 陕西 | 上海 | 四川 | 天津 | 新疆 | 云南 | 浙江 | 重庆 |
|---|---|---|---|---|---|---|---|---|---|---|---|---|---|---|---|---|
| 2204 | 每公顷播种面积谷物产量 | 0.0917 | 0.0889 | 0.0715 | 0.0860 | 0.0652 | 0.1146 | 0.1047 | 0.1199 | 0.1066 | 0.0861 | 0.1236 | 0.0434 | 0.1047 | 0.1019 | 0.0761 |
| 2205 | 未利用地面积占土地总面积比重 | 0.0731 | 0.0904 | 0.0551 | 0.0618 | 0.0538 | 0.0996 | 0.0894 | 0.0666 | 0.1272 | 0.0702 | 0.1000 | 0.0779 | 0.0732 | 0.0930 | 0.0605 |
| 2301 | 土地沙化面积占土地总面积的比重 | 0.0603 | 0.0747 | 0.1043 | 0.0792 | 0.0450 | 0.0885 | 0.0625 | 0.0675 | 0.0865 | 0.0602 | 0.0815 | 0.0833 | 0.0560 | 0.0763 | 0.0504 |
| 2302 | 土地荒漠化面积占土地总面积的比重 | 0.0681 | 0.0762 | 0.1013 | 0.1194 | 0.0441 | 0.0909 | 0.0706 | 0.0752 | 0.0986 | 0.0591 | 0.0809 | 0.0869 | 0.0560 | 0.0870 | 0.0513 |
| 2401 | 土地复垦面积占耕地面积的比率 | 0.2024 | 0.1706 | 0.0632 | 0.0978 | 0.2206 | 0.1218 | 0.1404 | 0.1048 | 0.1207 | 0.1961 | 0.1425 | 0.2224 | 0.1377 | 0.1881 | 0.3636 |

**表 6.9　矿产资源指标的最终权重（2004 年）**

| 编号 | 指标 | 安徽 | 北京 | 福建 | 甘肃 | 广东 | 广西 | 贵州 | 海南 | 河北 | 河南 | 黑龙江 | 湖北 | 湖南 | 吉林 | 江苏 |
|---|---|---|---|---|---|---|---|---|---|---|---|---|---|---|---|---|
| 3301 | 万元工业增加值固体废弃物排放量 | 0.5000 | 0.5000 | 0.5000 | 0.5000 | 0.5000 | 0.5000 | 0.5000 | 0.5000 | 0.5000 | 0.5000 | 0.5000 | 0.5000 | 0.5000 | 0.5000 | 0.5000 |
| 3302 | 工业固体废弃物排放率 | 0.5000 | 0.5000 | 0.5000 | 0.5000 | 0.5000 | 0.5000 | 0.5000 | 0.5000 | 0.5000 | 0.5000 | 0.5000 | 0.5000 | 0.5000 | 0.5000 | 0.5000 |

| 编号 | 指标 | 江西 | 辽宁 | 内蒙古 | 宁夏 | 青海 | 山东 | 山西 | 陕西 | 上海 | 四川 | 天津 | 新疆 | 云南 | 浙江 | 重庆 |
|---|---|---|---|---|---|---|---|---|---|---|---|---|---|---|---|---|
| 3301 | 万元工业增加值固体废弃物排放量 | 0.5000 | 0.5000 | 0.5000 | 0.5000 | 0.5000 | 0.5000 | 0.5000 | 0.5000 | 0.5000 | 0.5000 | 0.5000 | 0.5000 | 0.5000 | 0.5000 | 0.5000 |
| 3302 | 工业固体废弃物排放率 | 0.5000 | 0.5000 | 0.5000 | 0.5000 | 0.5000 | 0.5000 | 0.5000 | 0.5000 | 0.5000 | 0.5000 | 0.5000 | 0.5000 | 0.5000 | 0.5000 | 0.5000 |

表 6.10　能源指标的最终权重（2004 年）

| 编号 | 指标 | 安徽 | 北京 | 福建 | 甘肃 | 广东 | 广西 | 贵州 | 海南 | 河北 | 河南 | 黑龙江 | 湖北 | 湖南 | 吉林 | 江苏 |
|---|---|---|---|---|---|---|---|---|---|---|---|---|---|---|---|---|
| 4201 | 万元GDP能耗 | 0.1183 | 0.1108 | 0.1071 | 0.1256 | 0.1014 | 0.1100 | 0.1509 | 0.1160 | 0.1307 | 0.1292 | 0.1399 | 0.1431 | 0.1262 | 0.1444 | 0.1145 |
| 4202 | 万元GDP电耗 | 0.1060 | 0.1027 | 0.1081 | 0.1574 | 0.1052 | 0.1037 | 0.1531 | 0.1078 | 0.1130 | 0.1175 | 0.1196 | 0.1230 | 0.1147 | 0.1191 | 0.1141 |
| 4204 | 输配电损失率 | 0.0806 | 0.1355 | 0.1435 | 0.0955 | 0.1278 | 0.1256 | 0.0920 | 0.1158 | 0.1252 | 0.1559 | 0.1197 | 0.0929 | 0.0855 | 0.0883 | 0.1578 |
| 4205 | 市辖区居民人均生活用电量 | 0.1044 | 0.1447 | 0.1586 | 0.0900 | 0.1726 | 0.0891 | 0.1009 | 0.0975 | 0.0799 | 0.0853 | 0.1032 | 0.1042 | 0.1359 | 0.1088 | 0.1165 |
| 4206 | 城市人均消耗液化石油气量 | 0.2100 | 0.1878 | 0.1255 | 0.0878 | 0.1864 | 0.1107 | 0.0790 | 0.1532 | 0.1127 | 0.1037 | 0.1213 | 0.1022 | 0.1237 | 0.1223 | 0.1488 |
| 4207 | 万元工业增加值终端用电量 | 0.1417 | 0.1072 | 0.1239 | 0.1682 | 0.1102 | 0.1587 | 0.1768 | 0.1450 | 0.1398 | 0.1511 | 0.1408 | 0.1543 | 0.1560 | 0.1368 | 0.1256 |
| 4301 | 万元工业增加值废气排放量 | 0.1282 | 0.1029 | 0.1112 | 0.1170 | 0.0956 | 0.1846 | 0.1182 | 0.1382 | 0.1453 | 0.1329 | 0.1273 | 0.1468 | 0.1304 | 0.1304 | 0.1160 |
| 4401 | 工业固体废物综合利用率 | 0.1108 | 0.1084 | 0.1220 | 0.1585 | 0.1007 | 0.1177 | 0.1292 | 0.1265 | 0.1534 | 0.1243 | 0.1282 | 0.1334 | 0.1275 | 0.1498 | 0.1067 |

| 编号 | 指标 | 江西 | 辽宁 | 内蒙古 | 宁夏 | 青海 | 山东 | 山西 | 陕西 | 上海 | 四川 | 天津 | 新疆 | 云南 | 浙江 | 重庆 |
|---|---|---|---|---|---|---|---|---|---|---|---|---|---|---|---|---|
| 4201 | 万元GDP能耗 | 0.1061 | 0.1261 | 0.1606 | 0.1911 | 0.1161 | 0.1409 | 0.1589 | 0.1255 | 0.1171 | 0.1153 | 0.1362 | 0.1343 | 0.1294 | 0.1152 | 0.1127 |
| 4202 | 万元GDP电耗 | 0.0996 | 0.1087 | 0.1544 | 0.1767 | 0.1434 | 0.1263 | 0.1505 | 0.1135 | 0.1122 | 0.0993 | 0.1245 | 0.1034 | 0.1153 | 0.1144 | 0.1002 |
| 4204 | 输配电损失率 | 0.1386 | 0.1121 | 0.0639 | 0.0719 | 0.0846 | 0.0956 | 0.1131 | 0.1186 | 0.1241 | 0.1627 | 0.1395 | 0.1190 | 0.1435 | 0.1270 | 0.1347 |
| 4205 | 市辖区居民人均生活用电量 | 0.0895 | 0.1227 | 0.0718 | 0.0830 | 0.0991 | 0.1228 | 0.0818 | 0.0860 | 0.1819 | 0.0771 | 0.0999 | 0.1316 | 0.0810 | 0.1060 | 0.0801 |
| 4206 | 城市人均消耗液化石油气量 | 0.1041 | 0.1217 | 0.0949 | 0.0894 | 0.0838 | 0.1165 | 0.0717 | 0.0785 | 0.1370 | 0.1926 | 0.1427 | 0.1228 | 0.1160 | 0.1835 | 0.2116 |
| 4207 | 万元工业增加值终端用电量 | 0.1406 | 0.1303 | 0.1466 | 0.0879 | 0.1917 | 0.1418 | 0.1509 | 0.1341 | 0.1181 | 0.1256 | 0.1320 | 0.1238 | 0.1242 | 0.1305 | 0.1302 |
| 4301 | 万元工业增加值废气排放量 | 0.1240 | 0.1221 | 0.1573 | 0.1752 | 0.1094 | 0.1333 | 0.1379 | 0.1227 | 0.1144 | 0.1118 | 0.1221 | 0.1253 | 0.1272 | 0.1149 | 0.1221 |
| 4401 | 工业固体废物综合利用率 | 0.1975 | 0.1563 | 0.1504 | 0.1249 | 0.1719 | 0.1228 | 0.1352 | 0.2212 | 0.0951 | 0.1156 | 0.1034 | 0.1398 | 0.1634 | 0.1086 | 0.1084 |

表 6.11　其他指标的最终权重（2004 年）

| 编号 | 指标 | 安徽 | 北京 | 福建 | 甘肃 | 广东 | 广西 | 贵州 | 海南 | 河北 | 河南 | 黑龙江 | 湖北 | 湖南 | 吉林 | 江苏 |
|---|---|---|---|---|---|---|---|---|---|---|---|---|---|---|---|---|
| 5103 | 每公顷耕地化肥施用量 | 0.0519 | 0.0763 | 0.0836 | 0.0424 | 0.0686 | 0.0482 | 0.0279 | 0.0431 | 0.0554 | 0.0625 | 0.0428 | 0.0576 | 0.0574 | 0.0463 | 0.0726 |
| 5201 | 人均生活垃圾清运量 | 0.0430 | 0.0808 | 0.0547 | 0.0529 | 0.0600 | 0.0358 | 0.0346 | 0.0420 | 0.0548 | 0.0459 | 0.0563 | 0.0519 | 0.0468 | 0.0527 | 0.0599 |
| 5202 | 生活垃圾无害化处理率 | 0.0901 | 0.0586 | 0.0453 | 0.0679 | 0.0609 | 0.0426 | 0.0432 | 0.0335 | 0.0653 | 0.0513 | 0.0970 | 0.0478 | 0.0808 | 0.0500 | 0.0412 |
| 5203 | 农村累计粪便无害化处理率 | 0.0501 | 0.0606 | 0.0574 | 0.0593 | 0.0472 | 0.0536 | 0.0600 | 0.0365 | 0.0687 | 0.0509 | 0.0518 | 0.0491 | 0.0528 | 0.0512 | 0.0661 |
| 5204 | 城市污水处理率 | 0.0622 | 0.0820 | 0.0716 | 0.0787 | 0.0897 | 0.0744 | 0.0916 | 0.0433 | 0.0641 | 0.0676 | 0.0828 | 0.0686 | 0.0744 | 0.0972 | 0.0461 |
| 5205 | 工业废水排放达标率 | 0.0355 | 0.0501 | 0.0416 | 0.0677 | 0.0640 | 0.0491 | 0.0583 | 0.0323 | 0.0400 | 0.0446 | 0.0448 | 0.0542 | 0.0579 | 0.0596 | 0.0422 |
| 5206 | 工业固体废弃物处置率 | 0.0885 | 0.1035 | 0.0567 | 0.0923 | 0.1077 | 0.1511 | 0.0338 | 0.1594 | 0.0530 | 0.0720 | 0.0840 | 0.1523 | 0.1136 | 0.1526 | 0.2007 |
| 5207 | 三废综合利用产品产值占GDP比重 | 0.0553 | 0.1033 | 0.0826 | 0.0493 | 0.0813 | 0.0413 | 0.0315 | 0.0804 | 0.0619 | 0.0650 | 0.0619 | 0.0403 | 0.0585 | 0.0487 | 0.0625 |
| 5208 | 污染直接经济损失占GDP比重 | 0.0444 | 0.0473 | 0.0385 | 0.0423 | 0.0389 | 0.0411 | 0.0239 | 0.0307 | 0.0344 | 0.0349 | 0.0348 | 0.0398 | 0.0416 | 0.0322 | 0.0382 |
| 5301 | 人均GDP | 0.0696 | 0.0569 | 0.0524 | 0.0816 | 0.0463 | 0.0677 | 0.0641 | 0.0502 | 0.0597 | 0.0690 | 0.0564 | 0.0623 | 0.0692 | 0.0612 | 0.0465 |
| 5302 | 第三产业比重 | 0.0546 | 0.0586 | 0.0609 | 0.0608 | 0.0628 | 0.0501 | 0.0390 | 0.0393 | 0.0659 | 0.0670 | 0.0685 | 0.0551 | 0.0531 | 0.0577 | 0.0666 |
| 5303 | 城市化率 | 0.1153 | 0.0684 | 0.1215 | 0.1188 | 0.0667 | 0.1220 | 0.2840 | 0.1472 | 0.1006 | 0.1212 | 0.0586 | 0.1155 | 0.1122 | 0.0652 | 0.0760 |
| 5304 | 城市用水普及率 | 0.0436 | 0.0473 | 0.0441 | 0.0524 | 0.0454 | 0.0563 | 0.0313 | 0.0346 | 0.0345 | 0.0448 | 0.0610 | 0.0726 | 0.0494 | 0.0645 | 0.0476 |
| 5305 | 城市用气普及率 | 0.0600 | 0.0476 | 0.0427 | 0.0688 | 0.0428 | 0.0587 | 0.0508 | 0.0317 | 0.0396 | 0.0690 | 0.0658 | 0.0680 | 0.0647 | 0.0595 | 0.0445 |
| 5401 | 技术市场成交额占GDP的比重 | 0.1359 | 0.0587 | 0.1465 | 0.0647 | 0.1177 | 0.1079 | 0.1262 | 0.1958 | 0.2023 | 0.1345 | 0.1335 | 0.0650 | 0.0677 | 0.1014 | 0.0891 |

续表

| 编号 | 指标 | 江西 | 辽宁 | 内蒙古 | 宁夏 | 青海 | 山东 | 山西 | 陕西 | 上海 | 四川 | 天津 | 新疆 | 云南 | 浙江 | 重庆 |
|---|---|---|---|---|---|---|---|---|---|---|---|---|---|---|---|---|
| 5103 | 每公顷耕地化肥施用量 | 0.0571 | 0.0620 | 0.0416 | 0.0425 | 0.0289 | 0.0641 | 0.0445 | 0.0484 | 0.0623 | 0.0417 | 0.0643 | 0.0345 | 0.0391 | 0.0657 | 0.0437 |
| 5201 | 人均生活垃圾清运量 | 0.0460 | 0.0700 | 0.0530 | 0.0511 | 0.0390 | 0.0565 | 0.0536 | 0.0525 | 0.0639 | 0.0417 | 0.0625 | 0.0571 | 0.0404 | 0.0647 | 0.0446 |
| 5202 | 生活垃圾无害化处理率 | 0.0581 | 0.0696 | 0.0633 | 0.0831 | 0.0247 | 0.0408 | 0.1281 | 0.0736 | 0.1224 | 0.0538 | 0.0556 | 0.0546 | 0.0370 | 0.0466 | 0.0516 |
| 5203 | 农村累计粪便无害化处理率 | 0.0545 | 0.0770 | 0.0649 | 0.0850 | 0.0378 | 0.0516 | 0.0611 | 0.0716 | 0.0420 | 0.0703 | 0.0674 | 0.0594 | 0.0476 | 0.0533 | 0.0702 |
| 5204 | 城市污水处理率 | 0.1060 | 0.0854 | 0.0613 | 0.0633 | 0.0815 | 0.0631 | 0.0566 | 0.1043 | 0.0460 | 0.0757 | 0.0669 | 0.0344 | 0.0463 | 0.0702 | 0.1036 |
| 5205 | 工业废水排放达标率 | 0.0576 | 0.0563 | 0.0841 | 0.0568 | 0.0584 | 0.0400 | 0.0529 | 0.0495 | 0.0435 | 0.0506 | 0.0395 | 0.0629 | 0.0576 | 0.0478 | 0.0425 |
| 5206 | 工业固体废弃物处置率 | 0.0456 | 0.0652 | 0.0947 | 0.0464 | 0.3099 | 0.1572 | 0.0475 | 0.0528 | 0.2204 | 0.1219 | 0.2185 | 0.0896 | 0.0515 | 0.1238 | 0.1570 |
| 5207 | 三废综合利用产品产值占 GDP 比重 | 0.0557 | 0.0719 | 0.0610 | 0.0425 | 0.0609 | 0.0553 | 0.0419 | 0.0803 | 0.0841 | 0.0500 | 0.0853 | 0.0437 | 0.0369 | 0.0583 | 0.0585 |
| 5208 | 污染直接经济损失占 GDP 比重 | 0.0380 | 0.0565 | 0.0459 | 0.0327 | 0.0239 | 0.0368 | 0.0363 | 0.0370 | 0.0374 | 0.0718 | 0.0385 | 0.0307 | 0.0688 | 0.0471 | 0.0320 |
| 5301 | 人均 GDP | 0.0776 | 0.0641 | 0.0614 | 0.0693 | 0.0503 | 0.0507 | 0.0687 | 0.0756 | 0.0433 | 0.0662 | 0.0467 | 0.0465 | 0.0681 | 0.0495 | 0.0646 |
| 5302 | 第三产业比重 | 0.0644 | 0.0677 | 0.0620 | 0.0568 | 0.0384 | 0.0665 | 0.0625 | 0.0571 | 0.0533 | 0.0505 | 0.0586 | 0.0449 | 0.0508 | 0.0653 | 0.0512 |
| 5303 | 城市化率 | 0.1042 | 0.0726 | 0.0777 | 0.0708 | 0.0915 | 0.0865 | 0.0885 | 0.1069 | 0.0500 | 0.1111 | 0.0578 | 0.3251 | 0.2823 | 0.1207 | 0.0983 |
| 5304 | 城市用水普及率 | 0.0470 | 0.0561 | 0.0566 | 0.0951 | 0.0237 | 0.0751 | 0.0518 | 0.0425 | 0.0372 | 0.0336 | 0.0385 | 0.0267 | 0.0506 | 0.0422 | 0.0648 |
| 5305 | 城市用气普及率 | 0.0564 | 0.0572 | 0.0719 | 0.0910 | 0.0447 | 0.0618 | 0.0644 | 0.0569 | 0.0372 | 0.0459 | 0.0397 | 0.0327 | 0.0644 | 0.0417 | 0.0686 |
| 5401 | 技术市场成交额占 GDP 的比重 | 0.1318 | 0.0685 | 0.1007 | 0.1136 | 0.0863 | 0.0941 | 0.1415 | 0.0907 | 0.0569 | 0.1153 | 0.0602 | 0.0571 | 0.0586 | 0.1031 | 0.0488 |

表 6.12　全国 30 个省级行政区资源节约型社会发展水平评价结果（2004 年）

| 评价对象 | 水资源子节约度 | 土地资源子节约度 | 矿产资源子节约度 | 能源子节约度 | 其他子节约度 | 资源节约度 | 节约等级 |
|---|---|---|---|---|---|---|---|
| 山东 | 0.7220 | 0.6930 | 0.9990 | 0.7457 | 0.4752 | 0.7270 | 较为节约 |
| 天津 | 0.7030 | 0.6868 | 0.8347 | 0.7168 | 0.5305 | 0.6944 | 较为节约 |
| 上海 | 0.5125 | 0.7623 | 0.9998 | 0.6413 | 0.5048 | 0.6841 | 较为节约 |
| 江苏 | 0.5449 | 0.6946 | 0.9997 | 0.6458 | 0.5147 | 0.6799 | 较为节约 |
| 北京 | 0.6575 | 0.6621 | 0.8346 | 0.5579 | 0.6847 | 0.6793 | 较为节约 |
| 浙江 | 0.4712 | 0.6502 | 0.9565 | 0.6344 | 0.5604 | 0.6546 | 较为节约 |
| 辽宁 | 0.4983 | 0.5711 | 0.9480 | 0.5570 | 0.6208 | 0.6390 | 较为节约 |
| 河南 | 0.4460 | 0.6216 | 0.9748 | 0.6244 | 0.4494 | 0.6232 | 较为节约 |
| 黑龙江 | 0.5544 | 0.3738 | 1.0000 | 0.7105 | 0.4529 | 0.6183 | 较为节约 |
| 湖北 | 0.4431 | 0.5871 | 0.9157 | 0.7173 | 0.4204 | 0.6167 | 较为节约 |
| 河北 | 0.6154 | 0.5252 | 0.8732 | 0.5933 | 0.4592 | 0.6133 | 较为节约 |
| 福建 | 0.3832 | 0.6134 | 0.9501 | 0.6144 | 0.5044 | 0.6131 | 较为节约 |
| 吉林 | 0.4316 | 0.4894 | 0.9849 | 0.6635 | 0.4209 | 0.5981 | 较不节约 |
| 安徽 | 0.3789 | 0.5523 | 0.9995 | 0.5946 | 0.4028 | 0.5856 | 较不节约 |
| 广东 | 0.4042 | 0.5791 | 0.8778 | 0.5335 | 0.5043 | 0.5798 | 较不节约 |
| 陕西 | 0.6317 | 0.4492 | 0.6624 | 0.5718 | 0.4514 | 0.5533 | 较不节约 |
| 江西 | 0.2893 | 0.4598 | 0.8691 | 0.5429 | 0.4809 | 0.5284 | 较不节约 |
| 海南 | 0.3862 | 0.2202 | 0.9959 | 0.6408 | 0.2905 | 0.5067 | 较不节约 |
| 云南 | 0.5336 | 0.4182 | 0.6009 | 0.5900 | 0.3733 | 0.5032 | 较不节约 |
| 湖南 | 0.2411 | 0.5711 | 0.5598 | 0.6493 | 0.4421 | 0.4927 | 较不节约 |
| 四川 | 0.5097 | 0.4380 | 0.5705 | 0.5137 | 0.3852 | 0.4834 | 较不节约 |
| 山西 | 0.6439 | 0.4333 | 0.3394 | 0.4872 | 0.4373 | 0.4682 | 较不节约 |
| 宁夏 | 0.2693 | 0.3214 | 0.7654 | 0.5009 | 0.4036 | 0.4521 | 较不节约 |
| 甘肃 | 0.4864 | 0.2324 | 0.5459 | 0.4753 | 0.4382 | 0.4356 | 较不节约 |
| 内蒙古 | 0.4265 | 0.2651 | 0.5585 | 0.4203 | 0.4354 | 0.4211 | 较不节约 |
| 广西 | 0.2545 | 0.4213 | 0.4782 | 0.5389 | 0.3718 | 0.4129 | 较不节约 |
| 重庆 | 0.2124 | 0.3689 | 0.4163 | 0.5397 | 0.4144 | 0.3904 | 不节约 |
| 贵州 | 0.4698 | 0.3758 | 0.3644 | 0.4189 | 0.2495 | 0.3757 | 不节约 |
| 青海 | 0.2805 | 0.1541 | 0.6245 | 0.3737 | 0.2837 | 0.3433 | 不节约 |
| 新疆 | 0.1568 | 0.1466 | 0.4104 | 0.5655 | 0.3084 | 0.3175 | 不节约 |

## 6.2.5　结果分析

### 1. 水资源子节约度

2004 年,全国 30 个省级行政区水资源子节约度的柱形图如图 6.1 所示。

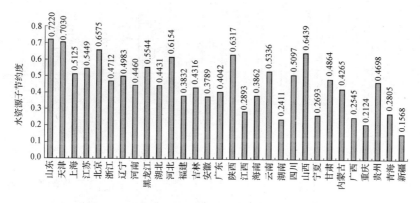

图 6.1　各省级行政区水资源子节约度(2004 年)

由图 6.1 可以看出,水资源子节约度相差较大。其中,山东最高(0.7220),天津其次(0.7030);新疆最低(0.1568),重庆其次(0.2124)。由表 6.2 可知,对万元 GDP 用水量指标的子节约度,天津最高(0.9056),其次为北京(0.8867);新疆最低(0.0000),其次为宁夏(0.0859)。对耗水率指标的子节约度,上海最高(0.7894),福建其次(0.6850);山西最低(0.2375),河北(0.2390)和新疆(0.3018)紧随其后。对城市人均日生活用水量指标的子节约度,内蒙古最高(0.9670),山西(0.9227)和天津(0.8013)其次;上海最低(0.2860),其次为湖南(0.4050)和海南(0.4359)。对万元工业增加值用水量指标的子节约度,天津最高(1.0000),其次为山东(0.9901)和北京(0.9436);江西最低(0.0000),其次是广西(0.0609)和湖南(0.0974)。对工业用水重复利用率指标的子节约度,河北最高(0.9935),其次为北京和天津(均为 0.9800);新疆、重庆和湖南最低(仅为 0.0000),青海其次(仅为 0.2000)。对万元农业 GDP 用水量指标的子节约度,重庆最高(0.9671),河南、山东、北京、天津、四川及辽宁等地均超过 0.9;新疆最低(0.000),其次为宁夏(0.0532)。对节灌率指标的子节约度,北京最高(1.0000),其次为甘肃(0.8452);湖南最低(0.1409)。对人均城市污水排放量指标的子节约度,陕西最高(0.7834),其次为山西(0.7695);新疆最低(0.0916),其次为上海(0.1031)。对万元工业增加值废水排放量指标的子节约度,北京最高(0.9331),其次为天津(0.8505);广西最低(0.1225),其次为重庆(0.2045)。对城市再生水利用率指标的子节约度,山东最高(0.8555),重庆最低(0.0012),广西(0.0030)和宁夏(0.0099)其次,青海也仅为 0.0100。

## 2. 土地资源子节约度

2004 年,全国 30 个省级行政区土地资源子节约度的柱形图如图 6.2 所示。

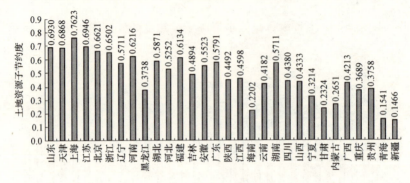

图 6.2　各省级行政区土地资源子节约度(2004 年)

通过图 6.2 对比可得,全国 30 个省级行政区的土地资源子节约度相差较大。上海最高(0.7623),其次为江苏(0.6946)和山东(0.6930)。新疆最低(0.1466),其次为青海(0.1541)。由表 6.3 可知,对土地开发面积与未利用地面积的比值指标的子节约度,湖南最高(0.6825),山东(0.6441)和天津(0.6426)其次;海南最低(0.0000),其次是青海(0.0004)、新疆(0.0431)和内蒙古(0.1742)。对土地资源利用效率指标的子节约度,各省级行政区相差悬殊,其中上海最高(0.7787),其次为北京和天津(0.6324);青海最低(0.0039),新疆(0.0079)和内蒙古(0.0090)其次。对单位建设用地非农业产值指标的子节约度,上海最高(0.8098),其次为浙江(0.6604);青海最低(0.1961),甘肃其次(0.1987)。对单位耕地面积农业产值指标的子节约度,福建最高(0.8061),其次为上海(0.7633);甘肃最低(0.2850),黑龙江其次(0.2896)。对每公顷播种面积谷物产量指标的子节约度,上海最高(0.8023),其次为辽宁(0.7653);甘肃最低(0.3613),其次为青海(0.3839)。对未利用地面积占土地总面积比重指标的子节约度,湖南最高(0.9886),其次为陕西(0.8728);新疆最低(0.2859),其次为青海(0.5132)和甘肃(0.5146)。对土地沙化面积占土地总面积比重指标的子节约度,总体较好。其中,上海(1.0000)和浙江(1.0000)最高;新疆最低(0.2509),其次为内蒙古(0.2934)。对土地荒漠化面积占土地总面积的比重指标的子节约度,各省级行政区相差悬殊,河南最高(0.9987),其次为云南和贵州(均为 0.9982),新疆最低(0.2298)。对土地复垦面积占耕地面积的比率指标的子节约度,总体较低,上海最高(0.6947),江苏其次(0.6400);而青海、新疆、海南和重庆等地最低(均为 0)。

### 3. 矿产资源子节约度

2004 年,全国 30 个省级行政区矿产资源子节约度的柱形图如图 6.3 所示。

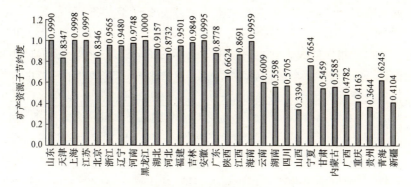

图 6.3　各省级行政区矿产资源子节约度(2004 年)

通过图 6.3 对比可得,总体上全国 30 个省级行政区矿产资源子节约度较高,差距不是很明显。黑龙江最高(1.0000),上海其次(0.9998),山西最低(0.3394)。由表 6.4 可知,对万元工业增加值固体废弃物排放量指标的子节约度,上海、黑龙江和江苏最高(均为 1);而山西最低(0.2410),其次为贵州(0.2435)。对工业固体废弃物排放率指标的子节约度黑龙江最高(1.0000),其次为上海(0.9996)和江苏(0.9995);而新疆最低(0.3316),其次为重庆(0.3733)。

### 4. 能源子节约度

2004 年,全国 30 个省级行政区能源子节约度的柱形图如图 6.4 所示。

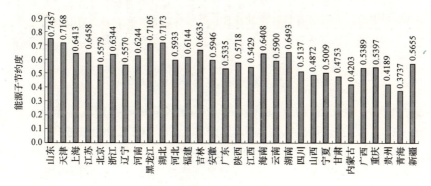

图 6.4　各省级行政区能源子节约度(2004 年)

通过图 6.4 对比可得,全国 30 个省级行政区能源子节约度相差不大。山东的能源子节约度最高(0.7457),湖北其次(0.7173);青海最低(0.3737)。由表 6.5 可知,对万元 GDP 能耗指标的子节约度,福建最高(0.7472),其次为江苏(0.7227);宁夏的最低(0.2478),内蒙古、贵州和山西均低于 0.4000。对万元 GDP 电耗指标的子节约度,海南最高(0.7704);宁夏最低(0.2909),其次为内蒙古(0.2996)、贵州(0.2979)和青海(0.2960)。对输配电损失率指标的子节约度,各省级行政区相差较大,其中湖北、湖南、山东、内蒙古、宁夏和安徽最高(均为 1.0000);四川最低(0.3433)。对市辖区居民人均生活用电量指标的子节约度,河北最高(1.0000),其次为云南(0.9820);而广东最低(0.3225),其次为上海(0.3728)。对城市人均消耗液化石油气量指标的子节约度,陕西最高(1.0000),山西其次(0.9742);重庆最低(0.2164),其次是四川(0.2467)。对万元工业增加值终端耗电量指标的子节约度,宁夏最高(0.8090);青海最低(0.1506),贵州(0.2203)和甘肃(0.2910)其次。对万元工业增加值废气排放量指标的子节约度,广东最高(0.7615),天津其次(0.7404);广西最低(0.2867),内蒙古(0.2889)和宁夏(0.2958)其次。对工业固体废物综合利用率指标的子节约度,天津最高(0.8920),上海其次(0.8880);青海最低(0.2000),陕西其次(0.2170)。

### 5. 其他子节约度

2004 年,全国 30 个省级行政区其他子节约度的柱形图如图 6.5 所示。

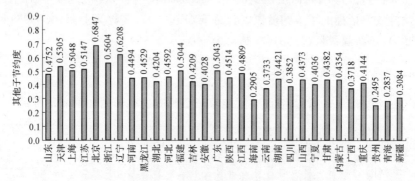

图 6.5　各省级行政区其他子节约度(2004 年)

通过图 6.5 对比可得,全国 30 个省级行政区其他子节约度参差不齐,但相差不算太大。其中,北京最高(0.6847),辽宁其次(0.6208);贵州最低(0.2495),青海其次(0.2837)。由表 6.6 可知,对每公顷耕地化肥施用量指标的子节约度,青海最高(0.8090),其次为黑龙江(0.7852);福建最低(0.3759)。对人均生活垃圾清运量指标的子节约度,各省级行政区相差不大,其中广西最高(0.8158),江西其次(0.7629);新疆最低(0.3640)。对生活垃圾无害化处理率指标的子节约度,青海最高(0.9540),江苏其次(0.9100);山西最低(0.1470),其次是上海(0.2020)。对农村累计粪便无害化处理率指标的子节约度,上海最高(0.8824),其次为广东

(0.7730);贵州最低(0.2726),宁夏其次(0.2821)。对城市污水处理率指标的子节约度,江苏最高(0.8086),上海其次(0.8006);贵州最低(0.1202),青海其次(0.1844)。对工业废水排放达标率指标的子节约度,天津最高(0.9742),北京其次(0.9445);贵州最低(0.2862),内蒙古(0.3113)和新疆(0.3138)其次。对工业固体废弃物处置率指标的子节约度,各省级行政区均不高,但相差悬殊。江西最高(0.7710),山西其次(0.6786),青海最低(0.0000)。对三废综合利用产品产值占GDP比重指标的子节约度,湖北最高(0.7898),山西其次(0.7815);海南最低(0.2045)。对污染直接经济损失占GDP比重指标的子节约度,各省级行政区均较高,相差不大,其中北京最高(1.0000),天津其次(0.9996);而云南最低(0.3463)。对人均GDP指标的子节约度,上海最高(0.8542),北京(0.8262)和天津(0.8178)其次;贵州最低(0.2439),甘肃其次(0.3291)。对第三产业比重指标的子节约度,北京最高(0.8000),上海(0.6790)和天津(0.6330)其次;黑龙江最低(0.4410)。对城市化率指标的子节约度,上海最高(0.7301),北京其次(0.6725);而新疆和贵州最低(均为0.0000),其次是云南(0.0037)。对城市用水普及率指标的子节约度,北京、天津和上海最高(均为1.0000);而宁夏最低(仅为0.2333)。对城市用气普及率指标的子节约度,上海最高(1.0000),其次为北京(0.9950);宁夏最低(0.2519),其次是贵州(0.3545)。对技术市场成交额占GDP的比重指标的子节约度,北京最高(0.7983),其次为上海(0.6290)、重庆(0.6275)和天津(0.6119);而海南最低(0.0147),贵州和河北均未超过0.1000。

6. 资源节约度

2004年,全国30个省级行政区资源节约度的柱形图如图6.6所示。

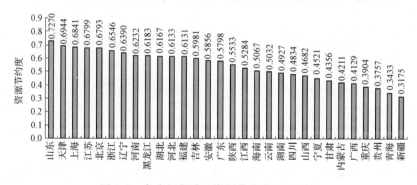

图6.6 各省级行政区资源节约度(2004年)

利用上述评价方法计算得到的结果见表6.12,计算得到的结果实际上是全国各地区资源节约型社会的相对指数,说明各地区在全国30个省级行政区中资源节约型社会进程中的相对水平,可用于横向比较和研究[107]。

根据表6.12的评价结果可将全国30个省级行政区分为三个区域:①较为节

约区,包括山东、天津、上海、江苏、北京、浙江、辽宁、河南、黑龙江、湖北、河北、福建12 个省市;②较不节约区,包括吉林、安徽、广东、陕西、江西、海南、云南、湖南、四川、山西、宁夏、甘肃、内蒙古、广西等 14 个省市区;③不节约区,包括重庆、贵州、青海和新疆 4 个省市区。

从表 6.12 中的资源节约度可以看出,我国各地资源节约型社会的发展水平存在一定的差距,但是差距不算太大,而且子资源节约度差异程度也不太一致,有的相差悬殊,有的相差不大。这种现象揭示了我国资源节约型社会的地域差异的"两重性"特点:一方面,由于我国资源条件和政策影响,各区域资源节约型社会处于相对均衡的状态,体现了整体的资源节约水平落后的现象;另一方面,由于经济发展水平的制约,各区域在节约资源投资和技术支持等方面,也表现出了极端的不平衡。从资源节约度的排序来看,基本遵循着经济发展水平与资源节约度成正比的关系。如发达地区天津、上海、江苏、北京等都属于较为节约区,而欠发达地区青海、新疆属于不节约区。

本书构建了一个三层次的资源节约型社会评价指标体系,采用变权法确定权重,利用单指标量化-多指标集成的评价方法(即 SI-MI 方法),对全国 30 个省级行政区进行了评价。所得的评价结果基本合理。通过 30 个省级行政区的评价,可以得出他们在全国资源节约型社会发展中所处的位置,进而可以针对资源耗费的不足提出针对性的政策与措施,最终形成全社会资源利用的高度节约。

# 6.3　全国 2005 年省级行政区资源节约度计算

## 6.3.1　计算采用的指标

与 6.2 节介绍的 2004 年计算相同,选用 44 个指标,见表 6.1。

## 6.3.2　子节约度的计算

采用与 2004 年计算同样的方法,计算出水资源、土地资源、矿产资源、能源和其他各指标的子节约度,见表 6.13～表 6.17。

## 6.3.3　权重的确定

采用与 2004 年权重确定同样的方法,求得各指标的最终权重,计算结果见表 6.18～表 6.22。

## 6.3.4　资源节约度计算结果

采用与 2004 年计算相同的方法,得到 2005 年全国 30 个省级行政区(除香港、澳门、台湾及西藏外)资源节约度,见表 6.23。

表 6.13　水资源指标的子节约度（2005 年）

| 编号 | 指标 | 安徽 | 北京 | 福建 | 甘肃 | 广东 | 广西 | 贵州 | 海南 | 河北 | 河南 | 黑龙江 | 湖北 | 湖南 | 吉林 | 江苏 |
|---|---|---|---|---|---|---|---|---|---|---|---|---|---|---|---|---|
| 1201 | 万元 GDP 用水量 | 0.4970 | 0.9525 | 0.6409 | 0.2783 | 0.6965 | 0.2355 | 0.3224 | 0.3980 | 0.6937 | 0.6974 | 0.3951 | 0.4924 | 0.3349 | 0.6368 | 0.6152 |
| 1202 | 耗水率 | 0.5616 | 0.4979 | 0.6929 | 0.3714 | 0.6852 | 0.6545 | 0.6254 | 0.6170 | 0.2253 | 0.4620 | 0.5601 | 0.6153 | 0.6414 | 0.5742 | 0.6170 |
| 1204 | 城市人均日生活用水量 | 0.7215 | 0.6985 | 0.4895 | 0.6825 | 0.4194 | 0.5640 | 0.7157 | 0.3666 | 0.7287 | 0.7196 | 0.7627 | 0.4747 | 0.4645 | 0.8200 | 0.6425 |
| 1205 | 万元工业增加值用水量 | 0.2062 | 0.9986 | 0.3686 | 0.3530 | 0.7360 | 0.1402 | 0.1922 | 0.5705 | 0.8903 | 0.7510 | 0.4272 | 0.2331 | 0.1836 | 0.6923 | 0.4318 |
| 1206 | 工业用水重复利用率 | 0.5513 | 1.0000 | 0.8042 | 0.8522 | 0.8692 | 0.7064 | 0.3345 | 0.5595 | 0.9910 | 0.8524 | 0.3371 | 0.5821 | 0.0248 | 0.5487 | 0.4173 |
| 1207 | 万元农业 GDP 用水量 | 0.7499 | 0.7154 | 0.7410 | 0.2916 | 0.6242 | 0.4223 | 0.6946 | 0.7523 | 0.8002 | 0.8987 | 0.3448 | 0.7105 | 0.6343 | 0.7825 | 0.5758 |
| 1209 | 节灌率 | 0.3177 | 1.0000 | 0.6302 | 0.8519 | 0.1661 | 0.6045 | 0.6444 | 0.6713 | 0.6737 | 0.4036 | 0.7097 | 0.1957 | 0.1473 | 0.2560 | 0.5594 |
| 1301 | 人均城市污水排放量 | 0.7369 | 0.2470 | 0.6885 | 0.7650 | 0.3769 | 0.7179 | 0.7027 | 0.2244 | 0.7518 | 0.7684 | 0.6621 | 0.5670 | 0.6912 | 0.6895 | 0.5398 |
| 1302 | 万元工业增加值废水排放量 | 0.5721 | 0.9648 | 0.4285 | 0.6998 | 0.7541 | 0.1523 | 0.7465 | 0.5129 | 0.6069 | 0.6346 | 0.7904 | 0.5395 | 0.2933 | 0.6478 | 0.6350 |
| 1401 | 城市再生水利用率 | 0.0910 | 0.8199 | 0.1560 | 0.5295 | 0.1020 | 0.0040 | 0.6400 | 0.1930 | 0.6272 | 0.0240 | 0.7231 | 0.2320 | 0.4485 | 0.0620 | 0.8046 |

| 编号 | 指标 | 江西 | 内蒙古 | 宁夏 | 青海 | 山东 | 山西 | 陕西 | 上海 | 四川 | 天津 | 新疆 | 云南 | 浙江 | 重庆 |
|---|---|---|---|---|---|---|---|---|---|---|---|---|---|---|---|
| 1201 | 万元 GDP 用水量 | 0.3014 | 0.4019 | 0.1016 | 0.2903 | 0.7708 | 0.7496 | 0.6784 | 0.7640 | 0.6254 | 0.9182 | 0.0000 | 0.4504 | 0.7318 | 0.6679 |
| 1202 | 耗水率 | 0.5300 | 0.3621 | 0.6844 | 0.5136 | 0.3923 | 0.2178 | 0.4581 | 0.7927 | 0.6033 | 0.3302 | 0.3051 | 0.4850 | 0.5235 | 0.6339 |
| 1204 | 城市人均日生活用水量 | 0.5619 | 0.9010 | 0.6353 | 0.4557 | 0.7447 | 0.8613 | 0.7269 | 0.5028 | 0.5714 | 0.8187 | 0.6975 | 0.5788 | 0.5448 | 0.7329 |
| 1205 | 万元工业增加值用水量 | 0.1318 | 0.8229 | 0.6852 | 0.2801 | 1.0000 | 0.8957 | 0.8484 | 0.6065 | 0.4112 | 1.0000 | 0.8605 | 0.6371 | 0.7876 | 0.1797 |
| 1206 | 工业用水重复利用率 | 0.2981 | 0.4667 | 0.9152 | 0.1478 | 0.8510 | 0.9564 | 0.5663 | 0.6360 | 0.4426 | 1.0000 | 0.0000 | 0.0000 | 0.5523 | 0.0000 |
| 1207 | 万元农业 GDP 用水量 | 0.5653 | 0.4290 | 0.0000 | 0.2771 | 0.8510 | 0.7297 | 0.7435 | 0.4609 | 0.8444 | 0.7399 | 0.0000 | 0.6233 | 0.7443 | 0.9345 |
| 1209 | 节灌率 | 0.1767 | 0.6873 | 0.6103 | 0.4909 | 0.5886 | 0.7773 | 0.7218 | 0.7021 | 0.5748 | 0.6878 | 0.7349 | 0.4014 | 0.7229 | 0.2519 |
| 1301 | 人均城市污水排放量 | 0.7011 | 0.7426 | 0.6195 | 0.3499 | 0.7229 | 0.7697 | 0.7745 | 0.0864 | 0.7484 | 0.2929 | 0.0800 | 0.7515 | 0.5721 | 0.7471 |
| 1302 | 万元工业增加值废水排放量 | 0.3883 | 0.7987 | 0.2606 | 0.5971 | 0.8689 | 0.8231 | 0.6760 | 0.9013 | 0.4325 | 0.8483 | 0.7742 | 0.6703 | 0.6017 | 0.2234 |
| 1401 | 城市再生水利用率 | 0.0990 | 0.0540 | 0.0440 | 0.2000 | 0.3960 | 0.4485 | 0.0570 | 0.8033 | 0.6735 | 0.8167 | 0.7948 | 0.6011 | 0.1120 | 0.0010 |

表 6.14　土地资源指标的子节约度（2005 年）

| 编号 | 指标 | 安徽 | 北京 | 福建 | 甘肃 | 广东 | 广西 | 贵州 | 海南 | 河北 | 河南 | 黑龙江 | 湖北 | 湖南 | 吉林 | 江苏 |
|---|---|---|---|---|---|---|---|---|---|---|---|---|---|---|---|---|
| 2101 | 当年土地开发面积与未利用地面积的比值 | 0.6017 | 0.6134 | 0.6134 | 0.1905 | 0.6160 | 0.1142 | 0.6123 | 0.6101 | 0.6038 | 0.6053 | 0.0314 | 0.6034 | 0.6061 | 0.6005 | 0.6069 |
| 2201 | 土地资源利用效率 | 0.2304 | 0.6710 | 0.3180 | 0.0288 | 0.6054 | 0.1032 | 0.0672 | 0.1518 | 0.3216 | 0.3840 | 0.0732 | 0.2106 | 0.1842 | 0.1134 | 0.6159 |
| 2202 | 单位建设用地非农业产值 | 0.4436 | 0.7322 | 0.6470 | 0.2521 | 0.6657 | 0.5952 | 0.4952 | 0.3054 | 0.6110 | 0.6041 | 0.5550 | 0.6036 | 0.6031 | 0.4704 | 0.6430 |
| 2203 | 单位耕地面积农业产值 | 0.5685 | 0.7605 | 0.8244 | 0.3057 | 0.7493 | 0.6095 | 0.2671 | 0.7082 | 0.6259 | 0.6360 | 0.3149 | 0.6196 | 0.6734 | 0.4325 | 0.6697 |
| 2204 | 每公顷耕种面积谷物产量 | 0.5584 | 0.6121 | 0.6421 | 0.3514 | 0.6171 | 0.5520 | 0.5509 | 0.4044 | 0.5056 | 0.6285 | 0.6384 | 0.7040 | 0.6870 | 0.7619 | 0.7041 |
| 2205 | 未利用地面积占土地总面积比重 | 0.8318 | 0.7708 | 0.8310 | 0.5148 | 0.8532 | 0.6914 | 0.7986 | 0.7823 | 0.6854 | 0.7724 | 0.7673 | 0.7624 | 0.8192 | 0.8258 | 0.7064 |
| 2301 | 土地沙化面积占土地总面积的比重 | 0.9818 | 0.9334 | 0.9928 | 0.4044 | 0.9878 | 0.9822 | 0.9992 | 0.9642 | 0.7448 | 0.9220 | 0.9766 | 0.9794 | 0.9944 | 0.9256 | 0.8892 |
| 2302 | 土地荒漠化面积占土地总面积的比重 | 0.9400 | 0.9912 | 0.9200 | 0.4068 | 0.9800 | 0.9800 | 0.9980 | 0.9794 | 0.7817 | 0.9988 | 0.9800 | 0.9980 | 0.9820 | 0.9788 | 0.9800 |
| 2401 | 土地复垦面积占耕地面积的比率 | 0.6118 | 0.3727 | 0.6432 | 0.1473 | 0.1213 | 0.0067 | 0.0582 | 0.0000 | 0.4524 | 0.6050 | 0.3955 | 0.4491 | 0.1406 | 0.5664 | 0.6208 |
| 编号 | 指标 | 江西 | 辽宁 | 内蒙古 | 宁夏 | 青海 | 山东 | 山西 | 陕西 | 上海 | 四川 | 天津 | 新疆 | 云南 | 浙江 | 重庆 |
| 2101 | 当年土地开发面积与未利用地面积的比值 | 0.6171 | 0.6014 | 0.0754 | 0.2907 | 0.1671 | 0.6071 | 0.6011 | 0.6060 | 0.7499 | 0.5250 | 0.6091 | 0.1452 | 0.0827 | 0.6150 | 0.6074 |
| 2201 | 土地资源利用效率 | 0.1458 | 0.3246 | 0.0204 | 0.0702 | 0.0048 | 0.6040 | 0.1602 | 0.1074 | 0.8074 | 0.0918 | 0.6467 | 0.0096 | 0.0546 | 0.6061 | 0.2238 |
| 2202 | 单位建设用地非农业产值 | 0.6013 | 0.6128 | 0.3594 | 0.4262 | 0.2241 | 0.6252 | 0.6087 | 0.6042 | 0.8521 | 0.6021 | 0.6518 | 0.2573 | 0.6009 | 0.6742 | 0.6082 |
| 2203 | 单位耕地面积农业产值 | 0.6273 | 0.6335 | 0.3293 | 0.3131 | 0.3549 | 0.6622 | 0.3082 | 0.3632 | 0.7469 | 0.6671 | 0.6774 | 0.4628 | 1.0000 | 0.7240 | 0.2167 |

续表

| 编号 | 指标 | 江西 | 辽宁 | 内蒙古 | 宁夏 | 青海 | 山东 | 山西 | 陕西 | 上海 | 四川 | 天津 | 新疆 | 云南 | 浙江 | 重庆 |
|---|---|---|---|---|---|---|---|---|---|---|---|---|---|---|---|---|
| 2204 | 每公顷播种面积谷物产量 | 0.6299 | 0.7314 | 0.5862 | 0.5295 | 0.4188 | 0.6908 | 0.4170 | 0.4131 | 0.7503 | 0.6402 | 0.6150 | 0.7126 | 0.4617 | 0.6920 | 0.6503 |
| 2205 | 未利用地面积占土地总面积比重 | 0.8090 | 0.7509 | 0.7434 | 0.7433 | 0.5136 | 0.7906 | 0.6011 | 0.8738 | 0.6524 | 0.8174 | 0.7834 | 0.2861 | 0.7491 | 0.8316 | 0.8266 |
| 2301 | 土地沙化面积占土地总面积的比重 | 0.9910 | 0.9258 | 0.2934 | 0.5448 | 0.6500 | 0.8990 | 0.9100 | 0.8606 | 0.9600 | 0.9622 | 0.9738 | 0.2509 | 0.9976 | 1.0000 | 0.9994 |
| 2302 | 土地荒漠化面积占土地总面积的比重 | 0.9000 | 0.9072 | 0.3097 | 0.2831 | 0.6663 | 0.8734 | 0.7969 | 0.7638 | 0.9800 | 0.9806 | 0.9818 | 0.2298 | 0.9982 | 0.9600 | 0.9800 |
| 2401 | 土地复垦面积占耕地面积的比率 | 0.0686 | 0.3036 | 0.0822 | 0.1500 | 0.0000 | 0.6012 | 0.3965 | 0.4379 | 0.8204 | 0.1205 | 0.0069 | 0.0787 | 0.2800 | 0.6025 | 0.0000 |

表 6.15　矿产资源指标的子节约度（2005 年）

| 编号 | 指标 | 安徽 | 北京 | 甘肃 | 广东 | 广西 | 贵州 | 海南 | 河北 | 河南 | 湖北 | 湖南 | 吉林 | 江苏 |
|---|---|---|---|---|---|---|---|---|---|---|---|---|---|---|
| 3301 | 万元工业增加值固体废弃物排放量 | 0.9998 | 0.9456 | 0.5655 | 0.9854 | 0.5116 | 0.4426 | 0.9977 | 0.8661 | 0.9893 | 0.9169 | 0.5961 | 0.9842 | 1.0000 |
| 3302 | 工业固体废弃物排放率 | 1.0000 | 0.7520 | 0.5891 | 0.8080 | 0.5411 | 0.5576 | 0.9880 | 0.8960 | 0.9760 | 0.8200 | 0.5936 | 0.9680 | 1.0000 |

| 编号 | 指标 | 江西 | 辽宁 | 内蒙古 | 宁夏 | 青海 | 山东 | 山西 | 陕西 | 上海 | 四川 | 天津 | 新疆 | 云南 | 浙江 | 重庆 |
|---|---|---|---|---|---|---|---|---|---|---|---|---|---|---|---|---|
| 3301 | 万元工业增加值固体废弃物排放量 | 0.8835 | 0.9699 | 0.5835 | 0.8079 | 0.8539 | 1.0000 | 0.3452 | 0.6724 | 0.9998 | 0.5809 | 1.0000 | 0.5244 | 0.5670 | 0.9884 | 0.3975 |
| 3302 | 工业固体废弃物排放率 | 0.9400 | 0.9640 | 0.7300 | 0.7860 | 0.8280 | 1.0000 | 0.4620 | 0.7480 | 0.9960 | 0.5894 | 1.0000 | 0.3547 | 0.5993 | 0.9120 | 0.2984 |

表6.16 能源指标的子节约度（2005年）

| 编号 | 指标 | 安徽 | 北京 | 福建 | 甘肃 | 广东 | 贵州 | 海南 | 河北 | 河南 | 黑龙江 | 湖北 | 湖南 | 吉林 | 江苏 |
|---|---|---|---|---|---|---|---|---|---|---|---|---|---|---|---|
| 4201 | 万元GDP能耗 | 0.6580 | 0.7400 | 0.7120 | 0.5088 | 0.7420 | 0.3900 | 0.7160 | 0.5448 | 0.6240 | 0.6080 | 0.5988 | 0.6200 | 0.5820 | 0.7160 |
| 4202 | 万元GDP电耗 | 0.7412 | 0.7810 | 0.7305 | 0.4407 | 0.7238 | 0.3595 | 0.7666 | 0.6788 | 0.7061 | 0.7527 | 0.7179 | 0.7483 | 0.7470 | 0.7233 |
| 4204 | 输配电损失率 | 1.0000 | 0.5730 | 0.5450 | 0.6867 | 0.6707 | 0.6407 | 0.4590 | 0.6117 | 0.6253 | 0.7093 | 1.0000 | 0.4280 | 1.0000 | 0.5150 |
| 4205 | 市辖区居民人均生活用电量 | 0.8933 | 0.3132 | 0.3741 | 0.8280 | 0.2627 | 0.5141 | 0.8029 | 0.7562 | 0.9577 | 0.6397 | 0.7308 | 0.5593 | 0.7802 | 0.5745 |
| 4206 | 城市人均消耗液化石油气量 | 0.2597 | 0.2705 | 0.5802 | 0.6622 | 0.2181 | 0.8397 | 0.6069 | 0.6905 | 0.7376 | 0.7511 | 0.8688 | 0.6966 | 0.7508 | 0.5701 |
| 4207 | 万元工业增加值终端耗电量 | 0.7580 | 0.8361 | 0.7645 | 0.6676 | 0.7611 | 0.6484 | 0.7830 | 0.7388 | 0.7449 | 0.7694 | 0.7523 | 0.7783 | 0.7652 | 0.7513 |
| 4301 | 万元工业增加值废气排放量 | 0.6155 | 0.7445 | 0.7135 | 0.5223 | 0.7785 | 0.5526 | 0.5709 | 0.4989 | 0.6205 | 0.7280 | 0.6155 | 0.6655 | 0.6390 | 0.7255 |
| 4401 | 工业固体废物综合利用率 | 0.7103 | 0.6451 | 0.6509 | 0.2940 | 0.6954 | 0.3410 | 0.6474 | 0.5060 | 0.6366 | 0.6800 | 0.6760 | 0.6571 | 0.5250 | 0.7989 |

| 编号 | 指标 | 江西 | 辽宁 | 内蒙古 | 宁夏 | 青海 | 山东 | 山西 | 陕西 | 上海 | 四川 | 天津 | 新疆 | 云南 | 浙江 | 重庆 |
|---|---|---|---|---|---|---|---|---|---|---|---|---|---|---|---|---|
| 4201 | 万元GDP能耗 | 0.6880 | 0.5604 | 0.4824 | 0.2930 | 0.4116 | 0.6440 | 0.4260 | 0.6040 | 0.7240 | 0.5964 | 0.6780 | 0.5268 | 0.5724 | 0.7200 | 0.6160 |
| 4202 | 万元GDP电耗 | 0.7507 | 0.6944 | 0.6439 | 0.2936 | 0.2974 | 0.7411 | 0.5207 | 0.6917 | 0.7527 | 0.7113 | 0.7428 | 0.7245 | 0.6608 | 0.7197 | 0.7329 |
| 4204 | 输配电损失率 | 0.4340 | 0.6470 | 1.0000 | 0.6470 | 0.8800 | 1.0000 | 0.6437 | 0.6940 | 0.6550 | 0.2997 | 0.6403 | 0.4060 | 0.3750 | 0.6257 | 0.5470 |
| 4205 | 市辖区居民人均生活用电量 | 0.9032 | 0.5532 | 0.9898 | 0.9764 | 0.6410 | 0.7292 | 0.9040 | 0.9475 | 0.2304 | 0.9435 | 0.5301 | 0.5191 | 0.9539 | 0.4861 | 0.5673 |
| 4206 | 城市人均消耗液化石油气量 | 0.7173 | 0.6236 | 0.6868 | 0.9223 | 0.7409 | 0.7922 | 0.9312 | 0.6653 | 0.5725 | 0.2762 | 0.6664 | 0.5900 | 0.6670 | 0.3493 | 0.2001 |
| 4207 | 万元工业增加值终端耗电量 | 0.7741 | 0.7416 | 0.6972 | 0.4465 | 0.5180 | 0.7528 | 0.6693 | 0.7486 | 0.7748 | 0.7592 | 0.7648 | 0.7633 | 0.7323 | 0.7503 | 0.7693 |
| 4301 | 万元工业增加值废气排放量 | 0.6020 | 0.5484 | 0.4581 | 0.3507 | 0.5328 | 0.7215 | 0.4914 | 0.6640 | 0.7470 | 0.6615 | 0.7245 | 0.5985 | 0.5865 | 0.7150 | 0.5838 |
| 4401 | 工业固体废物综合利用率 | 0.2690 | 0.4160 | 0.4090 | 0.5390 | 0.2150 | 0.7743 | 0.4460 | 0.2400 | 0.8520 | 0.5970 | 0.9320 | 0.5130 | 0.3500 | 0.7863 | 0.6691 |

表 6.17　其他指标的子节约度（2005 年）

| 编号 | 指标 | 安徽 | 北京 | 福建 | 甘肃 | 广东 | 广西 | 贵州 | 海南 | 河北 | 河南 | 黑龙江 | 湖北 | 湖南 | 吉林 | 江苏 |
|---|---|---|---|---|---|---|---|---|---|---|---|---|---|---|---|---|
| 5103 | 每公顷耕地化肥施用量 | 0.5608 | 0.5848 | 0.3748 | 0.7660 | 0.4874 | 0.5717 | 0.7614 | 0.5553 | 0.5796 | 0.4806 | 0.7812 | 0.5113 | 0.5345 | 0.7016 | 0.4634 |
| 5201 | 人均生活垃圾清运量 | 0.7200 | 0.5542 | 0.6400 | 0.5953 | 0.5826 | 0.8500 | 0.5984 | 0.5511 | 0.6000 | 0.6800 | 0.5684 | 0.5889 | 0.6800 | 0.5779 | 0.5968 |
| 5202 | 生活垃圾无害化处理率 | 0.1760 | 0.9600 | 0.8590 | 0.1720 | 0.6040 | 0.6760 | 0.6520 | 0.7267 | 0.5370 | 0.6527 | 0.3345 | 0.6733 | 0.4455 | 0.4530 | 0.8290 |
| 5203 | 农村累计粪便无害化处理率 | 0.6063 | 0.7873 | 0.6383 | 0.5412 | 0.5443 | 0.7013 | 0.2997 | 0.6258 | 0.4719 | 0.4737 | 0.6465 | 0.6411 | 0.3301 | 0.6127 | 0.5654 |
| 5204 | 城市污水处理率 | 0.5234 | 0.7348 | 0.5452 | 0.4103 | 0.4503 | 0.4641 | 0.2682 | 0.6665 | 0.5376 | 0.4585 | 0.3588 | 0.4762 | 0.4055 | 0.2761 | 0.8142 |
| 5205 | 工业废水排放达标率 | 0.8948 | 0.9772 | 0.9064 | 0.4323 | 0.5390 | 0.5370 | 0.3770 | 0.7448 | 0.8520 | 0.6776 | 0.6988 | 0.5755 | 0.5974 | 0.5123 | 0.9004 |
| 5206 | 工业固体废弃物处置率 | 0.2474 | 0.6285 | 0.6181 | 0.4917 | 0.2672 | 0.0624 | 0.6663 | 0.0158 | 0.6268 | 0.4749 | 0.3453 | 0.0596 | 0.2466 | 0.0268 | 0.0448 |
| 5207 | 三废综合利用产品产值占 GDP 比重 | 0.5500 | 0.3400 | 0.4300 | 0.6467 | 0.3600 | 0.7267 | 0.7400 | 0.3600 | 0.6133 | 0.5200 | 0.4500 | 0.8002 | 0.6000 | 0.5600 | 0.6733 |
| 5208 | 污染直接经济损失占 GDP 比重 | 0.8000 | 1.0000 | 1.0000 | 0.7333 | 0.5945 | 0.7467 | 0.8800 | 0.9200 | 1.0000 | 1.0000 | 1.0000 | 0.9200 | 0.8000 | 1.0000 | 0.7333 |
| 5301 | 人均 GDP | 0.4103 | 0.8391 | 0.7386 | 0.3743 | 0.8068 | 0.4136 | 0.3016 | 0.4761 | 0.5935 | 0.4904 | 0.5830 | 0.4929 | 0.4628 | 0.5504 | 0.8070 |
| 5302 | 第三产业比重 | 0.6070 | 0.9820 | 0.5775 | 0.6070 | 0.6290 | 0.6050 | 0.5940 | 0.6180 | 0.4995 | 0.4500 | 0.5055 | 0.6030 | 0.6050 | 0.5865 | 0.5310 |
| 5303 | 城市化率 | 0.1854 | 0.6723 | 0.3006 | 0.1769 | 0.4776 | 0.1428 | 0.0051 | 0.0531 | 0.2519 | 0.1867 | 0.5532 | 0.2966 | 0.2454 | 0.4385 | 0.4706 |
| 5304 | 城市用水普及率 | 0.7104 | 1.0000 | 0.9472 | 0.6188 | 0.9520 | 0.5456 | 0.7550 | 0.6194 | 0.9980 | 0.7388 | 0.4910 | 0.4524 | 0.7222 | 0.5640 | 0.8512 |
| 5305 | 城市用气普及率 | 0.5075 | 0.9600 | 0.9238 | 0.3043 | 0.9084 | 0.5122 | 0.4169 | 0.6512 | 0.8840 | 0.4710 | 0.4915 | 0.4632 | 0.5452 | 0.5548 | 0.9022 |
| 5401 | 技术市场成交额占 GDP 的比重 | 0.1620 | 0.7358 | 0.1560 | 0.5340 | 0.3000 | 0.1380 | 0.0300 | 0.0660 | 0.0600 | 0.1500 | 0.1560 | 0.4620 | 0.3840 | 0.2040 | 0.3300 |

续表

| 编号 | 指标 | 江西 | 辽宁 | 内蒙古 | 宁夏 | 青海 | 山东 | 山西 | 陕西 | 上海 | 四川 | 天津 | 新疆 | 云南 | 浙江 | 重庆 |
|---|---|---|---|---|---|---|---|---|---|---|---|---|---|---|---|---|
| 5103 | 每公顷耕地化肥施用量 | 0.5839 | 0.6752 | 0.7718 | 0.7096 | 0.7988 | 0.4959 | 0.7276 | 0.6756 | 0.5715 | 0.7061 | 0.5601 | 0.6864 | 0.7185 | 0.5781 | 0.6667 |
| 5201 | 人均生活垃圾清运量 | 0.7600 | 0.5874 | 0.5905 | 0.5905 | 0.5747 | 0.5984 | 0.5858 | 0.6000 | 0.5432 | 0.7200 | 0.5921 | 0.3742 | 0.6800 | 0.5889 | 0.7200 |
| 5202 | 生活垃圾无害化处理率 | 0.5835 | 0.6000 | 0.4905 | 0.6027 | 1.0000 | 0.6547 | 0.1310 | 0.4470 | 0.3855 | 0.6080 | 0.8050 | 0.3885 | 0.8220 | 0.8240 | 0.6320 |
| 5203 | 农村累计粪便无害化处理率 | 0.6515 | 0.5382 | 0.4636 | 0.3819 | 0.6002 | 0.6743 | 0.5192 | 0.3948 | 0.9300 | 0.2957 | 0.6987 | 0.4473 | 0.6067 | 0.7839 | 0.4042 |
| 5204 | 城市污水处理率 | 0.3492 | 0.4733 | 0.5111 | 0.5393 | 0.1849 | 0.5985 | 0.5623 | 0.3194 | 0.7445 | 0.4269 | 0.5796 | 0.7291 | 0.6235 | 0.5946 | 0.3465 |
| 5205 | 工业废水排放达标率 | 0.6852 | 0.8036 | 0.3662 | 0.3776 | 0.1843 | 0.9292 | 0.5887 | 0.7092 | 0.8820 | 0.5826 | 0.9840 | 0.2948 | 0.5096 | 0.8660 | 0.7464 |
| 5206 | 工业固体废弃物处置率 | 0.7801 | 0.6430 | 0.1796 | 0.6360 | 0.0030 | 0.0702 | 0.6836 | 0.6135 | 0.0662 | 0.3915 | 0.0356 | 0.1128 | 0.6451 | 0.1256 | 0.1374 |
| 5207 | 三废综合利用产品产值占GDP比重 | 0.6267 | 0.5200 | 0.4200 | 0.5900 | 0.3000 | 0.6733 | 0.7333 | 0.3300 | 0.3000 | 0.7867 | 0.4100 | 0.5500 | 0.8092 | 0.6200 | 0.4700 |
| 5208 | 污染直接经济损失占GDP比重 | 0.9200 | 0.9600 | 1.0000 | 0.9200 | 1.0000 | 1.0000 | 1.0000 | 0.9600 | 1.0000 | 0.9200 | 1.0000 | 0.9200 | 0.7867 | 0.8800 | 1.0000 |
| 5301 | 人均GDP | 0.4332 | 0.7593 | 0.6532 | 0.4572 | 0.4514 | 0.8001 | 0.5249 | 0.4470 | 0.8484 | 0.4218 | 0.8243 | 0.5432 | 0.3850 | 0.8119 | 0.4795 |
| 5302 | 第三产业比重 | 0.5220 | 0.5940 | 0.5910 | 0.6170 | 0.5895 | 0.4800 | 0.5610 | 0.5670 | 0.7050 | 0.5760 | 0.6150 | 0.5355 | 0.5925 | 0.6000 | 0.6390 |
| 5303 | 城市化率 | 0.2515 | 0.5713 | 0.3722 | 0.3807 | 0.1503 | 0.3604 | 0.3086 | 0.2257 | 0.7462 | 0.2019 | 0.6392 | 0.0000 | 0.0058 | 0.2379 | 0.2882 |
| 5304 | 城市用水普及率 | 0.7528 | 0.7766 | 0.5776 | 0.2467 | 1.0000 | 0.4478 | 0.7064 | 0.7648 | 0.9992 | 0.8888 | 1.0000 | 0.9144 | 0.5414 | 0.9640 | 0.4876 |
| 5305 | 城市用气普及率 | 0.6128 | 0.7622 | 0.4582 | 0.2729 | 0.5040 | 0.5489 | 0.4595 | 0.5978 | 1.0000 | 0.6438 | 0.9700 | 0.7866 | 0.3601 | 0.9694 | 0.4661 |
| 5401 | 技术市场成交额占GDP的比重 | 0.1620 | 0.6018 | 0.1680 | 0.1380 | 0.1320 | 0.3180 | 0.0660 | 0.3060 | 0.6340 | 0.1560 | 0.6082 | 0.1860 | 0.2760 | 0.1740 | 0.6036 |

表 6.18　水资源指标的最终权重（2005 年）

| 编号 | 指标 | 安徽 | 北京 | 福建 | 甘肃 | 广东 | 广西 | 贵州 | 海南 | 河北 | 河南 | 黑龙江 | 湖北 | 湖南 | 吉林 | 江苏 |
|---|---|---|---|---|---|---|---|---|---|---|---|---|---|---|---|---|
| 1201 | 万元 GDP 用水量 | 0.0888 | 0.0769 | 0.0836 | 0.1466 | 0.0708 | 0.1078 | 0.1345 | 0.1069 | 0.0943 | 0.0739 | 0.1235 | 0.0894 | 0.0918 | 0.0791 | 0.0944 |
| 1202 | 耗水率 | 0.0812 | 0.1328 | 0.0784 | 0.1239 | 0.0717 | 0.0556 | 0.0853 | 0.0780 | 0.1961 | 0.1012 | 0.0968 | 0.0756 | 0.0584 | 0.0858 | 0.0942 |
| 1204 | 城市人均日生活用水量 | 0.0663 | 0.1020 | 0.1026 | 0.0797 | 0.1034 | 0.0626 | 0.0763 | 0.1126 | 0.0904 | 0.0719 | 0.0752 | 0.0917 | 0.0744 | 0.0637 | 0.0912 |
| 1205 | 万元工业增加值用水量 | 0.1487 | 0.0734 | 0.1240 | 0.1278 | 0.0675 | 0.1359 | 0.1758 | 0.0830 | 0.0755 | 0.0693 | 0.1174 | 0.1401 | 0.1253 | 0.0738 | 0.1223 |
| 1206 | 工业用水重复利用率 | 0.0823 | 0.0733 | 0.0689 | 0.0656 | 0.0581 | 0.0522 | 0.1316 | 0.0842 | 0.0680 | 0.0619 | 0.1363 | 0.0789 | 0.2232 | 0.0888 | 0.1251 |
| 1207 | 万元农业 GDP 用水量 | 0.0641 | 0.0999 | 0.0740 | 0.1429 | 0.0774 | 0.0769 | 0.0783 | 0.0662 | 0.0833 | 0.0589 | 0.1345 | 0.0672 | 0.0589 | 0.0664 | 0.0994 |
| 1209 | 节灌率 | 0.1186 | 0.0733 | 0.0848 | 0.0656 | 0.1698 | 0.0593 | 0.0833 | 0.0729 | 0.0967 | 0.1108 | 0.0800 | 0.1524 | 0.1376 | 0.1437 | 0.1017 |
| 1301 | 人均城市污水排放量 | 0.0651 | 0.2037 | 0.0788 | 0.0723 | 0.1108 | 0.0515 | 0.0775 | 0.1477 | 0.0880 | 0.0680 | 0.0848 | 0.0806 | 0.0549 | 0.0741 | 0.1044 |
| 1302 | 万元工业增加值废水排放量 | 0.0800 | 0.0760 | 0.1125 | 0.0781 | 0.0661 | 0.1315 | 0.0736 | 0.0898 | 0.1052 | 0.0798 | 0.0728 | 0.0836 | 0.0991 | 0.0780 | 0.0921 |
| 1401 | 城市再生水利用率 | 0.2049 | 0.0886 | 0.1923 | 0.0973 | 0.2044 | 0.2668 | 0.0838 | 0.1587 | 0.1024 | 0.3042 | 0.0787 | 0.1405 | 0.0762 | 0.2465 | 0.0752 |

| 编号 | 指标 | 江西 | 辽宁 | 内蒙古 | 宁夏 | 青海 | 山东 | 山西 | 陕西 | 上海 | 四川 | 天津 | 新疆 | 云南 | 浙江 | 重庆 |
|---|---|---|---|---|---|---|---|---|---|---|---|---|---|---|---|---|
| 1201 | 万元 GDP 用水量 | 0.1016 | 0.0873 | 0.1082 | 0.1413 | 0.1073 | 0.0895 | 0.0895 | 0.0807 | 0.0745 | 0.0934 | 0.0759 | 0.2168 | 0.0843 | 0.0765 | 0.0461 |
| 1202 | 耗水率 | 0.0704 | 0.1339 | 0.1156 | 0.0496 | 0.0746 | 0.1492 | 0.2023 | 0.1087 | 0.0721 | 0.0961 | 0.1653 | 0.0655 | 0.0800 | 0.0999 | 0.0481 |
| 1204 | 城市人均日生活用水量 | 0.0674 | 0.0828 | 0.0572 | 0.0527 | 0.0811 | 0.0923 | 0.0790 | 0.0761 | 0.1040 | 0.1003 | 0.0845 | 0.0368 | 0.0702 | 0.0970 | 0.0426 |
| 1205 | 万元工业增加值用水量 | 0.1495 | 0.0703 | 0.0622 | 0.0495 | 0.1094 | 0.0701 | 0.0762 | 0.0663 | 0.0903 | 0.1267 | 0.0698 | 0.0306 | 0.0651 | 0.0717 | 0.1031 |
| 1206 | 工业用水重复利用率 | 0.1022 | 0.0707 | 0.0979 | 0.0382 | 0.1479 | 0.0819 | 0.0715 | 0.0932 | 0.0870 | 0.1206 | 0.0698 | 0.2168 | 0.3558 | 0.0960 | 0.2616 |
| 1207 | 万元农业 GDP 用水量 | 0.0671 | 0.0803 | 0.1037 | 0.2874 | 0.1101 | 0.0819 | 0.0917 | 0.0747 | 0.1106 | 0.0722 | 0.0925 | 0.2168 | 0.0663 | 0.0754 | 0.0341 |
| 1209 | 节灌率 | 0.1326 | 0.1421 | 0.0728 | 0.0544 | 0.0770 | 0.1120 | 0.0867 | 0.0766 | 0.0801 | 0.0998 | 0.0984 | 0.0352 | 0.0910 | 0.0773 | 0.0877 |
| 1301 | 人均城市污水排放量 | 0.0564 | 0.1398 | 0.0682 | 0.0538 | 0.0963 | 0.0947 | 0.0875 | 0.0720 | 0.2460 | 0.0804 | 0.1771 | 0.1150 | 0.0567 | 0.0934 | 0.0419 |
| 1302 | 万元工业增加值废水排放量 | 0.0872 | 0.0948 | 0.0639 | 0.0947 | 0.0665 | 0.0803 | 0.0824 | 0.0809 | 0.0640 | 0.1225 | 0.0818 | 0.0336 | 0.0625 | 0.0898 | 0.0932 |
| 1401 | 城市再生水利用率 | 0.1656 | 0.0980 | 0.2504 | 0.1784 | 0.1297 | 0.1483 | 0.1332 | 0.2708 | 0.0713 | 0.0880 | 0.0847 | 0.0329 | 0.0682 | 0.2231 | 0.2417 |

表 6.19 土地资源指标的最终权重（2005 年）

| 编号 | 指标 | 安徽 | 北京 | 福建 | 甘肃 | 广东 | 广西 | 贵州 | 海南 | 河北 | 河南 | 黑龙江 | 湖北 | 湖南 | 吉林 | 江苏 |
|---|---|---|---|---|---|---|---|---|---|---|---|---|---|---|---|---|
| 2101 | 当年土地开发面积与未利用地面积的比值 | 0.1084 | 0.1216 | 0.1198 | 0.1231 | 0.1079 | 0.1697 | 0.0781 | 0.0726 | 0.1063 | 0.1182 | 0.2516 | 0.1099 | 0.0986 | 0.1019 | 0.1250 |
| 2201 | 土地资源利用效率 | 0.1952 | 0.1132 | 0.1854 | 0.2083 | 0.1094 | 0.1754 | 0.2206 | 0.1580 | 0.1615 | 0.1620 | 0.2094 | 0.2067 | 0.1976 | 0.2431 | 0.1236 |
| 2202 | 单位建设用地非农业产值 | 0.1349 | 0.1052 | 0.1149 | 0.1081 | 0.1015 | 0.0717 | 0.0914 | 0.1143 | 0.1053 | 0.1184 | 0.0817 | 0.1098 | 0.0990 | 0.1216 | 0.1194 |
| 2203 | 单位耕地面积农业产值 | 0.1132 | 0.1019 | 0.0934 | 0.0977 | 0.0919 | 0.0704 | 0.1326 | 0.0643 | 0.1033 | 0.1137 | 0.1178 | 0.1076 | 0.0907 | 0.1287 | 0.1156 |
| 2204 | 每公顷播种面积谷物产量 | 0.1147 | 0.1218 | 0.1156 | 0.0903 | 0.1078 | 0.0759 | 0.0847 | 0.0969 | 0.1212 | 0.1148 | 0.0734 | 0.0970 | 0.0892 | 0.0838 | 0.1109 |
| 2205 | 未利用地面积占土地总面积比重 | 0.0826 | 0.1007 | 0.0927 | 0.0704 | 0.0818 | 0.0637 | 0.0626 | 0.0590 | 0.0960 | 0.0966 | 0.0629 | 0.0907 | 0.0766 | 0.0780 | 0.1106 |
| 2301 | 土地沙化面积占土地总面积的比重 | 0.0705 | 0.0844 | 0.0783 | 0.0829 | 0.0711 | 0.0463 | 0.0506 | 0.0486 | 0.0895 | 0.0821 | 0.0503 | 0.0718 | 0.0637 | 0.0701 | 0.0901 |
| 2302 | 土地荒漠化面积占土地总面积的比重 | 0.0736 | 0.0796 | 0.0843 | 0.0825 | 0.0717 | 0.0464 | 0.0507 | 0.0478 | 0.0858 | 0.0760 | 0.0501 | 0.0705 | 0.0645 | 0.0664 | 0.0820 |
| 2401 | 土地复垦面积占耕地面积的比率 | 0.1070 | 0.1716 | 0.1154 | 0.1367 | 0.2569 | 0.2804 | 0.2286 | 0.3385 | 0.1309 | 0.1182 | 0.1030 | 0.1359 | 0.2200 | 0.1065 | 0.1228 |

| 编号 | 指标 | 江西 | 辽宁 | 内蒙古 | 宁夏 | 青海 | 山东 | 山西 | 陕西 | 上海 | 四川 | 天津 | 新疆 | 云南 | 浙江 | 重庆 |
|---|---|---|---|---|---|---|---|---|---|---|---|---|---|---|---|---|
| 2101 | 当年土地开发面积与未利用地面积的比值 | 0.0891 | 0.1100 | 0.1613 | 0.1145 | 0.1135 | 0.1239 | 0.0929 | 0.0931 | 0.1183 | 0.1010 | 0.0916 | 0.1243 | 0.2166 | 0.1275 | 0.0748 |
| 2201 | 土地资源利用效率 | 0.1987 | 0.1656 | 0.2089 | 0.1971 | 0.2212 | 0.1244 | 0.1957 | 0.2278 | 0.1108 | 0.2330 | 0.0874 | 0.2169 | 0.2408 | 0.1290 | 0.1375 |
| 2202 | 单位建设用地非农业产值 | 0.0909 | 0.1084 | 0.0847 | 0.0914 | 0.0999 | 0.1211 | 0.0919 | 0.0933 | 0.1055 | 0.0911 | 0.0868 | 0.0968 | 0.0823 | 0.1185 | 0.0747 |
| 2203 | 单位耕地面积农业产值 | 0.0880 | 0.1056 | 0.0892 | 0.1100 | 0.0783 | 0.1156 | 0.1439 | 0.1321 | 0.1187 | 0.0840 | 0.0842 | 0.0687 | 0.0525 | 0.1116 | 0.1396 |

续表

| 编号 | 指标 | 江西 | 辽宁 | 内蒙古 | 宁夏 | 青海 | 山东 | 山西 | 陕西 | 上海 | 四川 | 天津 | 新疆 | 云南 | 浙江 | 重庆 |
|---|---|---|---|---|---|---|---|---|---|---|---|---|---|---|---|---|
| 2204 | 每公顷播种面积谷物产量 | 0.0877 | 0.0938 | 0.0609 | 0.0787 | 0.0707 | 0.1117 | 0.1202 | 0.1220 | 0.1182 | 0.0868 | 0.0909 | 0.0495 | 0.0996 | 0.1159 | 0.0708 |
| 2205 | 未利用地面积占土地总面积比重 | 0.0710 | 0.0917 | 0.0502 | 0.0602 | 0.0616 | 0.0994 | 0.0929 | 0.0681 | 0.1328 | 0.0706 | 0.0744 | 0.0917 | 0.0687 | 0.0988 | 0.0577 |
| 2301 | 土地沙化面积占土地总面积的比重 | 0.0586 | 0.0758 | 0.0951 | 0.0771 | 0.0515 | 0.0884 | 0.0650 | 0.0691 | 0.0942 | 0.0605 | 0.0607 | 0.0981 | 0.0526 | 0.0829 | 0.0482 |
| 2302 | 土地荒漠化面积占土地总面积的比重 | 0.0643 | 0.0772 | 0.0923 | 0.1162 | 0.0505 | 0.0908 | 0.0735 | 0.0769 | 0.0923 | 0.0594 | 0.0602 | 0.1023 | 0.0526 | 0.0863 | 0.0491 |
| 2401 | 土地复垦面积占耕地面积的比率 | 0.2518 | 0.1719 | 0.1575 | 0.1548 | 0.2527 | 0.1248 | 0.1241 | 0.1175 | 0.1092 | 0.2136 | 0.3638 | 0.1516 | 0.1343 | 0.1296 | 0.3476 |

表 6.20　矿产资源指标的最终权重（2005 年）

| 编号 | 指标 | 安徽 | 北京 | 福建 | 甘肃 | 广东 | 广西 | 贵州 | 海南 | 河北 | 河南 | 黑龙江 | 湖北 | 湖南 | 吉林 | 江苏 |
|---|---|---|---|---|---|---|---|---|---|---|---|---|---|---|---|---|
| 3301 | 万元工业增加值固体废弃物排放量 | 0.5000 | 0.5000 | 0.5000 | 0.5000 | 0.5000 | 0.5000 | 0.5000 | 0.5000 | 0.5000 | 0.5000 | 0.5000 | 0.5000 | 0.5000 | 0.5000 | 0.5000 |
| 3302 | 工业固体废弃物排放率 | 0.5000 | 0.5000 | 0.5000 | 0.5000 | 0.5000 | 0.5000 | 0.5000 | 0.5000 | 0.5000 | 0.5000 | 0.5000 | 0.5000 | 0.5000 | 0.5000 | 0.5000 |

| 编号 | 指标 | 江西 | 辽宁 | 内蒙古 | 宁夏 | 青海 | 山东 | 山西 | 陕西 | 上海 | 四川 | 天津 | 新疆 | 云南 | 浙江 | 重庆 |
|---|---|---|---|---|---|---|---|---|---|---|---|---|---|---|---|---|
| 3301 | 万元工业增加值固体废弃物排放量 | 0.5000 | 0.5000 | 0.5000 | 0.5000 | 0.5000 | 0.5000 | 0.5000 | 0.5000 | 0.5000 | 0.5000 | 0.5000 | 0.5000 | 0.5000 | 0.5000 | 0.5000 |
| 3302 | 工业固体废弃物排放率 | 0.5000 | 0.5000 | 0.5000 | 0.5000 | 0.5000 | 0.5000 | 0.5000 | 0.5000 | 0.5000 | 0.5000 | 0.5000 | 0.5000 | 0.5000 | 0.5000 | 0.5000 |

表 6.21 能源指标的最终权重(2005 年)

| 编号 | 指标 | 安徽 | 北京 | 福建 | 甘肃 | 广东 | 广西 | 贵州 | 海南 | 河北 | 河南 | 黑龙江 | 湖北 | 湖南 | 吉林 | 江苏 |
|---|---|---|---|---|---|---|---|---|---|---|---|---|---|---|---|---|
| 4201 | 万元 GDP 能耗 | 0.1245 | 0.1009 | 0.1115 | 0.1318 | 0.0980 | 0.1226 | 0.1483 | 0.1165 | 0.1375 | 0.1366 | 0.1401 | 0.1468 | 0.1270 | 0.1457 | 0.1174 |
| 4202 | 万元 GDP 电耗 | 0.1129 | 0.0963 | 0.1091 | 0.1450 | 0.1001 | 0.1142 | 0.1556 | 0.1099 | 0.1162 | 0.1237 | 0.1179 | 0.1271 | 0.1090 | 0.1194 | 0.1164 |
| 4204 | 输配电损失率 | 0.0856 | 0.1236 | 0.1371 | 0.1052 | 0.1066 | 0.1388 | 0.1055 | 0.1618 | 0.1262 | 0.1364 | 0.1239 | 0.0939 | 0.1644 | 0.0912 | 0.1509 |
| 4205 | 市辖区居民人均生活用电量 | 0.0955 | 0.1806 | 0.1750 | 0.0896 | 0.1923 | 0.0929 | 0.1241 | 0.1055 | 0.1062 | 0.0941 | 0.1347 | 0.1252 | 0.1372 | 0.1150 | 0.1395 |
| 4206 | 城市人均消耗液化石油气量 | 0.2225 | 0.1947 | 0.1310 | 0.1083 | 0.2094 | 0.1285 | 0.0839 | 0.1329 | 0.1146 | 0.1193 | 0.1181 | 0.1075 | 0.1157 | 0.1189 | 0.1403 |
| 4207 | 万元工业增加值终端耗电量 | 0.1108 | 0.0906 | 0.1050 | 0.1076 | 0.0959 | 0.1092 | 0.1045 | 0.1079 | 0.1084 | 0.1183 | 0.1157 | 0.1222 | 0.1054 | 0.1170 | 0.1127 |
| 4301 | 万元工业增加值废气排放量 | 0.1312 | 0.1004 | 0.1113 | 0.1294 | 0.0941 | 0.1641 | 0.1179 | 0.1391 | 0.1462 | 0.1372 | 0.1213 | 0.1438 | 0.1201 | 0.1357 | 0.1161 |
| 4401 | 工业固体废物综合利用率 | 0.1170 | 0.1129 | 0.1199 | 0.1829 | 0.1035 | 0.1297 | 0.1603 | 0.1264 | 0.1448 | 0.1345 | 0.1283 | 0.1335 | 0.1213 | 0.1570 | 0.1068 |

| 编号 | 指标 | 江西 | 辽宁 | 内蒙古 | 宁夏 | 青海 | 山东 | 山西 | 陕西 | 上海 | 四川 | 天津 | 新疆 | 云南 | 浙江 | 重庆 |
|---|---|---|---|---|---|---|---|---|---|---|---|---|---|---|---|---|
| 4201 | 万元 GDP 能耗 | 0.1122 | 0.1296 | 0.1518 | 0.1711 | 0.1379 | 0.1436 | 0.1580 | 0.1265 | 0.1101 | 0.1185 | 0.1282 | 0.1319 | 0.1260 | 0.1110 | 0.1144 |
| 4202 | 万元 GDP 电耗 | 0.1043 | 0.1098 | 0.1230 | 0.1709 | 0.1657 | 0.1280 | 0.1383 | 0.1137 | 0.1065 | 0.1031 | 0.1189 | 0.1032 | 0.1129 | 0.1110 | 0.0994 |
| 4204 | 输配电损失率 | 0.1564 | 0.1162 | 0.0832 | 0.1030 | 0.0772 | 0.0971 | 0.1181 | 0.1134 | 0.1195 | 0.1827 | 0.1342 | 0.1566 | 0.1665 | 0.1243 | 0.1249 |
| 4205 | 市辖区居民人均生活用电量 | 0.0883 | 0.1308 | 0.0840 | 0.0716 | 0.1013 | 0.1298 | 0.0881 | 0.0859 | 0.2248 | 0.0800 | 0.1545 | 0.1333 | 0.0816 | 0.1491 | 0.1217 |
| 4206 | 城市人均消耗液化石油气量 | 0.1084 | 0.1196 | 0.1168 | 0.0757 | 0.0900 | 0.1209 | 0.0856 | 0.1173 | 0.1324 | 0.1904 | 0.1300 | 0.1215 | 0.1121 | 0.1829 | 0.2180 |
| 4207 | 万元工业增加值终端耗电量 | 0.1016 | 0.1039 | 0.1154 | 0.1343 | 0.1186 | 0.1263 | 0.1145 | 0.1064 | 0.1039 | 0.0976 | 0.1159 | 0.0988 | 0.1038 | 0.1072 | 0.0954 |
| 4301 | 万元工业增加值废气排放量 | 0.1246 | 0.1316 | 0.1571 | 0.1553 | 0.1163 | 0.1310 | 0.1439 | 0.1175 | 0.1072 | 0.1094 | 0.1214 | 0.1202 | 0.1238 | 0.1116 | 0.1191 |
| 4401 | 工业固体废物综合利用率 | 0.2042 | 0.1584 | 0.1688 | 0.1182 | 0.1931 | 0.1233 | 0.1534 | 0.2194 | 0.0955 | 0.1184 | 0.0968 | 0.1344 | 0.1733 | 0.1029 | 0.1072 |

表 6.22 其他指标的最终权重（2005 年）

| 编号 | 指标 | 安徽 | 北京 | 福建 | 甘肃 | 广东 | 广西 | 贵州 | 海南 | 河北 | 河南 | 黑龙江 | 湖北 | 湖南 | 吉林 | 江苏 |
|---|---|---|---|---|---|---|---|---|---|---|---|---|---|---|---|---|
| 5103 | 每公顷耕地化肥施用量 | 0.0542 | 0.0814 | 0.0893 | 0.0425 | 0.0702 | 0.0507 | 0.0325 | 0.0446 | 0.0586 | 0.0649 | 0.0443 | 0.0607 | 0.0603 | 0.0425 | 0.0714 |
| 5201 | 人均生活垃圾清运量 | 0.0440 | 0.0850 | 0.0595 | 0.0528 | 0.0610 | 0.0359 | 0.0400 | 0.0449 | 0.0570 | 0.0491 | 0.0581 | 0.0543 | 0.0495 | 0.0500 | 0.0586 |
| 5202 | 生活垃圾无害化处理率 | 0.1143 | 0.0522 | 0.0457 | 0.1181 | 0.0593 | 0.0441 | 0.0373 | 0.0356 | 0.0623 | 0.0508 | 0.0854 | 0.0485 | 0.0692 | 0.0603 | 0.0440 |
| 5203 | 农村累计粪便无害化处理率 | 0.0509 | 0.0630 | 0.0596 | 0.0570 | 0.0644 | 0.0428 | 0.0658 | 0.0405 | 0.0688 | 0.0656 | 0.0523 | 0.0506 | 0.0851 | 0.0477 | 0.0612 |
| 5204 | 城市污水处理率 | 0.0573 | 0.0670 | 0.0678 | 0.0701 | 0.0744 | 0.0596 | 0.0704 | 0.0384 | 0.0622 | 0.0672 | 0.0815 | 0.0641 | 0.0740 | 0.0840 | 0.0447 |
| 5205 | 工业废水排放达标率 | 0.0360 | 0.0513 | 0.0435 | 0.0675 | 0.0649 | 0.0533 | 0.0566 | 0.0348 | 0.0419 | 0.0492 | 0.0489 | 0.0553 | 0.0551 | 0.0550 | 0.0407 |
| 5206 | 工业固体废弃物处置率 | 0.0950 | 0.0767 | 0.0612 | 0.0614 | 0.1053 | 0.1677 | 0.0366 | 0.2070 | 0.0550 | 0.0655 | 0.0836 | 0.1866 | 0.1018 | 0.2131 | 0.2231 |
| 5207 | 三废综合利用产品产值占 GDP 比重 | 0.0551 | 0.1210 | 0.0811 | 0.0493 | 0.0871 | 0.0414 | 0.0334 | 0.0613 | 0.0560 | 0.0611 | 0.0695 | 0.0416 | 0.0550 | 0.0513 | 0.0530 |
| 5208 | 污染直接经济损失占 GDP 比重 | 0.0400 | 0.0501 | 0.0395 | 0.0442 | 0.0600 | 0.0405 | 0.0285 | 0.0286 | 0.0358 | 0.0343 | 0.0350 | 0.0365 | 0.0428 | 0.0305 | 0.0492 |
| 5301 | 人均 GDP | 0.0686 | 0.0594 | 0.0525 | 0.0747 | 0.0461 | 0.0648 | 0.0655 | 0.0502 | 0.0575 | 0.0639 | 0.0569 | 0.0624 | 0.0673 | 0.0520 | 0.0451 |
| 5302 | 第三产业比重 | 0.0509 | 0.0511 | 0.0647 | 0.0519 | 0.0573 | 0.0485 | 0.0403 | 0.0409 | 0.0659 | 0.0681 | 0.0637 | 0.0532 | 0.0546 | 0.0494 | 0.0644 |
| 5303 | 城市化率 | 0.1113 | 0.0724 | 0.1031 | 0.1164 | 0.0713 | 0.1203 | 0.2369 | 0.1519 | 0.1043 | 0.1177 | 0.0594 | 0.0886 | 0.1021 | 0.0618 | 0.0706 |
| 5304 | 城市用水普及率 | 0.0445 | 0.0501 | 0.0416 | 0.0511 | 0.0394 | 0.0527 | 0.0328 | 0.0408 | 0.0359 | 0.0456 | 0.0651 | 0.0666 | 0.0469 | 0.0510 | 0.0429 |
| 5305 | 城市用气普及率 | 0.0587 | 0.0522 | 0.0427 | 0.0855 | 0.0412 | 0.0553 | 0.0528 | 0.0391 | 0.0404 | 0.0659 | 0.0651 | 0.0654 | 0.0594 | 0.0517 | 0.0406 |
| 5401 | 技术市场成交额占 GDP 的比重 | 0.1192 | 0.0670 | 0.1483 | 0.0576 | 0.0981 | 0.1222 | 0.1706 | 0.1413 | 0.1985 | 0.1313 | 0.1314 | 0.0655 | 0.0769 | 0.0999 | 0.0904 |

续表

| 编号 | 指标 | 江西 | 辽宁 | 内蒙古 | 宁夏 | 青海 | 山东 | 山西 | 陕西 | 上海 | 四川 | 天津 | 新疆 | 云南 | 浙江 | 重庆 |
|---|---|---|---|---|---|---|---|---|---|---|---|---|---|---|---|---|
| 5103 | 每公顷耕地化肥施用量 | 0.0602 | 0.0638 | 0.0427 | 0.0453 | 0.0307 | 0.0651 | 0.0441 | 0.0507 | 0.0649 | 0.0484 | 0.0645 | 0.0343 | 0.0416 | 0.0612 | 0.0509 |
| 5201 | 人均生活垃圾清运量 | 0.0481 | 0.0717 | 0.0537 | 0.0529 | 0.0408 | 0.0561 | 0.0530 | 0.0560 | 0.0676 | 0.0476 | 0.0617 | 0.0547 | 0.0436 | 0.0603 | 0.0476 |
| 5202 | 生活垃圾无害化处理率 | 0.0602 | 0.0705 | 0.0622 | 0.0520 | 0.0248 | 0.0521 | 0.1333 | 0.0703 | 0.0870 | 0.0550 | 0.0473 | 0.0533 | 0.0368 | 0.0450 | 0.0533 |
| 5203 | 农村累计粪便无害化处理率 | 0.0550 | 0.0769 | 0.0648 | 0.0733 | 0.0394 | 0.0508 | 0.0583 | 0.0769 | 0.0421 | 0.0924 | 0.0536 | 0.0482 | 0.0480 | 0.0472 | 0.0751 |
| 5204 | 城市污水处理率 | 0.0879 | 0.0848 | 0.0602 | 0.0569 | 0.0855 | 0.0561 | 0.0547 | 0.0886 | 0.0518 | 0.0722 | 0.0628 | 0.0325 | 0.0470 | 0.0599 | 0.0834 |
| 5205 | 工业废水排放达标率 | 0.0526 | 0.0547 | 0.0766 | 0.0739 | 0.0857 | 0.0379 | 0.0528 | 0.0486 | 0.0444 | 0.0570 | 0.0390 | 0.0639 | 0.0552 | 0.0430 | 0.0461 |
| 5206 | 工业固体废弃物处置率 | 0.0469 | 0.0665 | 0.1168 | 0.0497 | 0.2486 | 0.1847 | 0.0465 | 0.0550 | 0.2101 | 0.0768 | 0.2490 | 0.1052 | 0.0456 | 0.1554 | 0.1396 |
| 5207 | 三废综合利用产品产值占GDP比重 | 0.0568 | 0.0790 | 0.0697 | 0.0529 | 0.0649 | 0.0508 | 0.0438 | 0.0867 | 0.1026 | 0.0440 | 0.0816 | 0.0412 | 0.0374 | 0.0578 | 0.0673 |
| 5208 | 污染直接经济损失占GDP比重 | 0.0402 | 0.0462 | 0.0334 | 0.0356 | 0.0248 | 0.0352 | 0.0327 | 0.0367 | 0.0392 | 0.0380 | 0.0384 | 0.0262 | 0.0383 | 0.0423 | 0.0350 |
| 5301 | 人均GDP | 0.0757 | 0.0576 | 0.0494 | 0.0645 | 0.0492 | 0.0436 | 0.0578 | 0.0703 | 0.0460 | 0.0728 | 0.0462 | 0.0416 | 0.0677 | 0.0457 | 0.0663 |
| 5302 | 第三产业比重 | 0.0658 | 0.0710 | 0.0537 | 0.0510 | 0.0400 | 0.0667 | 0.0548 | 0.0586 | 0.0544 | 0.0575 | 0.0598 | 0.0421 | 0.0490 | 0.0594 | 0.0528 |
| 5303 | 城市化率 | 0.1078 | 0.0733 | 0.0758 | 0.0735 | 0.0948 | 0.0818 | 0.0840 | 0.1091 | 0.0517 | 0.1152 | 0.0579 | 0.3172 | 0.2823 | 0.1124 | 0.0939 |
| 5304 | 城市用水普及率 | 0.0485 | 0.0564 | 0.0547 | 0.0967 | 0.0248 | 0.0702 | 0.0452 | 0.0454 | 0.0393 | 0.0393 | 0.0384 | 0.0264 | 0.0526 | 0.0388 | 0.0655 |
| 5305 | 城市用气普及率 | 0.0579 | 0.0574 | 0.0654 | 0.0911 | 0.0453 | 0.0601 | 0.0639 | 0.0562 | 0.0392 | 0.0524 | 0.0396 | 0.0304 | 0.0709 | 0.0386 | 0.0677 |
| 5401 | 技术市场成交额占GDP的比重 | 0.1366 | 0.0703 | 0.1208 | 0.1308 | 0.1008 | 0.0888 | 0.1752 | 0.0910 | 0.0596 | 0.1314 | 0.0603 | 0.0830 | 0.0840 | 0.1330 | 0.0553 |

**表 6.23　全国 30 个省级行政区资源节约型社会发展水平评价结果(2005 年)**

| 评价<br>对象 | 水资源<br>子节约度 | 土地资源<br>子节约度 | 矿产资源<br>子节约度 | 能源<br>子节约度 | 其他<br>子节约度 | 资源<br>节约度 | 节约<br>等级 |
|---|---|---|---|---|---|---|---|
| 山东 | 0.6685 | 0.6921 | 1.0000 | 0.7599 | 0.4744 | 0.7190 | 较为节约 |
| 北京 | 0.6984 | 0.6789 | 0.8488 | 0.5533 | 0.7315 | 0.7022 | 较为节约 |
| 上海 | 0.5200 | 0.8025 | 0.9979 | 0.6077 | 0.5404 | 0.6937 | 较为节约 |
| 江苏 | 0.5693 | 0.6991 | 1.0000 | 0.6602 | 0.5008 | 0.6859 | 较为节约 |
| 辽宁 | 0.6110 | 0.5831 | 0.9669 | 0.5862 | 0.6387 | 0.6772 | 较为节约 |
| 天津 | 0.6598 | 0.4608 | 1.0000 | 0.6966 | 0.5289 | 0.6692 | 较为节约 |
| 浙江 | 0.5150 | 0.7234 | 0.9502 | 0.6151 | 0.5078 | 0.6623 | 较为节约 |
| 福建 | 0.5000 | 0.6647 | 0.9574 | 0.6130 | 0.5465 | 0.6563 | 较为节约 |
| 河南 | 0.4627 | 0.6475 | 0.9826 | 0.6948 | 0.4584 | 0.6492 | 较为节约 |
| 河北 | 0.6362 | 0.5653 | 0.8811 | 0.6167 | 0.4846 | 0.6368 | 较为节约 |
| 吉林 | 0.4574 | 0.5200 | 0.9761 | 0.7029 | 0.3940 | 0.6101 | 较为节约 |
| 安徽 | 0.4117 | 0.5710 | 0.9999 | 0.6422 | 0.4215 | 0.6093 | 较为节约 |
| 黑龙江 | 0.5302 | 0.3397 | 1.0000 | 0.7012 | 0.4711 | 0.6085 | 较为节约 |
| 湖北 | 0.4136 | 0.5820 | 0.8684 | 0.7286 | 0.4483 | 0.6082 | 较为节约 |
| 广东 | 0.4310 | 0.5771 | 0.8967 | 0.5311 | 0.5159 | 0.5904 | 较不节约 |
| 陕西 | 0.5056 | 0.4649 | 0.7102 | 0.6034 | 0.4754 | 0.5519 | 较不节约 |
| 江西 | 0.3072 | 0.4397 | 0.9118 | 0.5895 | 0.5068 | 0.5510 | 较不节约 |
| 海南 | 0.4350 | 0.3278 | 0.9928 | 0.6530 | 0.3212 | 0.5460 | 较不节约 |
| 四川 | 0.5699 | 0.4408 | 0.5852 | 0.5439 | 0.4691 | 0.5218 | 较不节约 |
| 山西 | 0.6450 | 0.4603 | 0.4036 | 0.5905 | 0.4291 | 0.5057 | 较不节约 |
| 湖南 | 0.2902 | 0.4987 | 0.5949 | 0.6296 | 0.4651 | 0.4957 | 较不节约 |
| 内蒙古 | 0.4434 | 0.2187 | 0.6567 | 0.6204 | 0.4418 | 0.4762 | 较不节约 |
| 甘肃 | 0.5014 | 0.2418 | 0.5773 | 0.5424 | 0.4360 | 0.4598 | 较不节约 |
| 云南 | 0.3622 | 0.3731 | 0.5831 | 0.5711 | 0.4001 | 0.4579 | 较不节约 |
| 宁夏 | 0.2498 | 0.3051 | 0.7970 | 0.4848 | 0.4326 | 0.4538 | 较不节约 |
| 贵州 | 0.5003 | 0.3545 | 0.5001 | 0.5031 | 0.3039 | 0.4324 | 较不节约 |
| 广西 | 0.2794 | 0.3019 | 0.5263 | 0.6356 | 0.3937 | 0.4274 | 较不节约 |
| 青海 | 0.3266 | 0.1986 | 0.8410 | 0.4705 | 0.2940 | 0.4261 | 较不节约 |
| 重庆 | 0.2173 | 0.3419 | 0.3479 | 0.5389 | 0.4709 | 0.3834 | 不节约 |
| 新疆 | 0.1592 | 0.1984 | 0.4396 | 0.5651 | 0.2960 | 0.3316 | 不节约 |

#### 6.3.5　结果分析

##### 1. 水资源子节约度

2005 年,全国 30 个省级行政区水资源子节约度的柱形图如图 6.7 所示。

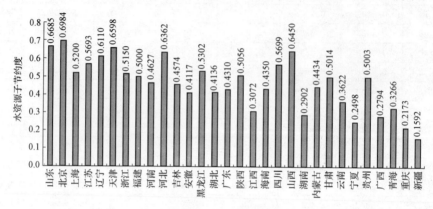

图 6.7　各省级行政区水资源子节约度(2005 年)

由图 6.7 可以看出,水资源子节约度超过 0.6 的有山东、北京、辽宁、天津、河北和山西等 6 个地区;在 0.4 和 0.6 之间有上海、江苏、浙江、福建、河南、吉林、安徽、黑龙江、湖北、广东、陕西、海南、四川、内蒙古、甘肃和贵州等 16 个地区;在 0.2 和 0.4 之间有江西、湖南、云南、宁夏、广西、青海和重庆等 7 个地区;低于 0.2 的仅有新疆 1 个地区。其中,水资源子节约度最高的地区是北京,最低的地区是新疆。

从表 6.13 中可得知,北京地区的万元 GDP 用水量、万元工业增加值用水量、工业用水重复利用率、节灌率、万元工业增加值废水排放量及城市再生水利用率指标的子节约度均超过 0.8,因此北京地区的水资源子节约度才会达到全国 30 个省级行政区中最高水平,为 0.6984;而新疆的万元 GDP 用水量、工业用水重复利用率及万元农业 GDP 用水量指标的子节约度均为 0,故新疆地区的水资源子节约度仅为 0.1592,为全国最低水平。

##### 2. 土地资源子节约度

2005 年,全国 30 个省级行政区土地资源子节约度的柱形图如图 6.8 所示。

通过图 6.8 对比可得,全国 30 个省级行政区的土地资源子节约度相差较大。上海最高,为 0.8025,其次为浙江;新疆最低,仅为 0.1984,其次为青海,也不超过 0.2。由表 6.14 可知,对土地开发面积与未利用地面积的比值指标的子节约度,上

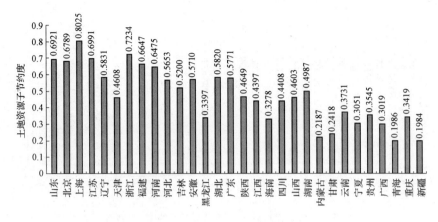

图 6.8　各省级行政区土地资源子节约度(2005 年)

海最高,达到 0.7499,黑龙江最低,仅为 0.0314,而青海、新疆、内蒙古、云南、宁夏、甘肃和广西均低于 0.3。对土地资源利用效率指标的子节约度,各省级行政区相差悬殊。其中,上海最高(0.8074),其次为北京(0.6710);而青海最低,仅为0.0048,新疆、四川、云南、宁夏、内蒙古、黑龙江、贵州和甘肃等地均低于 0.1。对单位建设用地非农业产值指标的子节约度,上海最高(0.8521),其次为北京(0.7322);而甘肃、青海和新疆等地均在 0.2～0.3。对单位耕地面积农业产值指标的子节约度,云南最高(1.0),其次为福建、北京、广东和上海等地;重庆最低(0.2167),贵州其次(0.2671)。对每公顷播种面积谷物产量指标的子节约度,吉林最高(0.7619),其次为上海(0.7503);甘肃最低(0.3514)。对未利用地面积占土地总面积比重指标的子节约度,陕西最高(0.8738),其次为广东(0.8532);新疆最低,仅为 0.2861。对土地沙化面积占土地总面积比重指标的子节约度,总体较好。其中,浙江最高(1.0),其次为重庆(0.9994);最低的为新疆(0.2509),其次为内蒙古(0.2934)。对土地荒漠化面积占土地总面积的比重指标的子节约度,河南最高(0.9988),其次为云南(0.9982);新疆最低,仅为 0.2298。对土地复垦面积占耕地面积的比率指标的子节约度,上海最高(0.8204),而海南、青海和重庆等地均为 0。

### 3. 矿产资源子节约度

2005 年,全国 30 个省级行政区矿产资源子节约度的柱形图如图 6.9 所示。

通过图 6.9 对比可得,山东、江苏、天津和黑龙江的矿产资源子节约度最高(均为 1.0000),重庆最低(0.3479)。由表 6.15 可知,对万元工业增加值固体废弃物排放量指标的子节约度,黑龙江、江苏、山东和天津最高(均为 1.0000);山西最低(0.3452),其次为重庆和贵州。对工业固体废弃物排放率指标的子节约度,安徽、

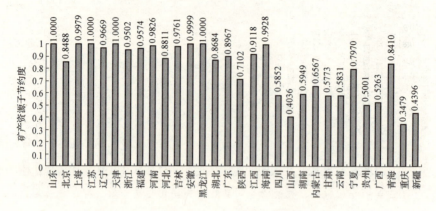

图 6.9　各省级行政区矿产资源子节约度(2005 年)

黑龙江、江苏、山东和天津最高(均为 1.0000);重庆最低,仅为 0.2984。

### 4. 能源子节约度

2005 年,全国 30 个省级行政区能源子节约度的柱形图如图 6.10 所示。

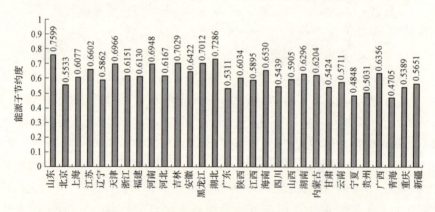

图 6.10　各省级行政区能源子节约度(2005 年)

通过图 6.10 对比可得,全国 30 个省级行政区能源子节约度相差不大。山东的能源子节约度最高(0.7599),青海最低(0.4705),宁夏也未超过 0.5。由表 6.16可知,对万元 GDP 能耗指标的子节约度,广东最高(0.7420),其次为北京(0.7400);宁夏最低(0.2930)。对万元 GDP 电耗指标的子节约度,北京最高(0.7810),宁夏最低(0.2936)。对输配电损失率指标的子节约度,各省级行政区相差较大,其中安徽、湖北、吉林、内蒙古和山东最高(均为 1.0000),四川最低(0.2997)。对市辖区居民人均生活用电量指标的子节约度,内蒙古最高(0.9898),其次为宁夏(0.9764);而上海最低(0.2304),其次为广东(0.2627)。对城市人均消耗液化石油气量指标的子节约度,山西最高(0.9312),重庆最低(0.2001)。对万元工业增加值终端耗电量指标的子节约度,北京最高(0.8361);宁夏最低(0.4465),青海(0.5180)和贵州(0.6484)其次。对万元工业增加值废气排放量指标的子节约度,广东最高(0.7785),上海(0.7470)和北京(0.7445)其次;宁夏最低(0.3507),广西(0.4353)和内蒙古(0.4581)其次。对工业固体废物综合利用率指标的子节约度,天津最高(0.9320),上海其次(0.8520);青海最低(0.2150),陕西其次(0.2400)。

5. 其他子节约度

2005 年,全国 30 个省级行政区其他子节约度的柱形图如图 6.11 所示。

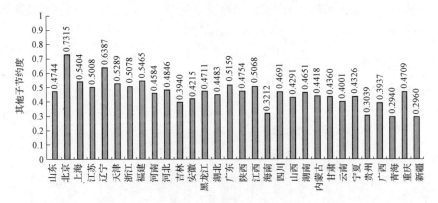

图 6.11　各省级行政区其他子节约度(2005 年)

通过图 6.11 对比可得,全国 30 个省级行政区其他子节约度参差不齐,但相差不算太大。其中,北京最高(0.7315),辽宁其次(0.6387);青海最低(0.2940),新疆其次(0.2960)。由表 6.17 可知,对每公顷耕地化肥施用量指标的子节约度,青海最高(0.7988),其次为黑龙江(0.7812);福建最低(0.3748)。对人均生活垃圾清运量指标的子节约度,广西最高(0.8500),江西其次(0.7600);新疆最低(0.3742)。对生活垃圾无害化处理率指标的子节约度,青海最高(1.0000),北京其次(0.9600);山西最低(0.1310),其次是甘肃(0.1720)。对农村累计粪便无害化处理率指标的子节约度,上海最高(0.9300),其次为北京(0.7873);四川最低(0.2957),贵州其次(0.2997)。对城市污水处理率指标的子节约度,江苏最高(0.8142),上海(0.7445)和北京(0.7348)其次;青海最低(0.1849)。对工业废水排放达标率指标的子节约度,天津最高(0.9840),北京其次(0.9772);青海最低(0.1843),新疆其次(0.2948)。对工业固体废弃物处置率指标的子节约度,各省级行政区相差悬殊。江西最高(0.7801),青海最低(0.0030)。对三废综合利用产品产值占 GDP 比重指标的子节约度,云南最高(0.8092),湖北其次(0.8002),青海和上海最低(均为 0.3000)。对污染直接经济损失占 GDP 比重指标的子节约度,各省级行政区均较高,相差不大,其中北京、上海、天津、山东等多个地区均为 1.0,而广东最低(均为 0.5945)。对人均 GDP 指标的子节约度,上海最高(0.8484),北京(0.8391)和天津(0.8243)其次;贵州最低(0.3016),甘肃其次(0.3743)。对第三产业比重指标的子节约度,北京最高(0.9820),上海其次(0.7050),河南最低(0.4500),河北和山东也均未超过 0.5。对城市化率指标的子节约度,上海最高(0.7462),北京其次(0.6723);新疆最低(0.0),其次是贵州(0.0051),海南和云南也均未超过 0.06。对城市用水普及率指标的子节约度,北京、天津和青海最高(均为 1.0000),而宁夏最低(仅为 0.2467)。对城市用气普及率指标的子节约度,上海最高(1.0000),其次为天津(0.9700);宁夏最低(0.2729),其次是甘肃(0.3043)。对技术市场成交额占 GDP 的比重指标的子节约度,北京最高(0.7358),其次为上海(0.6340),而贵州最低(0.0300),海南、河北及山西均未超过 0.1。

　　6. 资源节约度

　　2005 年,全国 30 个省级行政区资源节约度的柱形图如图 6.12 所示。

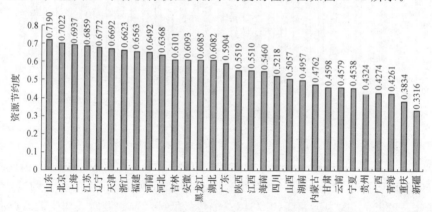

图 6.12　各省级行政区资源节约度(2005 年)

　　利用上述评价方法计算得到的结果见表 6.23,表征我国各地区资源节约型社会的相对水平。

　　根据表 6.23 的评价结果可将全国 30 个省级行政区分为以下三个区域:①较为节约区,包括山东、北京、上海、江苏、辽宁、天津、浙江、福建、河南、河北、吉林、安徽、黑龙江和湖北等 14 个省市区;②较不节约区,包括广东、陕西、江西、海南、四川、山西、湖南、内蒙古、甘肃、云南、宁夏、贵州、广西和青海等 14 个省市区;③不节约区,包括重庆和新疆 2 个省市区。

　　从表 6.23 中资源节约度可以看出,全国各地资源节约型社会的发展水平存在一定的差距,但是差距不算太大,与 2004 年计算结论基本一致,略有变化。其他说明同 2004 年计算部分。

## 6.4　全国 2005 年与 2004 年资源节约型
## 社会评价结果对比分析

通过对比表 6.12(2004 年计算结果)与表 6.23(2005 年计算结果),可得到以下两点结论:

(1) 2004 年和 2005 年的评价结果都将全国 30 个省级行政区分为三个区域,分别为较为节约区、较不节约区和不节约区。

(2) 总体来说,2005 年全国的资源高效利用情况较 2004 年略有进步。2005 年"较为节约"的省级行政区个数为 14 个,比 2004 年增加 2 个;2005 年"较不节约"的省级行政区个数为 14 个,与 2004 年相同;2005 年"不节约"的省级行政区仅有 2 个,较 2004 年减少 2 个。2005 年大部分地区的资源节约度较 2004 年都有所提高。各地区 2005 年比 2004 年资源节约度的增加值如图 6.13 所示。在全国进行评价计算的 30 个省级行政区中,2005 年与 2004 年相比,资源节约度增加的地区有 23 个,占三分之二还多,这与我国近期加快资源节约型社会建设步伐、政府督促及科技发展是相符的。

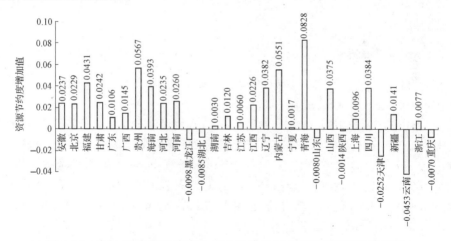

图 6.13　全国 30 个省级行政区 2005 年比 2004 年资源节约度的增加值

# 第7章 河南省地市级行政区资源节约型社会评价

## 7.1 河南省概况

河南省位于我国中东部,黄河中下游,黄淮海平原西南部,大部分地区在黄河以南,故名"河南"。二千多年前,河南是中国九州中心的豫州,所以河南简称"豫",且有"中州"、"中原"之称。河南与河北、山西、陕西、湖北、安徽、山东毗邻。黄河流经河南境内 700 多 km[108]。河南省南北宽 530km,东西长 580km,全省总面积约 16.7 万 km²,居全国各省区市第 17 位,约占全国总面积的 1.73%。河南省地势基本上是西高东低、北坦南凹,北、西、南三面有太行山、伏牛山、桐柏山、大别山沿省界呈半环形分布,间有陷落盆地,中、东部为黄淮海冲积平原;西南部为南阳盆地[109]。按 2005 年的河南省行政区划,全省共有 17 个地级市,包括郑州、开封、洛阳、平顶山、安阳、鹤壁、新乡、焦作、濮阳、许昌、漯河、三门峡、商丘、南阳、信阳、周口、驻马店等[110]。

### 7.1.1 水资源概况

河南省横跨长江、淮河、黄河、海河四大水系,境内 1500 多条河流纵横交织,流域面积 100km² 以上的河流有 493 条[109]。

2005 年,河南省降水量为 1499.7 亿 m³,水资源总量为 558.5 亿 m³,其中,地表水资源量为 435.9 亿 m³,地下水资源量为 219.7 亿 m³,地表水与地下水资源重复量为 97.1 亿 m³,水资源总量在全国省市区排第 17 位。2005 年全省人均水资源量为 597.2m³/人,相当于全国平均值的 1/4,是世界平均值的 1/15。2005 年全省总用水量 197.78 亿 m³,其中,农业用水 114.49 亿 m³,工业用水 45.86 亿 m³,生活用水 33.61 亿 m³,生态用水 3.81 亿 m³;全省用水消耗总量 117.09 亿 m³,占总用水量的 59.2%;全省人均用水量为 211.5m³;万元 GDP(当年价)用水量为 228.24m³;万元工业增加值(当年价)用水量为 135.83m³;城市人均生活用水量 147.1L。2004 年全省废污水排放量为 34.67 亿 t。其中,工业废水占 74.1%,城市生活污水占 25.9%[50]。

### 7.1.2 土地资源概况

河南省自南向北地跨北亚热带和暖温带,分属长江、淮河、黄河、海河等四大流域,分布有大别山、桐柏山、伏牛山、太行山四大山脉。2005 年河南省总人口为 9371 万人,人口密度为 567 人/km²,是全国平均水平的四倍多;人均土地资源量仅为 0.176hm²,不及全国平均水平的四分之一,以占全国 1.7%的土地承载着占全国 7%的人口。河南省的山地丘陵面积 7.4 万 km²,占全省总面积的 44.3%;平原和盆地面积 9.3 万 km²,占总面积的 55.7%[109]。土地利用存在以下问题:①耕地数量锐减,人地矛盾加剧;②耕地生产潜力挖掘不足;③土地集约利用不够;④水土流失现象严重;⑤乱占滥用浪费土地问题突出[111]。

### 7.1.3　矿产资源概况

河南省地层齐全,地质构造复杂,成矿条件优越,蕴藏着丰富的矿产资源,是全国矿产资源大省之一,目前已发现各类矿产 126 种(含亚矿种为 157 种);探明储量的 73 种(含亚矿种为 81 种);已开发利用的 85 种(含亚矿种为 117 种)。其中,能源矿产 6 种,金属矿产 27 种,非金属矿产 38 种。在已探明储量的矿产资源中,居全国首位的有 8 种,居前 3 位的有 19 种,居前 5 位的有 27 种,居前 10 位的有 44 种。钼、蓝晶石、红柱石、天然碱、伊利石黏土、水泥配料用黏土、珍珠岩、霞石正长岩居第 1 位,铸型用砂岩、耐火黏土、蓝石棉、天然油石、玻璃用凝灰岩居第 2 位,镁、钨、铼、镓、铁矾土、水泥用大理岩居第 3 位,铝土矿、石墨、玻璃用石英岩居第 4 位,锂、铯、电石用灰岩、岩棉用玄武岩、玉石居第 5 位[109]。

河南省矿产资源的主要特点:①矿产总量丰富,人均占有量少。河南省能源矿产、金属和非金属矿产总量都很丰富[112],矿产资源潜在价值居全国前 10 位,但人均矿产资源仅为全国的 1/4,居第 22 位。由于长期高强度开采,河南省优势矿产后备资源严重不足[113]。②分布不均衡,区域差异性大。河南省矿产资源的分布明显存在分布不均、相对集中的特点。③选矿,共伴生矿多。这就给找矿、采选矿带来了一定的困难,要求综合开发,综合利用,综合回收共伴生矿[112]。

### 7.1.4　能源概况

河南省是我国重要的能源基地。全省共有煤矿企业 65 个,其中年产量达 1000 万 t 以上的有平顶山煤矿、义马煤矿、焦作煤矿、鹤壁煤矿、郑州煤矿等[114]。河南省的石油保有储量居全国第 8 位,煤炭居第 10 位,天然气居第 11 位[109]。2005 年全年原煤产量 7578.0 万 t,比上年增长 15.4%;原煤开采 590 万 t,天然原油开采 69.12 万 t,天然气开采 1.7 亿 m³[108]。河南省还是我国三大火力发电基地之一,是华中电网的火力发电基地,年发电量居全国第五位。河南省境内已探明有相当数量的石油。天然气储量,建有中原油田和河南油田,油、气产量居全国第 5 位[114]。虽然说河南省是全国重要的能源基地,但是能源形势依然非常严峻,缺乏后备基地,油田的储采比例失调,能源综合利用效率较低。

### 7.1.5　其他

#### 1. 其他资源概况

全省 2003 年林业总产值不足河南省国内生产总值的 3％,速生丰产林只占用材林的 11.47％;经济林结构不合理,产品优质率不足 30％;木材综合利用率只有57％;干鲜果品储藏保鲜率不足 15％,经济林产品加工率仅为 3％[115]。

#### 2. 社会经济概况

2005 年全省地区生产总值 10587.42 亿元,其中,第一产业为 1892.01 亿元,第二产业为 5514.14 亿元,第三产业为 3181.27 亿元,成为全国第五个经济总量超万亿元的省份,比上年增长 14.1％,增速比上年提高 0.4 个百分点,是十年以来的最高水平。2005 年全部国有及规模以上工业增加值达到 3279.31 亿元,农、林、牧、渔业总产值为 3309.7 亿元,经济结构进一步优化,三次产业结构由上年的18.7：51.2：30.1 变化为 17.5：52.6：29.9,二三产业比重比上年提高 1.2 个百分点。工业主导作用进一步增强,全部国有及规模以上工业增加值占生产总值的比重达到 31.92％,比上年提高 5.45 个百分点。全省人均生产总值 11346 元,经济总量和人均水平再上新台阶。区域经济发展势头良好。各地经济呈现普遍快速增长的良好格局。17 个省辖市生产总值、规模以上工业增加值、城镇固定资产投资、社会消费品零售总额均保持两位数增长。县域经济的发展活力和经济实力明显增强,全省县域经济实现生产总值 7250.71 亿元,增长 16.5％,占全省生产总值的比重达 68.8％,比上年提高 1 个百分点[116]。

#### 3. 环境保护概况

河南省 2005 年排放工业废气 15498 亿 $m^3$($V_n$),二氧化硫排放量为162.45 万 t,居全国第一;排放工业污水和生活废水 26.26 亿 t,在省辖四大水系中,Ⅴ类和劣Ⅴ类水质约占 40％,平原浅层地下水受到不同程度的污染,部分农村地区饮水安全受到威胁[113]。

2005 年全省建成环境噪声达标区 244 个,达标面积 1592.2km²,分别比上年增长 6.1％和 12.4％。建成烟尘控制区 247 个,面积达 2204.5km²,分别比上年增长 16.5％和 21.6％。全年完成造林面积 280.08 万亩,年末全省已批准国家级生态示范区 22 个;全省共有自然保护区 32 个,面积 748.4×$10^3$hm²,其中国家级自然保护区 10 个;全省共有森林公园 87 个,其中国家级森林公园 26 个[108]。

#### 4. 科技支持概况

2005 年全省拥有科学研究与技术开发机构 1450 个,从事科技活动人员 14.2

万人。全年科学研究与试验发展(R&D)经费支出 52.4 亿元。全年申请专利 8981
件,授权专利 3748 件,分别比上年增长 45.2% 和 13.0%。综合技术服务取得新成
绩。全省共有 35 种产品荣获"中国名牌产品"称号,比上年增加 15 种,数量居全国
第七,中西部省份第一;41 家企业的 41 种产品获得国家免检产品称号;6 种产品获
得国家地理标志产品保护,总数已达 21 个,居全国第一;制定、修订地方标准 34
项,累计达 430 项。天气雷达观测站点 17 个,卫星云图接收站点 22 个,气象公益
服务站 134 个[116]。

## 7.2　河南省地市级行政区资源节约度计算

### 7.2.1　计算采用的指标

由于河南省矿产资源分区统计资料很少,故进行河南省地市级行政区资源节
约型社会评价时,没有选用矿产资源指标。进行河南省地市级行政区资源节约度
计算所采用的资源节约型社会评价指标体系见表 7.1,共 16 个指标。

表 7.1　采用的评价指标体系

| 资源类型 | 具体指标 | 指标代码 |
|---|---|---|
| 水 | 万元 GDP 用水量 | X1201 |
| | 城市人均日生活用水量 | X1204 |
| | 万元工业增加值废水排放量 | X1302 |
| 土地 | 土地资源利用效率 | X2201 |
| | 每公顷播种面积谷物产量 | X2204 |
| 能源 | 万元 GDP 电耗 | X4202 |
| | 市辖区居民人均生活用电量 | X4205 |
| | 工业固体废物综合利用率 | X4401 |
| 其他 | 工业废水排放达标率 | X5205 |
| | 三废综合利用产品产值占 GDP 比重 | X5207 |
| | 人均 GDP | X5301 |
| | 第三产业比重 | X5302 |
| | 城市化率 | X5303 |
| | 城市用水普及率 | X5304 |
| | 城市用气普及率 | X5305 |
| | 技术市场成交额占 GDP 的比重 | X5401 |

### 7.2.2　子节约度的计算

根据 4.2 节介绍的单指标量化方法,计算出水资源、土地资源、能源和其他各指标的子节约度,见表 7.2～表 7.5。

**表 7.2　水资源指标的子节约度**

| 编号 | 指标 | 安阳 | 鹤壁 | 焦作 | 开封 | 洛阳 | 漯河 | 南阳 | 平顶山 | 濮阳 |
|---|---|---|---|---|---|---|---|---|---|---|
| 1201 | 万元 GDP 用水量 | 0.8886 | 0.9841 | 0.9524 | 0.8734 | 1.0000 | 1.0000 | 1.0000 | 0.9890 | 1.0000 |
| 1204 | 城市人均日生活用水量 | 0.7316 | 0.6092 | 0.9913 | 0.9822 | 0.6366 | 0.6003 | 0.9901 | 0.6408 | 0.7299 |
| 1302 | 万元工业增加值废水排放量 | 0.5143 | 0.7489 | 0.4657 | 0.5161 | 0.6548 | 0.5273 | 0.3392 | 0.7592 | 0.5814 |

| 编号 | 指标 | 三门峡 | 商丘 | 新乡 | 信阳 | 许昌 | 郑州 | 周口 | 驻马店 |
|---|---|---|---|---|---|---|---|---|---|
| 1201 | 万元 GDP 用水量 | 1.0000 | 0.9888 | 0.9634 | 1.0000 | 0.9899 | 1.0000 | 0.9112 | 1.0000 |
| 1204 | 城市人均日生活用水量 | 0.6269 | 0.5978 | 0.8093 | 0.4534 | 0.8272 | 0.6680 | 0.5987 | 0.5729 |
| 1302 | 万元工业增加值废水排放量 | 0.7780 | 0.7488 | 0.2665 | 0.7349 | 0.9069 | 0.7957 | 0.6796 | 0.3811 |

**表 7.3　土地资源指标的子节约度**

| 编号 | 指标 | 安阳 | 鹤壁 | 焦作 | 开封 | 洛阳 | 漯河 | 南阳 | 平顶山 | 濮阳 |
|---|---|---|---|---|---|---|---|---|---|---|
| 2201 | 土地资源利用效率 | 0.4512 | 0.5121 | 0.6097 | 0.3799 | 0.4391 | 0.6051 | 0.2394 | 0.4270 | 0.5401 |
| 2204 | 每公顷播种面积谷物产量 | 0.6475 | 0.7150 | 0.7974 | 0.5826 | 0.4965 | 0.6706 | 0.5664 | 0.4678 | 0.6903 |

| 编号 | 指标 | 三门峡 | 商丘 | 新乡 | 信阳 | 许昌 | 郑州 | 周口 | 驻马店 |
|---|---|---|---|---|---|---|---|---|---|
| 2201 | 土地资源利用效率 | 0.1916 | 0.3143 | 0.3997 | 0.1562 | 0.6047 | 0.6273 | 0.2988 | 0.1990 |
| 2204 | 每公顷播种面积谷物产量 | 0.3735 | 0.6851 | 0.6771 | 0.6942 | 0.7143 | 0.5048 | 0.6912 | 0.5913 |

**表 7.4　能源指标的子节约度**

| 编号 | 指标 | 安阳 | 鹤壁 | 焦作 | 开封 | 洛阳 | 漯河 | 南阳 | 平顶山 | 濮阳 |
|---|---|---|---|---|---|---|---|---|---|---|
| 4202 | 万元 GDP 电耗 | 0.2964 | 0.6465 | 0.2890 | 0.5253 | 0.7305 | 0.7603 | 0.6623 | 0.6579 | 0.6495 |
| 4205 | 市辖区居民人均生活用电量 | 0.5729 | 0.6767 | 0.9320 | 0.9117 | 0.8870 | 0.2583 | 0.7453 | 0.8738 | 0.9434 |
| 4401 | 工业固体废物综合利用率 | 0.6754 | 0.6370 | 0.6402 | 0.7686 | 0.4917 | 1.0000 | 0.6626 | 0.6342 | 0.8732 |

| 编号 | 指标 | 三门峡 | 商丘 | 新乡 | 信阳 | 许昌 | 郑州 | 周口 | 驻马店 |
|---|---|---|---|---|---|---|---|---|---|
| 4202 | 万元 GDP 电耗 | 0.2955 | 0.3866 | 0.6181 | 0.7899 | 0.7014 | 0.6856 | 0.8081 | 0.6776 |
| 4205 | 市辖区居民人均生活用电量 | 0.5349 | 0.2278 | 0.5733 | 0.2677 | 0.8246 | 0.4574 | 0.7090 | 0.4747 |
| 4401 | 工业固体废物综合利用率 | 0.3860 | 1.0000 | 0.9716 | 0.9760 | 0.6457 | 0.6436 | 0.7860 | 0.4855 |

**表 7.5　其他指标的子节约度**

| 编号 | 指标 | 安阳 | 鹤壁 | 焦作 | 开封 | 洛阳 | 漯河 | 南阳 | 平顶山 | 濮阳 |
|---|---|---|---|---|---|---|---|---|---|---|
| 5205 | 工业废水排放达标率 | 0.7754 | 0.6605 | 0.9136 | 0.6638 | 0.6519 | 0.6466 | 0.4982 | 0.8813 | 0.8596 |
| 5207 | 三废综合利用产品产值占 GDP 比重 | 0.7456 | 0.6150 | 0.7684 | 0.2382 | 0.5399 | 0.3552 | 0.7493 | 0.7300 | 0.0859 |
| 5301 | 人均 GDP | 0.4642 | 0.5393 | 0.6858 | 0.4071 | 0.6953 | 0.5328 | 0.4448 | 0.4922 | 0.4726 |
| 5302 | 第三产业比重 | 0.3996 | 0.3469 | 0.4203 | 0.4515 | 0.4767 | 0.2968 | 0.3555 | 0.4189 | 0.3144 |
| 5303 | 城市化率 | 0.1749 | 0.3230 | 0.2943 | 0.1425 | 0.2535 | 0.2067 | 0.0819 | 0.2150 | 0.1291 |
| 5304 | 城市用水普及率 | 1.0000 | 0.9800 | 1.0000 | 0.8080 | 0.5400 | 0.7680 | 0.6800 | 0.6680 | 1.0000 |
| 5305 | 城市用气普及率 | 0.9100 | 0.4128 | 0.8160 | 0.4092 | 0.2691 | 0.8440 | 0.3216 | 0.9360 | 0.9600 |
| 5401 | 技术市场成交额占 GDP 的比重 | 0.1260 | 0.1210 | 0.1226 | 0.1695 | 0.1835 | 0.1467 | 0.1035 | 0.0086 | 0.1322 |
| 编号 | 指标 | 三门峡 | 商丘 | 新乡 | 信阳 | 许昌 | 郑州 | 周口 | 驻马店 | |
| 5205 | 工业废水排放达标率 | 0.5971 | 0.3293 | 0.7261 | 0.7938 | 0.9263 | 0.9017 | 0.8762 | 0.6477 | |
| 5207 | 三废综合利用产品产值占 GDP 比重 | 0.2375 | 0.0707 | 0.5726 | 0.1795 | 0.0959 | 0.4679 | 0.3134 | 0.1408 | |
| 5301 | 人均 GDP | 0.6050 | 0.3564 | 0.4463 | 0.3443 | 0.5540 | 0.8084 | 0.3174 | 0.3303 | |
| 5302 | 第三产业比重 | 0.4467 | 0.4058 | 0.4816 | 0.4857 | 0.3360 | 0.6308 | 0.3871 | 0.4122 | |
| 5303 | 城市化率 | 0.2922 | 0.1159 | 0.3528 | 0.0973 | 0.1851 | 0.4527 | 0.0233 | 0.0295 | |
| 5304 | 城市用水普及率 | 0.9840 | 0.6260 | 0.6020 | 0.8200 | 0.9200 | 1.0000 | 0.8240 | 0.3240 | |
| 5305 | 城市用气普及率 | 0.2820 | 0.2966 | 0.5808 | 0.2966 | 0.7560 | 0.8160 | 0.2691 | 0.3072 | |
| 5401 | 技术市场成交额占 GDP 的比重 | 0.0221 | 0.1419 | 0.0671 | 0.0560 | 0.0596 | 0.3541 | 0.1147 | 0.1111 | |

## 7.2.3　权重的确定

根据各指标的重要程度,采用层次分析法分别对 3 个水资源指标、2 个土地资源指标、3 个能源指标和 8 个其他指标构造判断矩阵。

$$
\begin{bmatrix} 1 & 1 & 2 \\ 1 & 1 & 2 \\ 0.5 & 0.5 & 1 \end{bmatrix}, \quad
\begin{bmatrix} 1 & 1 \\ 1 & 1 \end{bmatrix}, \quad
\begin{bmatrix} 1 & 1 & 1 \\ 1 & 1 & 1 \\ 1 & 1 & 1 \end{bmatrix}, \quad
\begin{bmatrix} 1 & 1 & 1 & 1 & 1 & 1 & 1 & 1 \\ 1 & 1 & 1 & 1 & 1 & 1 & 1 & 1 \\ 1 & 1 & 1 & 1 & 1 & 1 & 1 & 1 \\ 1 & 1 & 1 & 1 & 1 & 1 & 1 & 1 \\ 1 & 1 & 1 & 1 & 1 & 1 & 1 & 1 \\ 1 & 1 & 1 & 1 & 1 & 1 & 1 & 1 \\ 1 & 1 & 1 & 1 & 1 & 1 & 1 & 1 \\ 1 & 1 & 1 & 1 & 1 & 1 & 1 & 1 \end{bmatrix}
$$

最后确定的各类资源的指标初始权重如下：

（1）水资源类的 3 个指标：(0.4,0.4,0.2)。

（2）土地资源类的 2 个指标：(0.5,0.5)。

（3）能源类的 3 个指标：(0.3333,0.3333,0.3333)。

（4）其他类的 8 个指标：(0.125,0.125,0.125,0.125,0.125,0.125,0.125,0.125)。

首先根据 4.2 节介绍的单指标量化方法，计算出水资源、土地资源、能源和其他各指标的子节约度，然后再根据已计算出的各指标的子节约度和初始权重，求得各指标的最终权重。计算结果见表 7.6～表 7.9。

表 7.6　水资源指标的最终权重

| 编号 | 指标 | 安阳 | 鹤壁 | 焦作 | 开封 | 洛阳 | 漯河 | 南阳 | 平顶山 | 濮阳 |
|---|---|---|---|---|---|---|---|---|---|---|
| 1201 | 万元 GDP 用水量 | 0.3406 | 0.3192 | 0.3552 | 0.3753 | 0.3135 | 0.3021 | 0.3365 | 0.3228 | 0.3203 |
| 1204 | 城市人均日生活用水量 | 0.3946 | 0.4524 | 0.3417 | 0.3375 | 0.4407 | 0.4382 | 0.3398 | 0.4472 | 0.4145 |
| 1302 | 万元工业增加值废水排放量 | 0.2648 | 0.2284 | 0.3031 | 0.2872 | 0.2458 | 0.2597 | 0.3236 | 0.2300 | 0.2652 |

| 编号 | 指标 | 三门峡 | 商丘 | 新乡 | 信阳 | 许昌 | 郑州 | 周口 | 驻马店 | |
|---|---|---|---|---|---|---|---|---|---|---|
| 1201 | 万元 GDP 用水量 | 0.3198 | 0.3168 | 0.3205 | 0.2966 | 0.3576 | 0.3261 | 0.3295 | 0.2920 | |
| 1204 | 城市人均日生活用水量 | 0.4534 | 0.4554 | 0.3717 | 0.4852 | 0.4188 | 0.4461 | 0.4384 | 0.4334 | |
| 1302 | 万元工业增加值废水排放量 | 0.2268 | 0.2277 | 0.3078 | 0.2181 | 0.2236 | 0.2278 | 0.2321 | 0.2746 | |

表 7.7　土地资源指标的最终权重

| 编号 | 指标 | 安阳 | 鹤壁 | 焦作 | 开封 | 洛阳 | 漯河 | 南阳 | 平顶山 | 濮阳 |
|---|---|---|---|---|---|---|---|---|---|---|
| 2201 | 土地资源利用效率 | 0.5000 | 0.5000 | 0.5000 | 0.5000 | 0.5000 | 0.5000 | 0.5000 | 0.5000 | 0.5000 |
| 2204 | 每公顷播种面积谷物产量 | 0.5000 | 0.5000 | 0.5000 | 0.5000 | 0.5000 | 0.5000 | 0.5000 | 0.5000 | 0.5000 |

| 编号 | 指标 | 三门峡 | 商丘 | 新乡 | 信阳 | 许昌 | 郑州 | 周口 | 驻马店 | |
|---|---|---|---|---|---|---|---|---|---|---|
| 2201 | 土地资源利用效率 | 0.5000 | 0.5000 | 0.5000 | 0.5000 | 0.5000 | 0.5000 | 0.5000 | | |
| 2204 | 每公顷播种面积谷物产量 | 0.5000 | 0.5000 | 0.5000 | 0.5000 | 0.5000 | 0.5000 | 0.5000 | | |

表 7.8　能源指标的最终权重

| 编号 | 指标 | 安阳 | 鹤壁 | 焦作 | 开封 | 洛阳 | 漯河 | 南阳 | 平顶山 | 濮阳 |
|---|---|---|---|---|---|---|---|---|---|---|
| 4202 | 万元 GDP 电耗 | 0.3690 | 0.3349 | 0.3976 | 0.3836 | 0.3289 | 0.3216 | 0.3399 | 0.3494 | 0.3800 |
| 4205 | 市辖区居民人均生活用电量 | 0.3258 | 0.3281 | 0.2665 | 0.2895 | 0.2894 | 0.4182 | 0.3203 | 0.2956 | 0.3001 |
| 4401 | 工业固体废物综合利用率 | 0.3052 | 0.3370 | 0.3359 | 0.3268 | 0.3817 | 0.2602 | 0.3398 | 0.3549 | 0.3199 |

续表

| 编号 | 指标 | 三门峡 | 商丘 | 新乡 | 信阳 | 许昌 | 郑州 | 周口 | 驻马店 |
|---|---|---|---|---|---|---|---|---|---|
| 4202 | 万元 GDP 电耗 | 0.3484 | 0.3701 | 0.3596 | 0.3149 | 0.3392 | 0.3153 | 0.3229 | 0.3079 |
| 4205 | 市辖区居民人均生活用电量 | 0.3143 | 0.3895 | 0.3696 | 0.4181 | 0.3084 | 0.3603 | 0.3484 | 0.3470 |
| 4401 | 工业固体废物综合利用率 | 0.3373 | 0.2404 | 0.2708 | 0.2670 | 0.3524 | 0.3244 | 0.3287 | 0.3451 |

**表 7.9　其他指标的最终权重**

| 编号 | 指标 | 安阳 | 鹤壁 | 焦作 | 开封 | 洛阳 | 漯河 | 南阳 | 平顶山 | 濮阳 |
|---|---|---|---|---|---|---|---|---|---|---|
| 5205 | 工业废水排放达标率 | 0.0837 | 0.0919 | 0.0785 | 0.0812 | 0.0900 | 0.0897 | 0.0962 | 0.0663 | 0.0639 |
| 5207 | 三废综合利用产品产值占 GDP 比重 | 0.0866 | 0.0972 | 0.0919 | 0.1521 | 0.1037 | 0.1342 | 0.0704 | 0.0783 | 0.2136 |
| 5301 | 人均 GDP | 0.1236 | 0.1071 | 0.1011 | 0.1145 | 0.0854 | 0.1037 | 0.1037 | 0.1056 | 0.1022 |
| 5302 | 第三产业比重 | 0.1359 | 0.1417 | 0.1434 | 0.1072 | 0.1130 | 0.1479 | 0.1188 | 0.1173 | 0.1302 |
| 5303 | 城市化率 | 0.2034 | 0.1474 | 0.1754 | 0.1867 | 0.1615 | 0.1752 | 0.2110 | 0.1660 | 0.1895 |
| 5304 | 城市用水普及率 | 0.0660 | 0.0647 | 0.0719 | 0.0688 | 0.1037 | 0.0778 | 0.0763 | 0.0843 | 0.0552 |
| 5305 | 城市用气普及率 | 0.0724 | 0.1279 | 0.0871 | 0.1141 | 0.1569 | 0.0716 | 0.1256 | 0.0626 | 0.0575 |
| 5401 | 技术市场成交额占 GDP 的比重 | 0.2284 | 0.2222 | 0.2508 | 0.1753 | 0.1857 | 0.1999 | 0.1980 | 0.3197 | 0.1880 |

| 编号 | 指标 | 三门峡 | 商丘 | 新乡 | 信阳 | 许昌 | 郑州 | 周口 | 驻马店 |
|---|---|---|---|---|---|---|---|---|---|
| 5205 | 工业废水排放达标率 | 0.0839 | 0.1074 | 0.0829 | 0.0621 | 0.0587 | 0.0920 | 0.0562 | 0.0663 |
| 5207 | 三废综合利用产品产值占 GDP 比重 | 0.1450 | 0.1895 | 0.0999 | 0.1524 | 0.2043 | 0.1550 | 0.1170 | 0.1501 |
| 5301 | 人均 GDP | 0.0831 | 0.1028 | 0.1187 | 0.1122 | 0.0902 | 0.1017 | 0.1162 | 0.1034 |
| 5302 | 第三产业比重 | 0.1028 | 0.0952 | 0.1129 | 0.0908 | 0.1238 | 0.1251 | 0.1039 | 0.0909 |
| 5303 | 城市化率 | 0.1312 | 0.1658 | 0.1368 | 0.1869 | 0.1639 | 0.1583 | 0.2445 | 0.2153 |
| 5304 | 城市用水普及率 | 0.0544 | 0.0706 | 0.0962 | 0.0603 | 0.0590 | 0.0832 | 0.0595 | 0.1045 |
| 5305 | 城市用气普及率 | 0.1335 | 0.1135 | 0.0989 | 0.1216 | 0.0705 | 0.1009 | 0.1264 | 0.1075 |
| 5401 | 技术市场成交额占 GDP 的比重 | 0.2662 | 0.1552 | 0.2538 | 0.2136 | 0.2296 | 0.1838 | 0.1764 | 0.1620 |

## 7.2.4　资源节约度计算结果

选用的初始权重为 $\beta_1 = \beta_2 = \beta_4 = \beta_5 = 0.25$，并结合水资源、土地资源、能源及其他的子节约度，得到 2005 年河南省 17 个地级市的资源节约度，见表 7.10。

表 7.10　河南省 17 个地级市资源节约型社会发展水平评价结果(2005 年)

| 评价对象 | 水资源子节约度 | 土地资源子节约度 | 能源子节约度 | 其他子节约度 | 资源节约度 | 节约等级 |
|---|---|---|---|---|---|---|
| 许昌 | 0.9032 | 0.6595 | 0.7198 | 0.3172 | 0.6499 | 较为节约 |
| 焦作 | 0.8181 | 0.7035 | 0.5784 | 0.4972 | 0.6493 | 较为节约 |
| 郑州 | 0.8053 | 0.5660 | 0.5897 | 0.6189 | 0.6450 | 较为节约 |
| 濮阳 | 0.7770 | 0.6152 | 0.8092 | 0.3222 | 0.6309 | 较为节约 |
| 鹤壁 | 0.7608 | 0.6136 | 0.6532 | 0.4181 | 0.6114 | 较为节约 |
| 开封 | 0.8075 | 0.4812 | 0.7167 | 0.3437 | 0.5873 | 较不节约 |
| 漯河 | 0.7021 | 0.6379 | 0.6127 | 0.3905 | 0.5858 | 较不节约 |
| 新乡 | 0.6916 | 0.5384 | 0.6973 | 0.4054 | 0.5832 | 较不节约 |
| 平顶山 | 0.7804 | 0.4474 | 0.7133 | 0.3700 | 0.5778 | 较不节约 |
| 洛阳 | 0.7550 | 0.4678 | 0.6847 | 0.4012 | 0.5772 | 较不节约 |
| 周口 | 0.7204 | 0.4950 | 0.7663 | 0.2720 | 0.5634 | 较不节约 |
| 安阳 | 0.7275 | 0.5494 | 0.5022 | 0.4374 | 0.5541 | 较不节约 |
| 南阳 | 0.7828 | 0.4029 | 0.6890 | 0.3191 | 0.5485 | 较不节约 |
| 信阳 | 0.6770 | 0.4252 | 0.6213 | 0.2751 | 0.4996 | 较不节约 |
| 商丘 | 0.7561 | 0.4997 | 0.4722 | 0.2431 | 0.4928 | 较不节约 |
| 驻马店 | 0.6449 | 0.3952 | 0.5409 | 0.2270 | 0.4520 | 较不节约 |
| 三门峡 | 0.7805 | 0.2826 | 0.4013 | 0.3161 | 0.4451 | 较不节约 |

## 7.2.5　结果分析

### 1. 水资源子节约度

从图 7.1 可以看出,许昌的水资源子节约度居河南省最高水平,为 0.9032;而驻马店的水资源子节约度居河南省最差水平,为 0.6449;郑州的水资源子节约度居河南省第四,为 0.8053。由表 7.2 可知,对万元 GDP 用水量指标,由于数据取的是各地市级行政区市辖区的数据,故各地市级行政区的该指标子节约度都比较高,且各指标的子节约度相差不大,多数都在 0.9 以上,还有部分为 1.0000,最低的为开封,为 0.8734。对城市人均日生活用水量指标的子节约度,焦作最高,为 0.9913;信阳最低,为 0.4534。对万元工业增加值废水排放量指标的子节约度,相对前两个指标的子节约度要稍低一些,且各指标的子节约度之间差距要大些。该指标子节约度许昌最高,为 0.9069;新乡最低,为 0.2665。但万元工业增加值废水排放量指标相对前两个指标,对资源节约型社会的资源节约度重要性相对较小(该指标初始权重为 0.2,前两个指标的初始权重均为 0.4),因此三个指标综合起来形成的水资源子节约度相对都比较高。

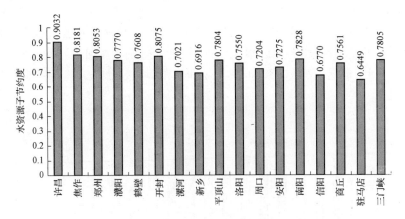

图 7.1　河南省各地市级行政区水资源子节约度对比图

### 2. 土地资源子节约度

通过图 7.2 对比可得,焦作的土地资源子节约度最高,为 0.7035;三门峡的土地资源子节约度最低,为 0.2826。通过表 7.3 可知,对土地资源利用效率指标的子节约度,郑州最高,为 0.6273;信阳最低,为 0.1562。对每公顷播种面积谷物产量指标的子节约度,焦作最高,为 0.7974;三门峡最低,为 0.3735。

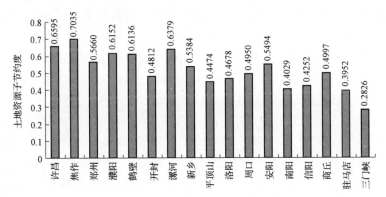

图 7.2　河南省各地市级行政区土地资源子节约度对比图

### 3. 能源子节约度

通过图 7.3 可得,河南省各地市级行政区能源子节约度相差不是很大。濮阳最高,达到 0.8092;三门峡最低,仅为 0.4013,两者相差 0.4079;郑州为 0.5897,处于河南省中等水平。由表 7.4 可知,对万元 GDP 电耗指标的子节约度,周口最高,达到 0.8081；其次为信阳，达到 0.7899；焦作最低，仅为 0.2890；郑州为 0.6856。对市辖区居民人均生活用电量指标的子节约度，各地市级行政区相差较大，濮阳最高，达到 0.9434；商丘最低，仅为 0.2278；郑州仅为 0.4574。对工业固体废物综合利用率指标的子节约度，各地区相差也较大，其中商丘和漯河均达到 1.0000 的高水平；而三门峡最低，仅为 0.3860；驻马店和洛阳，均接近 0.5；其他各地市级行政区均超过 0.6。

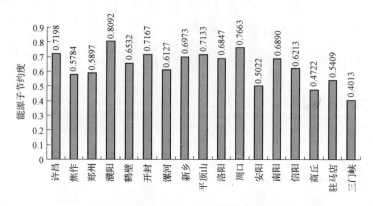

图 7.3　河南省各地市级行政区能源子节约度对比图

### 4. 其他子节约度

通过图 7.4 对比可得，河南省各地市级行政区的其他子节约度均不是很高，最高的是郑州，也仅达到 0.6189；其次为焦作，达到 0.4972；驻马店最低，仅为 0.227。由表 7.5 可知，针对工业废水排放达标率指标的子节约度，许昌最高，达到 0.9263；其次为焦作和郑州（均超过 0.9）；商丘最低，仅为 0.3293。针对三废综合利用产品产值占 GDP 比重指标的子节约度，各地市级行政区相差悬殊，焦作最高，达到 0.7684；其次为南阳和安阳（均超过 0.7）；商丘最低，仅为 0.0707；其次为濮阳和许昌（均低于 0.1）。针对人均 GDP 指标的子节约度，郑州最高（0.8084），洛阳其次（0.6953）；周口最低（0.3174），驻马店其次（0.3303）。针对第三产业比重指标的子节约度，郑州最高（0.6308），漯河最低（0.2968）。针对城市化率指标的子节约度，郑州最高（0.4527），新乡其次（0.3528）；周口最低（0.0233），驻马店其次（0.0295）。针对城市用水普及率指标的子节约度，全省总体情况良好，郑州、安阳、濮阳和焦作等市均达到 1.0000，驻马店仅达到 0.3240，与其他市的差距较大。针对城市用气普及率指标的子节约度，各市之间差距较大，濮阳最高（0.9600），周口最低（0.2691）。针对技术市场成交额占 GDP 的比重指标的子节约度，全省总体情况不好，郑州最高，也仅达到 0.3541，洛阳其次（0.1835），平顶山最低，仅为 0.0086。

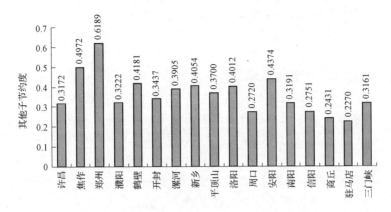

图 7.4　河南省各地市级行政区其他子节约度对比图

**5. 资源节约度**

通过图 7.5 对比可得,许昌的资源节约度最高,为 0.6499;三门峡的资源节约度最低,为 0.4451。利用上述评价方法计算得到的结果见表 7.10,计算得到的结果实际上是河南省各地市级行政区资源节约型社会的相对指数,说明各地市级行政区在河南省资源节约型社会进程中的相对水平,可用于横向比较和研究。

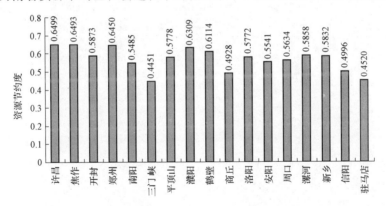

图 7.5　河南省各地市级行政区资源节约度对比图

根据表 7.10 的评价结果可将河南省 17 个地市级行政区分为两个区域:①较为节约区,包括许昌、焦作、郑州、濮阳和鹤壁等 5 个市;②较不节约区,包括开封、漯河、新乡、平顶山、洛阳、周口、安阳、南阳、信阳、商丘、驻马店和三门峡等 12 个市。

从表 7.10 中的资源节约度可以看出,河南省各地市级行政区资源节约型社会的发展水平存在一定的差距,但是差距不算太大,最多相差 0.2048。而且资源子节约度差异程度也不算太大,水资源子节约度最多相差 0.2583,土地资源子节约度最多相差 0.4209,能源子节约度最多相差 0.4079,其他子节约度最多相差 0.3919。

这种现象揭示了河南省资源节约型社会建设的两个特点:一方面由于这些市都位于河南省境内,资源条件和政策相差不大,各地市级行政区处于相对均衡的状态,体现了整体的资源节约型社会处于中等偏下的水平;另一方面,由于受经济发展水平的制约,各地市级行政区在节约资源投资和技术支持等方面,也表现出了极端的不平衡。

从资源节约度的排序来看,基本遵循着经济发展水平与资源节约度成正比的关系。如郑州、焦作等都属于较为节约区,而驻马店、信阳等属于不节约区。通过分析,认为所得的评价结果基本合理。通过各地市级行政区的评价,可以得出它们在河南省资源节约型社会发展中所处的位置,进而可以针对资源耗费的不足提出针对性的政策与措施,最终实现河南省资源利用的高度节约。

# 第 8 章  郑州市县级行政区资源节约型社会评价

## 8.1  郑州市概况

郑州市地处中原腹地,为全国重要的交通、通信枢纽,是新亚欧大陆桥上的重要城市,是国家开放城市和历史文化名城,是中国八大古都之一。郑州市为河南省省会,是全省政治、经济、文化中心,位于河南省中部偏北,北临黄河,西依嵩山,东南为广阔的黄淮平原。辖 12 个县(市)、区,其中县 1 个、县级市 5 个、区 6 个,即中原区、二七区、金水区、管城回族区、惠济区、上街区、荥阳市、巩义市、登封市、新密市、新郑市、中牟县。本书在郑州市的资源节约型社会评价研究中,将 6 个辖区统称为“郑州市区”。据 2005 年统计资料,郑州市总面积 7446.2km²,其中市辖区面积 1010.3km²,建成区面积 262.0km²[117]。

### 8.1.1  水资源概况

郑州市位于暖温带向亚热带的过渡地带,属大陆性季风气候。据《郑州市水资源综合规划报告》(2007)计算,1956～2000 年郑州市多年平均降雨量为 635.6mm,降水总量为 47.33 亿 m³,水资源总量为 13.2340 亿 m³,地表水资源量为 7.0360 亿 m³,地下水资源量为 7.7232 亿 m³,重复量为 1.5252 亿 m³,产水模数为 17.7722 万 m³/km²,产水系数为 0.286[118]。按照 2005 年人口和耕地面积计算,人均水资源占有量 185m³,亩均水资源占有量为 267m³,人均水资源占有量约为河南省(427m³/人)的 43%,仅为全国人均水资源占有量(2200m³/人)的 8.4%,属于水资源严重缺乏地区之一。

郑州市水资源主要存在以下问题:

(1) 水资源总量严重不足。郑州市 2005 年人均当地水资源占有量为 185m³,不足全国平均水平的 1/10。按国际上的通行标准,人均拥有水资源 2200m³ 以上为富水地区,人均 1700m³ 为警戒线,人均 1000m³ 以下为缺水地区,人均 500m³ 以下为危机地区,国际上承认的小康社会用水参考标准为 1000m³/人。由此看来,郑州市属于极度缺水地区,比危机区还低很多。

(2) 水体污染严重。随着人口增加和经济社会发展,污废水排放量增加迅速,2005 年郑州市城镇污水排放总量 6.5490×10⁸t,其中工业废水占 57.0%,生活污水占 43.0%。目前水质污染问题仍然比较严重,全市主要河流水质综合评价类别为 V 类或劣 V 类,郑州市的应急后备水源尖岗水库水质达到了生活饮用水最低标准;西流湖因 COD(化学需氧量)超标,水质综合评价类别为劣 V 类[119]。

(3) 地下水严重超采。由于地下水的大量超采,且缺乏合理的补源措施,使地下水位每年以 2m 的速率下降,出现了年年打新井,越打越深,年年报废旧井的可怕局面,浪费了大量的人力、物力和财力[120]。

(4) 缺水与用水浪费并存。近几年来郑州市水资源越来越紧张,但水资源浪费现象也普遍存在[120]。主要表现在城市雨洪资源利用率低;工业用水中的"滴、冒、跑、漏"现象不少,循环用水率不高;农业灌溉的渠系水利用系数低,节水灌溉规模有限;生活节水器具普及率不高;污水处理能力有限,再生水利用量小等。

### 8.1.2　土地资源概况

郑州市是河南省省会,是全省人均耕地最少的地市,也是全省少数几个粮食调入市之一,同时又面临着建设发展的重大任务,使得郑州市土地的供求形势相当严峻,用地矛盾日益突出。郑州市总面积 7446.2km²,2005 年全市总人口 716 万人,人口密度为 962 人/km²。

土地利用存在以下主要问题[121]:

(1) 经济建设与耕地保护的矛盾十分突出,耕地的严重短缺将成为制约全市经济社会持续、快速发展的重要因素。随着人口的不断增长和非农业建设用地的不断增加,人均土地面积和人均耕地将继续下降,人地矛盾日趋尖锐,郑州市将面临着以粮食、蔬菜为主的农产品供给不足的严重困扰[121]。

(2) 以耕地为主的农用地利用集约化程度低,经济效益较差。据统计,全市中低产田占耕地的 84.6%,低产林占林地面积的 58.5%,低产园占园地面积的 34.1%,全市耕地复种指数为 173%,低于全省 181% 的平均水平[121]。

(3) 建设用地存在不同程度的失控现象,造成耕地和城市菜地面积大幅度下降,土地生产效益发挥不佳。非农建设用地利用比较粗放,偏重于建设用地规模的扩大,侵占大量的良田和菜地;同时建设用地乱占滥用浪费土地问题突出,造成大量土地的低效配置和相当数量土地荒芜闲置,使土地资产效益得不到有效发挥[121]。

(4) 局部地区土地生态环境状况较差,对土地的持续开发利用构成严重威胁。郑州市郊区因污水灌溉使农田受到不同程度污染,新密、巩义市因矿产开采和加工业不合理发展,对土地产生比较严重的破坏,特别是新密矿区土地塌陷比较严重[121]。

### 8.1.3　矿产资源概况

郑州市蕴藏着比较丰富的矿产资源。目前已发现各类矿产 36 种,煤、铝土矿、金属锂、金属镓、溶剂用灰岩、耐火黏土、天然油石、密玉、陶瓷土和水泥配料用黄土等矿产资源储藏丰富,为城市的经济发展提供了必要的自然资源供给[122]。

郑州市现已探明矿藏 34 种,主要有煤、铝矾土、耐火黏土、水泥灰岩、油石、硫铁矿和石英砂等。耐火黏土品种齐全,储量达 1.08 亿 t,约占全省总储量的 50%;铝土储量约 1 亿 t,占全省总储量的 30%;天然油石矿质优良,是全国最大的油石基地之一[123]。

郑州市矿业已有相当规模发展,年开采矿石量达 8600 多万 t,矿业总产值达到 700 多亿元,占全市工业总产值 11.56%,成为郑州市工业发展的重要支柱产业[124]。

### 8.1.4　能源概况

郑州市煤炭资源丰富,分布广泛,多数县、市均有煤炭产出。全市煤炭储量达 50 亿 t,居全省第一位。

2005 年,全市工业增加值占郑州市国内生产总值的 46%,能源消耗占 70% 以上;规模以上工业企业综合能源消费量为 1541 万 t 标准煤,比 2004 年增长 17.5%。在全市 36 个工业行业大类中,综合能源消费量超过 50 万 t 标准煤的有电力、热力的生产和供应业,有色金属冶炼及压延加工业,非金属矿物制品业,化学原料及化学制品制造业,煤炭开采和洗选业,黑色金属冶炼及压延加工业六个行业,共消耗能源 1412.1 万 t 标准煤,占全市规模以上工业的 91.6%。为确保实现“十一五”发展规划纲要提出的到“十一五”末单位国内生产总值能耗比“十五”末降低 20% 以上的目标,必须突出工业节能降耗[125]。

### 8.1.5　其他

#### 1. 其他资源概况

郑州市 2005 年全市农用化肥施用量为 215475t(按折纯量计算),与 2004 年的 214501t(按折纯量计算)相比,增加 974t。而 2005 年新增耕地资源 530hm²,故 2005 年每公顷化肥施用折纯量从 2004 年的 650t 增加到 652t[117]。

郑州市为了推广使用散装水泥,节约资源,保护和改善环境,保证建设工程质量,根据《中华人民共和国清洁生产促进法》等有关法律、法规规定,结合本市实际,规定建设工程建筑面积在 1500m² 以上或者水泥使用总量在 300t 以上的,散装水泥使用率不得低于 80%。鼓励其他建设工程项目使用散装水泥。预拌混凝土、预拌砂浆和水泥制品生产企业应当全部使用散装水泥[126]。

据调查,目前郑州市燃气热水器的市场占有率约 60%,电热水器约 30%,太阳能热水器仅占 10% 多[127]。

## 2. 社会经济概况

郑州市是全国第一批十个节水型社会建设城市之一,为全国重要的交通、通信枢纽,是新亚欧大陆桥的重要城市。郑州历史悠久,文化古迹荟萃,人文景观丰富,是中原古文化旅游中心,是国家开放城市和历史文化名城,是中国八大古都之一。优越的地理位置,使郑州的工业、农业和商业的发展具有独特的优势,推动着城市经济社会的快速发展。

改革开放以来,郑州市经济社会获得前所未有的发展,1992 年跻身全国综合实力 50 强、投资硬环境 40 优的城市行列。利用地处中原、交通便利、商贸发达的优势和特点,郑州市加快商贸城建设,实施全方位对外开放,使郑州市成为外商在中西部地区投资的热点城市。

2005 年末,郑州市国内生产总值为 1660.6 亿元,工业总产值为 2411.5 亿元,农业总产值 126.2 亿元。全市总人口 716.0 万人,其中城镇人口 424.1 万人,非农业人口 266.3 万人。2005 年城乡居民生活水平继续改善,城镇居民人均可支配收入 9282.19 元;农村居民人均可支配收入 4626.54 元。目前,郑州市正以稳健的步伐向特大城市的目标迈进[35]。

## 3. 环境保护概况

2005 年,郑州城市工业污水排放量为 11640 万 t,城镇生活污水排放总量为 24171 万 t,工业废水排放达标量为 11354 万 t,工业废水排放达标率为 97.5%,污水处理率为 56.27%。工业废气排放总量为 24248787 万 m³($V_n$)。工业固体废物产生量为 690.6 万 t,工业固体废物综合利用量为 467 万 t,工业固体废物综合利用率为 67.6%。垃圾粪便无害化处理率为 87.18%[117]。

## 4. 科技支持概况

近年来,郑州市政府不断加大对科技的投入。2005 年,市本级科技三项费投入 4933 万元,比 2004 年的 3606 万元增加了 36.8%。县(市)区(含高新技术产业开发区)本级科技三项经费投入 8605 万元,全社会 R&D 投入达到 15 亿元,有力引导和推进了科技进步和自主创新能力的提高。正确把握科技创新现状和科技创新态势,充分认识制约科技创新能力提高的瓶颈,抓住机遇,乘势而上,是目前郑州市必须直面应对的一个关键问题[128]。

郑州市科技支持情况概括如下:①郑州市科技实力正在快速提高,但与西安、武汉、合肥等省会城市相比仍有一定差距;②高新技术产业发展增长较快,但龙头企业偏少;③科技投入逐年增加,但科技活动规模相对偏小,自主创新源头不足;④专利申请增速较快,但发明专利数量相对偏少;⑤科技成果大量涌现,但成果转化相对缓慢[129]。

## 8.2　郑州市县级行政区资源节约度计算

### 8.2.1　计算采用的指标

由于郑州市矿产资源分区统计资料很少,在评价时,没有选用矿产资源指标。进行郑州市县级行政区资源节约度计算所选用的指标见表8.1,共10个指标。

**表 8.1　采用的评价指标**

| 资源类型 | 具体指标 | 指标代码 |
|---|---|---|
| 水 | 万元 GDP 用水量 | X1201 |
| | 万元工业增加值用水量 | X1205 |
| | 工业用水重复利用率 | X1206 |
| | 节灌率 | X1209 |
| 土地 | 土地资源利用效率 | X2201 |
| 能源 | 万元工业增加值废气排放量 | X4301 |
| | 工业固体废物综合利用率 | X4401 |
| 其他 | 三废综合利用产品产值占 GDP 比重 | X5207 |
| | 人均 GDP | X5301 |
| | 城市化率 | X5303 |

### 8.2.2　子节约度的计算

根据 4.2 节介绍的单指标量化方法,计算出水资源、土地资源、能源和其他各指标的子节约度,见表 8.2~表 8.5。

**表 8.2　水资源指标的子节约度**

| 编号 | 指标 | 中牟县 | 郑州市区 | 荥阳市 | 新郑市 | 新密市 | 巩义市 | 登封市 |
|---|---|---|---|---|---|---|---|---|
| 1201 | 万元 GDP 用水量 | 0.5080 | 0.9203 | 0.7711 | 0.9244 | 0.9058 | 0.9265 | 0.8860 |
| 1205 | 万元工业增加值用水量 | 0.7182 | 0.9223 | 0.7877 | 0.8623 | 0.8630 | 0.8902 | 0.9152 |
| 1206 | 工业用水重复利用率 | 0.5705 | 0.9785 | 0.5021 | 0.8299 | 0.1295 | 0.9584 | 0.9287 |
| 1209 | 节灌率 | 0.6710 | 0.6748 | 0.9555 | 0.6752 | 0.4603 | 0.6185 | 0.6533 |

**表 8.3　土地资源指标的子节约度**

| 编号 | 指标 | 中牟县 | 郑州市区 | 荥阳市 | 新郑市 | 新密市 | 巩义市 | 登封市 |
|---|---|---|---|---|---|---|---|---|
| 2201 | 土地资源利用效率 | 0.3819 | 0.7456 | 0.6133 | 0.6161 | 0.6154 | 0.6275 | 0.5478 |

表 8.4 能源指标的子节约度

| 编号 | 指标 | 中牟县 | 郑州市区 | 荥阳市 | 新郑市 | 新密市 | 巩义市 | 登封市 |
|------|------|--------|----------|--------|--------|--------|--------|--------|
| 4301 | 万元工业增加值废气排放量 | 0.9081 | 0.6812 | 0.7163 | 0.7930 | 0.7542 | 0.5741 | 0.5791 |
| 4401 | 工业固体废物综合利用率 | 0.7903 | 0.3000 | 1.0000 | 1.0000 | 0.9480 | 0.7354 | 1.0000 |

表 8.5 其他指标的子节约度

| 编号 | 指标 | 中牟县 | 郑州市区 | 荥阳市 | 新郑市 | 新密市 | 巩义市 | 登封市 |
|------|------|--------|----------|--------|--------|--------|--------|--------|
| 5207 | 三废综合利用产品产值占 GDP 比重 | 0.0186 | 0.3684 | 0.2119 | 0.1472 | 0.5349 | 0.3118 | 0.8035 |
| 5301 | 人均 GDP | 0.5456 | 0.8081 | 0.8067 | 0.8074 | 0.8010 | 0.8142 | 0.6913 |
| 5303 | 城市化率 | 0.0146 | 0.8551 | 0.1059 | 0.2336 | 0.1663 | 0.1206 | 0.0854 |

## 8.2.3 权重的确定

根据各指标的重要程度,采用层次分析法分别对 4 个水资源指标和 3 个其他指标构造判断矩阵。

$$
\begin{bmatrix} 1 & 1 & 1 & 1 \\ 1 & 1 & 1 & 1 \\ 1 & 1 & 1 & 1 \\ 1 & 1 & 1 & 1 \end{bmatrix}, \quad \begin{bmatrix} 1 & 2 & 2 \\ 0.5 & 1 & 1 \\ 0.5 & 1 & 1 \end{bmatrix}
$$

最后确定的四类资源的各指标权重如下:

(1) 水资源类的 4 个指标:(0.25,0.25,0.25,0.25)。

(2) 土地资源类的 1 个指标:(1)。

(3) 能源类的 2 个指标:(0.5,0.5)。

(4) 其他类的 3 个指标:(0.5,0.25,0.25)。

首先根据 4.2 节介绍的单指标量化方法,计算出水资源、土地资源、矿产资源、能源和其他各指标的子节约度,然后再根据已计算出的各指标的子节约度和初始权重,求得各指标的最终权重。计算结果见表 8.6～表 8.9。

表 8.6 水资源指标的最终权重

| 编号 | 指标层 | 中牟县 | 郑州市区 | 荥阳市 | 新郑市 | 新密市 | 巩义市 | 登封市 |
|------|--------|--------|----------|--------|--------|--------|--------|--------|
| 1201 | 万元 GDP 用水量 | 0.2765 | 0.2373 | 0.2432 | 0.2253 | 0.1772 | 0.2296 | 0.2389 |
| 1205 | 万元工业增加值用水量 | 0.2262 | 0.2369 | 0.2393 | 0.2396 | 0.1849 | 0.2380 | 0.2321 |
| 1206 | 工业用水重复利用率 | 0.2606 | 0.2240 | 0.3148 | 0.2474 | 0.3656 | 0.2224 | 0.2290 |
| 1209 | 节灌率 | 0.2367 | 0.3018 | 0.2027 | 0.2876 | 0.2723 | 0.3101 | 0.2999 |

**表 8.7    土地资源指标的最终权重**

| 编号 | 指标层 | 中牟县 | 郑州市区 | 荥阳市 | 新郑市 | 新密市 | 巩义市 | 登封市 |
|---|---|---|---|---|---|---|---|---|
| 2201 | 土地资源利用效率 | 1.0000 | 1.0000 | 1.0000 | 1.0000 | 1.0000 | 1.0000 | 1.0000 |

**表 8.8    能源指标的最终权重**

| 编号 | 指标层 | 中牟县 | 郑州市区 | 荥阳市 | 新郑市 | 新密市 | 巩义市 | 登封市 |
|---|---|---|---|---|---|---|---|---|
| 4301 | 万元工业增加值废气排放量 | 0.5000 | 0.5000 | 0.5000 | 0.5000 | 0.5000 | 0.5000 | 0.5000 |
| 4401 | 工业固体废物综合利用率 | 0.5000 | 0.5000 | 0.5000 | 0.5000 | 0.5000 | 0.5000 | 0.5000 |

**表 8.9    其他指标的最终权重**

| 编号 | 指标层 | 中牟县 | 郑州市区 | 荥阳市 | 新郑市 | 新密市 | 巩义市 | 登封市 |
|---|---|---|---|---|---|---|---|---|
| 5207 | 三废综合利用产品产值占 GDP 比重 | 0.4275 | 0.4626 | 0.4403 | 0.4416 | 0.4260 | 0.4387 | 0.3873 |
| 5301 | 人均 GDP | 0.2786 | 0.2731 | 0.2557 | 0.2556 | 0.2629 | 0.2558 | 0.2897 |
| 5303 | 城市化率 | 0.2939 | 0.2643 | 0.3040 | 0.3028 | 0.3111 | 0.3055 | 0.3229 |

## 8.2.4    资源节约度计算结果

鉴于水资源、土地资源、能源和其他对一个区域建设资源节约型社会同等重要，故选取初始权重为 $\beta_1 = \beta_2 = \beta_4 = \beta_5 = 0.25$ ，并结合水资源、土地资源、能源及其他的子节约度，得到 2005 年郑州市 7 个县级行政区的资源节约度，见表 8.10 和图 8.1～图 8.5。

**表 8.10    郑州市 7 个县级行政区资源节约型社会发展水平评价结果**（2005 年）

| 评价对象 | 水资源子节约度 | 土地资源子节约度 | 能源子节约度 | 其他子节约度 | 资源节约度 | 节约等级 |
|---|---|---|---|---|---|---|
| 郑州市区 | 0.8597 | 0.7456 | 0.4906 | 0.6171 | 0.6783 | 较为节约 |
| 登封市 | 0.8328 | 0.5478 | 0.7896 | 0.5391 | 0.6773 | 较为节约 |
| 新郑市 | 0.8145 | 0.6161 | 0.8965 | 0.3421 | 0.6673 | 较为节约 |
| 荥阳市 | 0.7278 | 0.6133 | 0.8582 | 0.3318 | 0.6328 | 较为节约 |
| 巩义市 | 0.8295 | 0.6275 | 0.6548 | 0.3819 | 0.6234 | 较为节约 |
| 新密市 | 0.4928 | 0.6154 | 0.8511 | 0.4902 | 0.6124 | 较为节约 |
| 中牟县 | 0.6104 | 0.3819 | 0.8492 | 0.1643 | 0.5014 | 较不节约 |

## 8.2.5    结果分析

### 1. 水资源子节约度

从图 8.1 可以看出，郑州市通过控制计划用水指标，落实总量控制目标，郑州市区的水资源子节约度位居郑州市最高水平,为0.8597;其次为登封市,达到0.8328。而新密市的水资源子节约度位居河南省最差水平,为0.4928;中牟县也较差,仅为0.6104。从表8.2可以看出,对万元GDP用水量指标,各地区的子节约度相差较大,尤其是中牟县,该指标子节约度仅为0.5080,与该指标最高的巩义市相差0.4以上;最高的为巩义市,为0.9265;郑州市区的该指标子节约度位居第三,达到0.9203。对万元工业增加值用水量指标,郑州市区最高,为0.9223;中牟县最低,为0.7182。对工业用水重复利用率指标,各地区的子节约度之间差距要更大些,该指标子节约度郑州市区最高,为0.9785;其次是巩义市和登封市;新密最低,为0.1295;中牟县和荥阳市也较低,仅超过0.5。对节灌率指标,相对前几个指标的子节约度要稍低一些,荥阳市的该指标子节约度最高,为0.9555;而新密市的该指标子节约度最低,仅为0.4603;其他几个市的该指标子节约度相差不大,均在0.6~0.7。

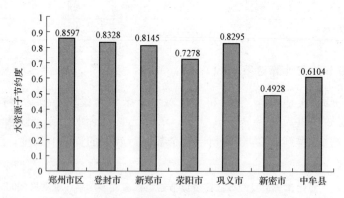

图8.1　郑州市县级行政区水资源子节约度对比图

### 2. 土地资源子节约度

在郑州市县级行政区的资源节约度评价中,土地资源因指标数据不易获得,仅选取具有代表性的土地资源利用效率指标,因此各县级行政区土地资源子节约度也就是土地资源利用效率指标的子节约度。通过图8.2对比可得,郑州市区的土地资源子节约度最高,为0.7456;中牟县的土地资源子节约度最低,为0.3819。

### 3. 能源子节约度

通过图8.3可知,新郑市的能源子节约度最高,为0.8965;荥阳市、新密市和中牟县也均超过0.8;而郑州市区的能源子节约度最低,仅为0.4906。由表8.4可知,对万元工业增加值废气排放量指标,中牟县最高,为0.9081;而巩义市最低,仅为0.5741;郑州市区处于中间位置,为0.6812。对工业固体废物综合利用率指标,各行政区相差悬殊,荥阳市、新郑市和登封市均达到 1.0000;而郑州市区最低,仅为 0.3000。

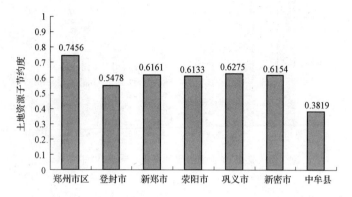

图 8.2　郑州市县级行政区土地资源子节约度对比图

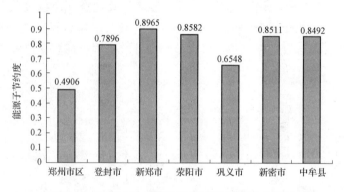

图 8.3　郑州市县级行政区能源子节约度对比图

### 4. 其他子节约度

通过图 8.4 可得,郑州市各行政区的其他子节约度均不高,其中子节约度最高的地区为郑州市区,达到 0.6171;而中牟县最低,仅为 0.1643。由表 8.5 可知,对三废综合利用产品产值占 GDP 比重指标,各行政区均较低,且相差悬殊,子节约度最高的为登封市,达到 0.8035;最低的为中牟县,仅为 0.0186。对人均 GDP 指标,各行政区相差不大,子节约度最高的为巩义市,达到 0.8142;其次为郑州市区,达到 0.8081;最低的为中牟县,为 0.5456。对城市化率指标,各行政区子节约度相差悬殊,最高的为郑州市区,达到 0.8551;其他几个行政区最高的为新郑市,也仅达到 0.2336;中牟县最低,仅为 0.0146。

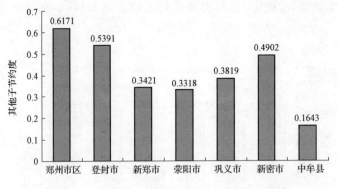

图 8.4　郑州市县级行政区其他子节约度对比图

### 5. 资源节约度

利用上述评价方法计算得到的郑州市县级行政区资源节约度结果见表 8.10 和图 8.5,计算得到的结果实际上是郑州市各县级行政区资源节约型社会的相对指数,说明各县级行政区在郑州市资源节约型社会进程中的相对位置,可用于横向比较和研究。

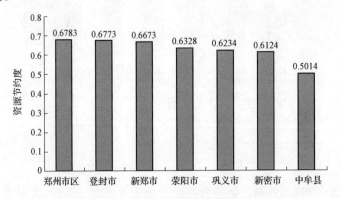

图 8.5　郑州市县级行政区资源节约度对比图

根据表 8.10 的评价结果可将郑州市 7 个县级行政区分为以下两个区域:①较为节约区,包括郑州市区、登封市、新郑市、荥阳市、巩义市和新密市 6 个县级行政区;② 较不节约区,只有中牟县 1 个县级行政区。

从表 8.10 中的资源节约度可以看出,郑州市县级行政区资源节约型社会的发展水平存在一定的差距,但是差距不算太大,最多相差 0.1769,而且各资源子节约度差异程度不同,有的相差较大,有的相差不大。水资源子节约度最多相差 0.3669,土地资源子节约度最多相差 0.3637,能源子节约度最多相差 0.4059,其他子节约度最多相差 0.4528。

　　这种现象揭示了郑州市资源节约型社会建设的两个特点:一方面由于这些县市都属郑州市管辖,资源条件和政策相差不多,各行政区资源节约型社会处于相对均衡的状态,而郑州市为河南省省会,群众的节约意识及政府的政策支持都相对到位一些,故整体的资源节约型社会建设水平处于中等偏上水平;另一方面,由于经济发展水平的制约,各县级行政区在资源投资和技术支持等方面不均衡,故资源节约型社会水平也表现出不平衡。

　　从资源节约度的排序来看,基本遵循着经济发展水平与资源节约度成正比的关系。如郑州市区的资源节约程度最高,属于较为节约区;而中牟县节约水平最低,属于不节约区。

　　通过对郑州市 7 个县级行政区对比评价和分析,认为所得的评价结果基本合理,可以得到各县级行政区在郑州市资源节约型社会发展中所处的水平,进而可以针对资源耗费的不足提出针对性的政策与措施,最终实现整个郑州市资源利用的高度节约。

# 第9章　敏感性分析及应用

## 9.1　敏感性分析的基本理论方法

### 9.1.1　敏感性分析的概念

敏感性分析(sensitivity analysis),是指从众多不确定因素中找出对目标有重要影响的敏感因素,并分析、测算其对目标的影响程度和敏感性程度。即通过计算一个或多个不确定因素的变化所导致最后目标的变化幅度,判断目标受各因素变化的影响程度,从而找出对目标有重要影响的敏感因素[130]。

### 9.1.2　敏感性分析的目的

敏感性分析,亦称灵敏度分析[131],是在投资评价和企业其他经营管理决策中常用的一种不确定性分析方法。影响投资决策目标的诸多因素的未来状况处于不确定的变化中,出于决策的需要,测定并分析其中一个或者多个因素的变化对目标的影响程度,以判定各个因素的变化对目标的重要性,就是敏感性分析[132]。在评价研究中,是指在确定性分析的基础上,重复分析各个因素变化时,将对目标影响的程度。

敏感性指由于特定因素变动而引起的目标的变动幅度,如果一种或几种特定因素在相当大的范围内发生变化,但不对目标产生很大的影响,那么可以说该目标对这种特定因素是不敏感的;反之,如果有关因素稍有变化就使目标发生很大变异,则该目标对那个因素就有高度的敏感性,这个因素才能称为该目标的敏感性因素[132]。

所以,敏感性分析的目的就是研究影响因素的变化将引起目标的变动程度,找出影响目标的关键因素;然后采取某些控制措施,从而改善这些敏感因素,以期日后达到较好的目标。

### 9.1.3　敏感性分析的原理

敏感性分析的基本原理是假设影响目标的其他因素保持不变,只是对某单一因素的变化及其影响进行分析,考察其对最终目标的影响。分析方法可采用连环替换法,即先分析某一因素变化(其他因素不变),分析其影响及敏感性强弱,然后依次逐一替换其他相关因素为变动因素,并计算各个因素对目标的敏感程度,直至全部因素计算完成为止[132]。最后判断出各个因素在其单独变化过程中对目标影响程度最敏感的因素,即为敏感因素。

### 9.1.4 敏感性分析的步骤及内容

#### 1. 单因素敏感性分析

每次只变动一个因素而其他因素保持不变时所进行的敏感性分析称为单因素敏感性分析[132],分以下三个步骤进行:

(1)选定需要分析的各影响因素。分析影响因素的选定,与着手进行的任务及其目的有关。

(2)计算各因素变动时,目标受各因素变化的影响程度,必须以正常情况下(各因素未发生变动时)的目标为参照。因此,必须首先计算正常情况下的目标值。根据选定的各影响因素,设定一个或几个变动幅度,假定其他影响因素不变,每次只变动一个影响因素,计算影响因素变动(通常以变化率表示)导致的相应目标值的变化。重复上述过程,依次计算所有影响因素变化导致的目标值的变化。

(3)绘制敏感性分析图或表,确定敏感因素。

#### 2. 多因素敏感性分析

单因素敏感性分析是以假定其他因素固定不变为前提的,实际上这种假定很难成立,可能会有两个或两个以上的因素同时变动。此时,单因素敏感性分析就很难反映实际情况,因此在必要时要进行多因素敏感性分析[132]。

进行多因素敏感性分析的假定条件是多个变动的因素互相独立[133]。多因素敏感性分析要考虑可能发生的各种因素不同变动情况的多种组合,因此计算起来要比单因素敏感性分析复杂得多,一般可以采用解析法和作图法相结合的方法进行。当同时变化的因素不超过 3 个时,一般可采用作图法;当同时变化的因素超过 3 个时,就只能用解析法[132]。

在实际操作中,由于目前对多因素敏感性分析的研究不完善,未找到一个简便而有效的方法,在进行大多数敏感性分析时,也只进行单因素分析。因此,本书在后面所讨论的也主要是针对单因素敏感性分析。

## 9.2 敏感性分析在资源节约型社会评价中的应用

### 9.2.1 应用的目的及方法

在资源节约型社会评价中进行敏感性分析是为了找出对资源节约度影响最敏

感的指标。这样,在建设资源节约型社会的实践中可以采取更加有针对性的对策及措施,以提高整个社会的资源节约水平;而在评价中,选择恰当的评价指标,尽可能使该指标的取值反映实际情况,使资源节约型社会的评价达到更合理的结果,从而建设更加完善的资源节约型社会。

对资源节约型社会评价进行敏感性分析时,假定影响资源节约度的其他指标保持不变,只对某单一指标的变化及其影响进行分析,考察其对资源节约度的影响程度。分析方法可采用连环替换法,即先分析某一指标变化(其他指标不变),分析其影响及敏感性强弱,然后依次逐一替换评价指标中的其他指标为变动因素,并计算各个指标对资源节约度的敏感程度,直至全部指标计算完成为止。最后判断出各个指标在其单独变化过程中对资源节约度影响最敏感的指标,即为敏感指标。

共分以下 4 个步骤进行敏感性分析:

(1) 选定进行敏感性分析的评价指标。在资源节约型社会评价中指的就是进行资源节约型社会评价所使用的所有评价指标。

(2) 计算各指标变化时,资源节约度受各指标变化的影响程度,是以正常情况下(各指标未发生变动时)的资源节约度为参照。因此,首先计算正常情况下的资源节约度(在前面几章中已完成)。根据选定的各评价指标,设定一个或几个变动幅度,假定其他评价指标不变,每次只变动一个评价指标,计算该评价指标变动而其他指标不变时(通常以变化率表示)导致的相应评价结果的变化程度。重复操作,依次计算每一个评价指标变化而其他评价指标不变时的评价结果目标值。

(3) 绘制敏感性分析图或表,确定对资源节约度敏感的指标。

(4) 根据敏感性分析结果,提出相应的比较有效的对策或控制措施建议,提高整个社会的资源节约水平,从而建设更加完善的资源节约型社会。

### 9.2.2　在全国资源节约型社会评价中的应用

在进行全国(除香港、澳门、台湾及西藏外)资源节约型社会评价时采用了 44 个评价指标,那么就选用这 44 个评价指标作为影响因素来进行敏感性分析。由于在全国(除香港、澳门、台湾及西藏外)的资源节约型社会评价中,新疆的资源节约度最低,即新疆的资源节约型社会建设水平最低,因此,这里仅以新疆为例进行敏感性分析,找出对新疆资源节约度最敏感的指标,从而对新疆的资源节约型社会建设提出科学的建议和对策。新疆资源节约型社会评价敏感性分析结果见表 9.1。

由表 9.1 可以看出,在新疆资源节约型社会评价的 44 个评价指标中,资源节约度对"输配电损失率"、"工业固体废弃物排放率"和"工业固体废弃物综合利用率"等三个指标最敏感。其中,当"输配电损失率"指标减少 10%时,资源节约度增加 0.97%,当增加 10%时,资源节约度减少 1.18%;当"工业固体废弃物排放率"指标减少 10%时,资源节约度增加 0.90%,当增加 10%时,资源节约度减少

0.87%;当"工业固体废弃物综合利用率"指标减少 10% 时,资源节约度减少 0.45%,当增加 10% 时,资源节约度增加 0.42%。

**表 9.1 新疆资源节约型社会资源节约度对指标的敏感性分析**

| 评价指标 \ RED 变化幅度 | 单指标减少 10% 时资源节约度的变化幅度/% | 单指标增加 10% 时资源节约度的变化幅度/% |
|---|---|---|
| 万元 GDP 用水量 | 0.00 | 0.00 |
| 耗水率 | 0.27 | −0.36 |
| 城市人均日生活用水量 | 0.06 | −0.03 |
| 万元工业增加值用水量 | 0.03 | 0.00 |
| 工业用水重复利用率 | 0.00 | 0.00 |
| 万元农业 GDP 用水量 | 0.00 | 0.00 |
| 节灌率 | 0.00 | 0.03 |
| 人均城市污水排放量 | 0.30 | −0.36 |
| 万元工业增加值废水排放量 | 0.03 | 0.00 |
| 城市再生水利用率 | 0.00 | 0.03 |
| 土地开发面积占未利用地面积的比重 | −0.12 | 0.12 |
| 土地资源利用效率 | −0.03 | 0.06 |
| 单位建设用地非农业产值 | −0.12 | 0.15 |
| 单位耕地面积农业产值 | −0.06 | 0.09 |
| 每公顷播种面积谷物产量 | −0.06 | 0.09 |
| 未利用地面积占土地总面积比重 | 0.27 | −0.30 |
| 土地沙化面积占土地总面积的比重 | 0.12 | −0.12 |
| 土地荒漠化面积占土地总面积的比重 | 0.27 | −0.30 |
| 土地复垦面积占耕地面积的比率 | −0.09 | 0.12 |
| 万元工业增加值固体废弃物排放量 | 0.30 | −0.30 |
| 工业固体废弃物排放率 | 0.90 | −0.87 |
| 万元 GDP 能耗 | 0.21 | −0.21 |
| 万元 GDP 电耗 | 0.09 | −0.09 |
| 输配电损失率 | 0.97 | −1.18 |
| 市辖区居民人均生活用电量 | 0.33 | −0.33 |
| 城市人均消耗液化石油气量 | 0.30 | −0.33 |
| 万元工业增加值终端耗电量 | 0.03 | −0.03 |
| 万元工业增加值废气排放量 | 0.18 | −0.09 |
| 工业固体废物综合利用率 | −0.45 | 0.42 |

| 评价指标　　　　　　RED 变化幅度 | 单指标减少10％时资源节约度的变化幅度/％ | 单指标增加10％时资源节约度的变化幅度/％ |
|---|---|---|
| 每公顷耕地化肥施用量 | 0.03 | 0.00 |
| 人均生活垃圾清运量 | 0.09 | −0.06 |
| 生活垃圾无害化处理率 | −0.15 | 0.15 |
| 农村累计粪便无害化处理率 | −0.09 | 0.09 |
| 城市污水处理率 | −0.09 | 0.09 |
| 工业废水排放达标率 | −0.18 | 0.21 |
| 工业固体废弃物处置率 | −0.12 | 0.12 |
| 三废综合利用产品产值占 GDP 比重 | −0.06 | 0.06 |
| 污染直接经济损失占 GDP 比重 | 0.03 | 0.00 |
| 人均 GDP | −0.06 | 0.06 |
| 第三产业比重 | −0.09 | 0.09 |
| 城市化率 | 0.00 | 0.00 |
| 城市用水普及率 | −0.18 | 0.06 |
| 城市用气普及率 | −0.18 | 0.12 |
| 技术市场成交额占 GDP 的比重 | −0.12 | 0.12 |

因此,根据敏感性分析,结合新疆的资源节约度计算,可以对新疆的资源节约型社会建设提出以下对策和建议:

(1) 减少输配电损失率,如对输配电网进行更新改造,采用先进的输配电设备和技术等。

(2) 限制工业固体废弃物的排放,提倡降低工业固体废弃物的排放率。

(3) 提高工业固体废弃物综合利用率,如对固体废物进行分类,从中回收有用的金属材料、非金属材料和能源,以及可用于生产建筑材料的成分等,实现固体废物的综合利用。这样既提高了固体废弃物的综合利用率,同时还减少了固体废弃物的排放量。

(4) 由新疆的资源节约型社会评价结果可以看出,新疆的水资源子节约度和土地资源子节约度较低,因此新疆的水资源子节约度和土地资源子节约度应该还有较大的提高空间,应着重提高水资源和土地资源的子节约度,从而快速的提高新疆整体的资源节约度。

### 9.2.3　在河南省资源节约型社会评价中的应用

在进行河南省资源节约型社会评价时采用了 16 个评价指标,那么就选用这

16 个评价指标作为影响因素来进行敏感性分析。由于在河南省的资源节约型社会评价中,三门峡市的资源节约度最低,即三门峡市的资源节约型社会建设水平最低,因此,这里仅以三门峡市为例进行敏感性分析,找出对三门峡市的资源节约度最敏感的指标,从而对三门峡市的资源节约型社会建设提出科学的建议和对策。三门峡市资源节约型社会资源节约度对指标的敏感性分析见表 9.2。

表 9.2 三门峡市资源节约型社会资源节约度对指标的敏感性分析

| 评价指标 \ RED 变化幅度 | 单指标减少 20% 时资源节约度的变化幅度/% | 单指标减少 10% 时资源节约度的变化幅度/% | 单指标增加 10% 时资源节约度的变化幅度/% | 单指标增加 20% 时资源节约度的变化幅度/% |
|---|---|---|---|---|
| 万元 GDP 用水量 | 0.00 | 0.00 | −0.11 | −0.38 |
| 城市人均日生活用水量 | 3.44 | 1.75 | −1.60 | −3.03 |
| 万元工业增加值废水排放量 | 0.63 | 0.27 | −0.29 | −0.58 |
| 土地资源利用效率 | −1.08 | −0.54 | 0.54 | 1.08 |
| 每公顷播种面积谷物产量 | −2.65 | −1.48 | 1.46 | 2.94 |
| 万元 GDP 电耗 | 0.04 | 0.02 | −0.02 | −0.07 |
| 市辖区居民人均生活用电量 | 1.66 | 0.58 | −0.61 | −1.24 |
| 工业固体废物综合利用率 | −1.51 | −0.74 | 0.72 | 1.44 |
| 工业废水排放达标率 | −0.70 | −0.31 | 0.70 | 0.76 |
| 三废综合利用产品产值占 GDP 比重 | −0.49 | −0.22 | 0.20 | 0.40 |
| 人均 GDP | −0.31 | −0.16 | 0.16 | 0.31 |
| 第三产业比重 | −0.47 | −0.22 | 0.20 | 0.36 |
| 城市化率 | −0.79 | −0.36 | 0.31 | 0.61 |
| 城市用水普及率 | −1.03 | −0.45 | 0.02 | 0.02 |
| 城市用气普及率 | −0.83 | −0.38 | 0.40 | 0.81 |
| 技术市场成交额占 GDP 的比重 | −0.18 | −0.09 | 0.09 | 0.16 |

由表 9.2 可以看出,在三门峡市资源节约型社会评价的 16 个评价指标中,资源节约度对"城市人均日生活用水量"、"每公顷播种面积谷物产量"、"市辖区居民人均生活用电量"和"工业固体废弃物综合利用率"4 个指标最敏感。其中,当"城市人均日生活用水量"指标减少 20% 时,资源节约度增加 3.44%,当减少 10% 时,资源节约度增加 1.75%,当增加 10% 时,资源节约度减少 1.60%,当增加 20% 时,资源节约度减少 3.03%;当"每公顷播种面积谷物产量"指标减少 20% 时,资源节约度减少 2.65%,当减少 10% 时,资源节约度减少 1.48%,当增加 10% 时,资源节

约度增加 1.46%,当增加 20%时,资源节约度增加 2.94%;当"市辖区居民人均生活用电量"指标减少 20%时,资源节约度增加 1.66%,当减少 10%时,资源节约度增加 0.58%,当增加 10%时,资源节约度减小 0.61%,当增加 20%时,资源节约度减小 1.24%;当"工业固体废弃物综合利用率"指标减少 20%时,资源节约度减少 1.51%,当减少 10%时,资源节约度减少 0.74%,当增加 10%时,资源节约度增加 0.72%,当增加 20%时,资源节约度增加 1.44%。

因此,根据敏感性分析,结合三门峡市的资源节约度计算,可以对三门峡市的资源节约型社会建设提出以下对策建议:

(1) 适当控制城市人均日生活用水量,如推行城市管网的分质供水,提高节水器具的推广普及率,大力提倡家庭生活用水的循环利用等。

(2) 提高每公顷播种面积的谷物产量,如大面积推广高产优质作物品种,合理施用化肥、农药,提高农田生产管理水平等。

(3) 适当控制市辖区居民人均生活用电量,如加强宣传力度,提高公众的节电意识,提高节电节能器具的普及率等。

(4) 提高工业固体废弃物综合利用率。如回收利用金属材料、非金属材料、建筑材料等,实现固体废弃物的综合利用。

(5) 由计算可知,三门峡市的土地资源子节约度较低,因此应该还有较大的提高空间,应着重提高土地资源的子节约度,从而快速提高三门峡市整体的资源节约度。

### 9.2.4　在郑州市资源节约型社会评价中的应用

在进行郑州市资源节约型社会评价时采用了 10 个评价指标,那么就选用这 10 个评价指标作为影响因素来进行敏感性分析。由于在郑州市的资源节约型社会评价中,中牟县的资源节约度最低,因此,这里仅以中牟县为例进行敏感性分析,找出对中牟县的资源节约度最敏感的指标,从而对中牟县的资源节约型社会建设提出科学的建议和对策。中牟县资源节约度对指标的敏感性分析见表 9.3。

由表 9.3 可以看出,中牟县的资源节约度对"工业用水重复利用率"、"土地资源利用效率"及"工业固体废弃物综合利用率"3 个指标最敏感。"工业用水重复利用率"指标若增加 10%,资源节约度将增加 2.55%,若增加 20%,资源节约度将增加 3.89%;若减少 20%,资源节约度将减少 2.29%,若减少 10%,资源节约度将减少 1.08%;"土地资源利用效率"指标若减少 10%,资源节约度将减少 1.89%,若减少 20%,资源节约度将减少 3.81%,若增加 10%,资源节约度将增加 1.91%,若增加 20%,资源节约度将增加 3.81%;"工业固体废弃物综合利用率指标"若减少 10%,资源节约度将减少 1.32%,若减少 20%,资源节约度将减少 2.65%,若增加 10%,资源节约度将增加 5.25%,若增加 20%,资源节约度将增加 5.25%。

**表 9.3　中牟县资源节约度对指标的敏感性分析**

| 评价指标＼RED 变化幅度 | 单指标减少 20% 时资源节约度的变化幅度/% | 单指标减少 10% 时资源节约度的变化幅度/% | 单指标增加 10% 时资源节约度的变化幅度/% | 单指标增加 20% 时资源节约度的变化幅度/% |
|---|---|---|---|---|
| 万元 GDP 用水量 | 1.42 | 0.76 | −0.80 | −1.64 |
| 万元工业增加值用水量 | 0.68 | 0.36 | −0.36 | −0.74 |
| 工业用水重复利用率 | −2.29 | −1.08 | 2.55 | 3.89 |
| 节灌率 | −0.70 | −0.34 | 0.34 | 0.64 |
| 土地资源利用效率 | −3.81 | −1.89 | 1.91 | 3.81 |
| 万元工业增加值废气排放量 | 0.58 | 0.30 | −0.28 | −0.56 |
| 工业固体废物综合利用率 | −2.65 | −1.32 | 5.25 | 5.25 |
| 三废综合利用产品产值占 GDP 比重 | −0.08 | −0.04 | 0.04 | 0.08 |
| 人均 GDP | −1.00 | −0.48 | 0.48 | 1.04 |
| 城市化率 | −0.20 | −0.20 | 0.26 | 0.50 |

因此，根据敏感性分析，结合中牟县的资源节约型社会评价结果，可以对中牟县的资源节约型社会建设提出以下对策建议：

（1）提高中牟县的工业用水重复利用率，如增加工业的循环用水量，减少取用新鲜水量；提高工业管理水平，减少生产过程中的"滴、冒、跑、漏"的浪费现象；采用先进的生产工艺，减少非生产性消耗用水等。

（2）提高中牟县的土地资源利用效率，如调整经济结构，适度提高土地集约化经营水平；对农业生产来说，合理布局农林牧副渔生产，调整种植业结构，在国民经济许可的条件下，尽可能扩大经济价值高的作物种植面积等。

（3）提高中牟县的工业固体废弃物综合利用率，如加大对工业废弃物的分类回收力度，寻求固体废弃物综合利用的新途径等。

# 参 考 文 献

[1] 王丽,左其亭,高军省. 资源节约型社会的内涵及评价指标体系研究[J]. 地理科学进展,2007,26(4):86—92.

[2] 于法稳. 落实科学发展观建设资源节约型社会[J]. 生态经济,2004,(11):52—55.

[3] 叶蔚,于忠军,汤建泉. 浅谈资源节约型社会指标体系的构建[J]. 煤炭经济研究,2004,11(281):8—9.

[4] 曾智泽,白雪秋,曹存良. 努力建设资约节约型社会[J]. 前线,2004,(11):30—34.

[5] 周宏春. 建设节约型社会实现可持续发展[J]. 理论前沿,2005,(19):7.

[6] 雷小毓. 节约型社会内涵的再认识[N]. 光明日报,2006-09-11.

[7] 杨利民. 努力建设节约型社会推动经济社会健康协调可持续发展[J]. 内蒙古社会科学(汉文版),2005,26(6):1—4.

[8] 郑庆杰. 节约集约利用土地建设资源节约型社会[J]. 黑龙江国土资源,2005,(8):37.

[9] 杜宜瑾. 加快发展循环经济促进资源节约型社会建设[J]. 天津社会科学,2005,(2):70—72.

[10] 陈德敏. 节约型社会基本内涵的初步研究[J]. 中国人口·资源与环境,2005,15(2):5—9.

[11] 沈满洪. 自觉参与到节约型社会的建设中来[EB/OL]. http://www.zdxb.zju.edu.cn/article/show_article_one.php?article_id=3667[2005-09-21].

[12] 姜悦楷. 资源节约型、环境友好型社会重在建设[EB/OL]. http://www.npc.gov.cn/npc/bmzz/huanjing/2006-03/24/content_1384033.htm[2006-03-24].

[13] 李艳芳. 系统化建构中的循环经济立法[J]. 中国人民大学学报,2006,(3):21—29.

[14] 刘晓洁,沈镭. 资源节约型社会综合评价指标体系研究[J]. 自然资源学报,2006,21(3):382—391.

[15] 李桂香,赵明华,牟文龙等. 资源节约型社会评价指标体系构建初探[J]. 济南大学学报(自然科学版),2006,20(4):350—353.

[16] 世界与中国的能源数据比较[EB/OL]. http://nyj.ndrc.gov.cn/sjtj/t20051128_51344.htm[2007-12-01].

[17] 温家宝. 加快建设节约型社会[N]. 人民日报,2005-07-04.

[18] 在全国开展资源节约活动[N]. 人民日报,2004-04-16.

[19] 吴楚材,张落成. 周立三院士95周年诞辰暨"建立资源节约型社会"学术座谈会报告[R]. 中国科学院南京地理与湖泊研究所,2005.

[20] 周立三. 16年前倡建"节约型国民经济体系"[EB/OL]. http://www.js.xinhuanet.com/xin_wen_zhong_xin/2005-08/06/content_4818101.htm[2005-08-06].

[21] 陆大道. 建立资源节约型社会经济体系的初步构想[J]. 中国人口资源与环境,1993,3(4):24—30.

[22] 周洁. 推进循环经济发展建设资源节约型社会[J]. 山西焦煤科技,2004,(12):18—19.

[23] 徐志军. 资源节约型社会的核心是节约土地[J]. 中国土地,2005,7(235):26.

[24] Agustín A M, Claudio M G, Ramón U A. Energy saving and desalination of water[J]. Desalination, 1997,108(1-3):43—50.

[25] Scheel H J. Crystal growth technology CGT for energy: Saving energy and renewable energy[J]. Journal of Crystal Growth, 2005,275(1-2):331—337.

[26] Quirion P, Hamdi-Cherif M. General equilibrium impact of an energy-saving policy in the public sector [J]. Environmental and Resource Economics, 2007,38(2):245—258.

[27] Agustín P B, Zou B. A comparative study of energy saving technical progress in a vintage capital model

[J]. Resource and Energy Economics，2006，28(2)：181—191.

[28] 美国西雅图市实施废物再循环法[EB/OL]. http://www.csjs.com.cn/word/#美国西雅图市实施废物再循环法[2005-01-10].

[29] 郭强. 节约型社会[M]. 北京：时代经济出版社，2005.

[30] Kanekiyo K. Lowering energy intensity toward sustainable development[J]. The Institute of Electrical Engineers of Japan，2006，(2)：1—18.

[31] 陈莹，赵勇，刘昌明. 节水型社会的内涵及评价指标体系研究初探[J]. 干旱区研究，2004，21(2)：125—129.

[32] 左其亭. 可持续水资源管理的理论方法及应用研究[D]. 武汉：武汉大学，1999.

[33] 左其亭，吴泽宁. 可持续水资源管理量化研究的关键问题[J]. 西北水资源与水工程，2002，13(3)：1—4.

[34] 曹利军，王华东. 可持续发展评价指标体系建立原理与方法研究[J]. 环境科学学报，1998，18(3)：526—532.

[35] 张云. 人水和谐量化理论及应用研究[D]. 郑州：郑州大学，2006.

[36] 左其亭，陈曦. 面向可持续发展的水资源规划与管理[M]. 北京：中国水利水电出版社，2003.

[37] 常用统计指标解释[EB/OL]. http://www.cqbbkw.gov.cn/disp_content.asp?id=859&typeid=7 [2007-04-01].

[38] 水资源综合规划名词解释[EB/OL]. http://co.163.com/forum/content/599_219030_1.htm[2005-11-20].

[39] 中华人民共和国建设部，国家发展和改革委员会. 节水型城市考核标准[S]，2006.

[40] 中华人民共和国国家统计局. 中国统计年鉴2006[M]. 北京：中国统计出版社，2006.

[41] 湖南省农村全面小康示范村建设监测标准及综合评价方法(试行)[EB/OL]. http://www.hntj.gov.cn/jjjc/xkpk/200406030022.htm[2004-06-03].

[42] 国家发展和改革委员会. "十一五"节水型社会建设规划工作大纲[R]，2005.

[43] 基于循环经济的企业竞争力指标体系构建(二)[EB/OL]. http://cs.ecitic.com/news/NewsContent.jsp?docId=845386[2006-12-19].

[44] 周海林. 资源型城市可持续发展评价指标体系研究——以攀枝花为例[J]. 地域研究与开发，2000，19(1)：12—16.

[45] 陈百明. 区域土地可持续利用指标体系框架的构建与评价[J]. 地理科学进展，2002，21(3)：205—215.

[46] 刘世发. 浅谈土地资源利用评价指标体系[J]. 农业经济，1994，(5)：44—46.

[47] 煤炭的开采率和回采率分别是什么意思[EB/OL]. http://zhidao.baidu.com/question/3841363.html[2006-03-16].

[48] 煤炭有偿开采山西率先起步[EB/OL]. http://news.xinhuanet.com/fortune/2006-08/28/content_5014313.htm[2006-06-28].

[49] 国家发展和改革委员会. "十一五"资源综合利用指导意见[R]，2006.

[50] 国家统计局中国环境统计专题组. 中国环境统计年鉴2006[M]. 北京：中国统计出版社，2006.

[51] 第九章洗煤、炼焦及化学产品[EB/OL]. http://202.106.110.150/chinaesteel/xzhbtx/index_zhbtx.htm[2007-04-10].

[52] 国家统计局，国家发展和改革委员会，国家能源领导小组办公室. 2005年各省、自治区、直辖市单位GDP能耗等指标公报[R]，2006.

[53] 徐伟欣. 可持续发展指标体系与评价方法的研究[J]. 南京经济学院学报, 2000, (3): 10—13.

[54] 国家 2005～2006 年妇女儿童状况综合统计报表制度[EB/OL]. http://www.gdstats.gov.cn/dzzw/ywzx/t20051129_33851.htm[2005-11-29].

[55] 开平市人民政府办公室. 开平市环境保护"十五"计划[R], 2002.

[56] 十六届五中全会精神词解[EB/OL]. http://www.sxjgdj.gov.cn/new/news_view.asp? newsid=146 [2006-04-13].

[57] 郭书君, 米红. 我国高等教育规模与城市化互动发展的实证研究[J]. 现代大学教育, 2005, (5): 45—48.

[58] 城市化快列铿锵驶入"小康站台"[EB/OL]. http://www.czinvestment.gov.cn/admin/newsadd/show.asp?id=667[2006-14-04].

[59] 北京市可持续发展评价报告[EB/OL]. http://business.sohu.com/85/16/article212411685.shtml [2003-08-23].

[60] 于宁. 构建我国开发研究支出绩效评价体系[EB/OL]. http://www.nmgfic.com/xxzx/pages/pagelist.jsp?id=8222[2006-03-14].

[61] 小康指标解读:研发经费 R&D 经费支出占 GDP 的比重[EB/OL]. http://www.cnxz.com.cn/news-center/xznews/xzrd/2007/20070322140950.shtml[2007-3-22].

[62] 中华人民共和国国家统计局, 国家发展和改革委员会能源局. 中国能源统计年鉴 2006[M]. 北京:中国统计出版社, 2006.

[63] 左其亭, 王丽. 资源节约型社会评价方法及应用研究[J]. 资源科学, 2008, 30(3): 409—414.

[64] "十一五"我国万元 GDP 用水量须降 20%[EB/OL]. http://finance.qq.com/a/20070221/000041.htm [2007-02-21].

[65] 中国城镇供水协会. CJJ92—2002　城市供水管网漏损控制及评定标准[S]. 北京:中国建筑工业出版社, 2002.

[66] 国家发展和改革委员会, 水利部, 建设部. 节水型社会建设"十一五"规划[R], 2006.

[67] 中华人民共和国建设部. GB/T50331—2002　城市居民生活用水量标准[S]. 北京:中国标准出版社, 2002.

[68] 农村全面小康社会的衡量标准[EB/OL]. http://www.cpirc.org.cn/rdzt/rd_sars_detail.asp?id=1983 [2004-03-22].

[69] 水利部农村水利司, 水利部农田灌溉研究所. SL207—1998　节水灌溉技术规范[S]. 北京:中国水利水电出版社, 1998.

[70] 临安市发展计划局, 临安市水利水电局. 临安市水资源综合规划[R], 2006.

[71] 浙江省人民政府办公厅. 浙江省人民政府办公厅关于加快工业循环经济发展的意见[R], 2005.

[72] 国务院安全生产委员会办公室. 关于制定煤矿整顿关闭工作三年规划的指导意见[R], 2006.

[73] 我国资源、环境特征与可持续发展战略(一)[EB/OL]. http://www.agri.ac.cn/manager/11891001/200644104304.htm[2006-04-04].

[74] 煤炭回采率[EB/OL]. http://news.yninfo.com/guonei/jjsh/2005/12/1134438546_15/[2005-12-13].

[75] 我国材料工业的发展战略[EB/OL]. http://www.chinaccm.com/07/0701/070101/news/20011116/144839.asp[2001-11-16].

[76] 七台河市概况[EB/OL]. http://www.qth.gov.cn/qth/xw/sqgk.htm[2006-6-13].

[77] 国家统计局工业交通统计司. 2003 中国工业经济统计年鉴[M]. 北京:中国统计出版社, 2003.

[78] 市长王鸿举在 2005 年全市工业经济工作会议上的讲话(摘要)[EB/OL]. http://www.cq.xinhuanet.

com/misc/2006-12/20/content_8835267. htm[2006-12-20].

[79] 关于加快工业循环经济发展的若干意见[EB/OL]. http：//www. shaoxing. gov. cn/2706/39457. htm [2008-12-20]

[80] 北 京 市 发 布 散 装 水 泥 "十 一 五" 发 展 规 划[EB/OL]. http：//www. hsjgw. gov. cn/content/ 0c37017c1a5a4574be0bb743eb8a2757. htm[2009-01-10].

[81] 江苏省发展散装水泥管理规定[EB/OL]. http：//www. ncjs. gov. cn/tutorial/ShowArticle. asp? ArticleID=17338[2008-12-05].

[82] 国家环境保护局. 关于调整《国家环境保护模范城市考核指标》及实施细则的通知[R], 2002.

[83] 中华人民共和国国务院. 国务院关于落实科学发展观加强环境保护的决定[R], 2005.

[84] 中国环境状况公报[EB/OL]. http：//www. zhb. gov. cn/plan/zkgb/05hjgb/[2006-07-27].

[85] 李琳. 社会经济安全条件下的城市需水量预测研究[D]. 郑州：郑州大学, 2006.

[86] 孙宝强. 一个值得注意的问题：第三产业比重下降[EB/OL]. http：//www. southcn. com/nflr/llwzl/ 200603200187. htm[2006-03-20].

[87] 建设部政策研究中心课题组. 全面小康社会的居住目标[EB/OL]. http：//www. china. com. cn/chinese/OP-c/587657. htm[2007-05-20].

[88] 本市节能型燃具普及率仅为 3%[EB/OL]. http：//sh. xmnext. com/minsheng/2006/09/06/65275. html[2006-09-06].

[89] 冒荣, 曲铭峰, 王婧. 西方七国近年来的科研投入情况[J]. 科技导报, 2000,(7)：37-39.

[90] 赵贺永, 谭凯旋, 刘绘珍. 用层次分析法进行原地溶浸开采方法评价及优选[J]. 铀矿冶, 2007, 26 (1)：1-5.

[91] 汪树玉. 系统分析[M]. 杭州：浙江大学出版社, 2002.

[92] 王丽, 左其亭, 林平. 资源节约型社会评价系统开发及应用[J]. 郑州大学学报(工学版), 2008,29(1)： 91-95.

[93] Asafu-Adjaye J. The relationship between electricity consumption, electricity prices and economic growth：Time series evidence from Asia and developing countries[J]. Energy Economics, 2000, 22(6)： 615-625.

[94] Blanchard O. Macroeconomics[M]. Englewood Cliffs：Prentice Hall, 1997.

[95] 张云, 左其亭, 凌敏华等. 基于 GIS 的水资源评价信息系统开发研究与应用[C]// 高丹盈, 左其亭. 人水和谐理论与实践. 北京：中国水利水电出版社,2006.

[96] 程淑云. 发展循环经济构建资源节约型社会[J]. 商业经济, 2005,(10)：8-10.

[97] 高建设. 构建资源节约型社会重在制度设计[J]. 经济理论与实践, 2006,(1)：43-45.

[98] 钱正英, 张光斗. 中国可持续发展水资源战略研究(综合报告及专题报告)[M]. 北京：中国水利水电出版社, 2001.

[99] 周占华. 建设节水型社会刻不容缓[N]. 经济日报, 2007-04-09.

[100] 郝博. 加强土地管理,建设资源节约型社会[J]. 吉林农业科技学院学报, 2006,15(3)：41-43.

[101] 方敏. 大力开展矿产资源综合利用,逐步建设资源节约型社会[J]. 国土论坛, 2004,(5)：24-27.

[102] 谷伟, 余颖, 周洁如. 从我国能源消费现状看建设资源节约型社会的必要性和紧迫性[J]. 生态经济, 2006,(2)：67-70.

[103] 国办转发发展改革委等部门《关于加快推进木材节约和代用工作的意见》[EB/OL]. http：//news. shangdu. com/category/10001/2005/12/24/2005-12-24_173413_10001. shtml[2005-12-24].

[104] 孙蚌珠. 发展循环经济,建设资源节约型社会[J]. 高校理论战线, 2005,(11)：7-9.

[105] 张杰，熊必永. 创建城市水系统健康循环促进水资源可持续利用[J]. 沈阳建筑工程学院学报(自然科学版)，2004，20(3)：204—205.

[106] 杜宜瑾. 加快发展循环经济,促进资源节约型社会建设[J]. 天津社会科学，2005，(2)：70—73.

[107] 陈莹，刘昌明，赵勇. 节水及节水型社会的分析和对比评价研究[J]. 水科学进展，2005，16(1)：82—87.

[108] 河南省情介绍[EB/OL]. http://www.china-03.com/show_hdr.php?xname=SV0JB31& dname=858LC31&xpos=22[2007-12-25].

[109] 河南省自然资源[EB/OL]. http://www.henan.gov.cn/hngk/[2008-02-01].

[110] 国家统计局城市社会经济调查府. 中国城市统计年鉴2006[M]. 北京：中国统计出版社，2006.

[111] 河南省土地利用总体规划(1997~2010年)[EB/OL]. http://www.whgt.gov.cn/yaowen/shengting/200706/240.html[2007-06-05].

[112] 瞿鸿模，曹新向. 河南省矿产资源的持续开发和利用[J]. 河南大学学报(自然科学版)，2000，30(1)：88—91.

[113] 杨建. 资源环境约束条件下发展河南工业的思考[J]. 学习论坛，2006，22(11)：68—70.

[114] 河南省水利勘测设计院. 河南省水资源综合规划开发利用现状评价报告[R]，2004.

[115] 河南省人民政府办公厅. 河南省人民政府办公厅关于印发绿色中原建设规划的通知[EB/OL]. http://www.34law.com/lawfg/law/1797/3497/law_8924381709.shtml[2007-12-20].

[116] 河南省统计局. 2005年河南省国民经济和社会发展统计公报[R]，2006.

[117] 郑州市统计局. 郑州统计年鉴-2006[M]. 北京：中国统计出版社，2006.

[118] 郑州市水利局，郑州大学. 郑州市水资源综合规划[R]，2007.

[119] 郑州市水利局. 2005年郑州市水资源公报[R]，2006.

[120] 黄河勘测规划设计有限公司. 郑州市黄河水资源利用总体规划[R]，2007.

[121] 郑州市(1997~2010)土地利用总体规划[EB/OL]. http://www.zzfdc.gov.cn/HTML/07/0205/7551E734ECFA518DB7C1E6175ABE5BFB.html[2007-02-05].

[122] 郑州市人民政府. 郑州市人民政府关于印发郑州市创建国家环境保护模范城市规划的通知[R]，2005.

[123] 中国水利水电科学研究院，郑州市水利局. 郑州市节水型社会建设规划[EB/OL]. http://www.hnzzjs.com/jssh/sdjh_2.asp[2007-12-26].

[124] 关凤峻. 矿业经济与可持续发展[J]. 中国地质矿业经济，2000，(2)：1—6.

[125] 郑州市人民政府.郑州市人民政府关于印发郑州市工业节能降耗实施意见的通知[EB/OL]. http://www.chinalawedu.com/news/1200/22016/22027/22341/2006/11/li546144103116002451-0.htm[2008-01-01].

[126] 郑州市散装水泥和预拌混凝土管理规定[EB/OL]. http://www.34law.com/lawfg/law/1797/3497/print_894325173817.shtml#zxl[2008-01-04].

[127] 太阳能热水器——郑州缘何热不起来[EB/OL]. http://chinese.mediachina.net/index_market_view.jsp?id=6178[2002-06-13].

[128] 科技计划管理[EB/OL]. http://jzinfo.zzcar.net/hfpy/05kjgzhg/002.htm[2007-12-20].

[129] 王济昌. 大力提升郑州市自主创新能力[EB/OL]. http://www.stdaily.com/gb/quyuzhoukan/2005-10/29/content_448258.htm[2007-12-05].

[130] 吴泽宁，张超等. 工程项目系统评价[M]. 郑州：黄河水利出版社，2002.

[131] 李永春. 利用敏感性分析鉴别决策可靠性[J]. 企业管理，1997，(7)：35—36.

[132] 王真真. 基于敏感性分析的项目风险评估方法研究[D]. 长沙：湖南大学，2006.

[133] 王秀红. 经济评价中的不确定性研究——多因素敏感性分析[D]. 武汉：华中农业大学，1999.